現代儒學

超越意識與幽暗意識

2022 第十一輯

復旦大學上海儒學院 編

商務印書館
The Commercial Press
創于1897

图书在版编目(CIP)数据

现代儒学. 第11辑, 超越意识与幽暗意识 / 复旦大学上海儒学院编. —北京：商务印书馆,2023
ISBN 978-7-100-21986-0

Ⅰ.①现… Ⅱ.①复… Ⅲ.①儒学—研究—中国—现代 Ⅳ.①B261

中国国家版本馆CIP数据核字(2023)第027796号

权利保留，侵权必究。

现 代 儒 学
第十一辑
超越意识与幽暗意识
复旦大学上海儒学院　编

商 务 印 书 馆 出 版
(北京王府井大街36号　邮政编码100710)
商 务 印 书 馆 发 行
江苏凤凰数码印务有限公司印刷
ISBN 978-7-100-21986-0

2023年1月第1版　　开本 710×1000　1/16
2023年1月第1次印刷　印张 15½
定价：98.00元

《现代儒学》编委会

主 办 单 位：复旦大学哲学学院
　　　　　　复旦大学上海儒学院
　　　　　　上海市儒学研究会
主　　　　编：陈　来
常务副主编：吴　震
副　主　编：孙向晨　郭晓东
编　　　委（按姓氏拼音为序）：
　　　　　　白彤东　才清华　丁　耘　贡华南
　　　　　　何　俊　何益鑫　黄　勇　林宏星
　　　　　　倪培民　徐　波　徐洪兴　杨国荣
　　　　　　杨泽波　曾　亦　张庆熊　张汝伦
　　　　　　张子立
编辑部成员：刘　昊　陈耀辉　郎嘉晨

《现代儒学》获"复旦大学哲学学院源恺优秀学术辑刊奖"

由复旦大学哲学学院、天合复旦本元文化基金资助出版

编者的话

本期执行主编 才清华

本期《现代儒学》共设七个栏目，作为负责本期组稿的主编，我将对每个栏目的内容做一导览，以供读者了解参考。

"高端访谈"为新设栏目，希望能够通过对学界资深学人的深度访谈，更全面地展示他们的学思历程，以嘉惠学林。本期的"高端访谈"为《陈来先生七秩访谈录》，由方旭东教授执笔。陈来教授在访谈中说，这篇访谈是他在70岁的时候对自己的整个学思历程所做的总结，他要谈的是"所以迹"。访谈伊始，陈来教授说自己直接接续的是以冯友兰先生、张岱年先生为代表的三四十年代的现代中国学术传统，他是带着明确的中国哲学史学科意识的自觉而进入了更为专业化、学术化的道路。他说，"就中国哲学史这门学科来说，冯友兰先生、张岱年先生代表的中国哲学史研究传统是20世纪这一学科的典范和主流，我们是自觉接续这个主流而前行的，是从继承和发展中国的中国哲学史学科着眼的。我的工作目的是承继、光大清华北大即冯友兰、张岱年先生的中国哲学研究传统"。冯先生和张先生的中国哲学史研究，有别于中国思想史的研究模式，"不是仅仅一般性地处理历史资料"，"而是利用哲学思维、分析思维去驾驭、诠释那些资料"，"要哲学地去把握、分析那些概念，把它跟以现代哲学为背景的现代哲学概念进行参考，来加以诠释"，就此而言，"哲学史研究本身就是哲学活动"。受这种治学方法影响，陈来教授自己的研究也具有鲜明的分析性。早在1990年，陈来教授在做申请正高职称的报告中说，他的目标"不是一流，而是超一流"，"超一流"就是要做到"世界领先"，因为中国哲学史不仅仅是中国的学科，还是一个世界性的学科。怎样在世界范围内做出卓越成就，是贯穿了陈来教授40多年工作的主要动力。如何站在中国哲学、中国学术的立场，来回应世界范围内对中国哲学体系和中国哲学研究的各种挑战，是我们现在依然面临的重要课题，陈来教授的责任感和担当意识是我们后学之典范。

本期"专论"专栏有幸收录刘笑敢教授《天人合一：学术、学说和信仰——再论中国哲学之身份及研究取向的不同》一文，这篇论文所讨论的是如何处理"中国哲学现代学科形式和要求"与"中国文化传统的角色和使命"之间的张力问题。刘笑敢教授在文中指出，中国哲学有现代学术与民族文化两种身份和多种角色，中国哲学研究中存在着学术研究与现实关怀两种取向。文章以中国哲学的两种身份之定位和研究工作中的两种取向之交织为理论框架，以天人合一的历史内涵和现代讨论为实例，进一步讨论中国哲学研究的方法和方向问题，并讨论有关天人合一之现代创构中应该注意的问题。刘笑敢教授指出，这些讨论的意义在于，它帮助我们更全面、更客观地认识中国哲学这一概念和领域的复杂性，以及这一学科和领域的现状与未来，以提高我们对自己工作的自觉性和方向性。可见刘笑敢教授所始终关注的也是中国哲学学科的定位和发展问题。可以说，这一关切代表了一代学人的问题意识和使命，并且这也将继续引领我们展开有关中国哲学学科在未来发展的思考。

本期的主题是"超越意识与幽暗意识"，"超越意识"与"幽暗意识"取自张灏教授的代表性研究。张灏教授曾任教于香港科技大学人文学部，我很幸运在研究生阶段修读过张先生讲授的两门思想史课程，深受影响，我在博士阶段的研究中自觉地融入思想史维度，讨论魏晋言意之辨兴起的思想史背景，近来又在思考魏晋重视概念辨析和理论建构的思维取向与魏晋清谈之间的关系，这些都得益于在香港科技大学求学期间所受熏陶。张先生于2022年4月驾鹤西去，作为学生的我们万分悲痛，纪念老师最好的方式是沿着他的路继续前行，因此有了本期这个专栏的几篇文章。

"超越意识与幽暗意识"专栏首先收录了张灏先生《超越意识与幽暗意识——儒家内圣外王思想之再认与反省》一文，这是张先生讨论儒家思想最具代表性的论述。此文通过分析圣王观念所蕴含的超越意识和幽暗意识，指出儒家传统不能在政治思想上开出民主自由的观念，不应只归咎于儒家的外王思想，实际上外王思想的局限与内圣思想的偏颇有密切的关联。一方面，由于儒家超越意识的局限，"圣王"观念的批判性，在儒家传统的演化中，并未能畅发，而权威二元化思想的契机，也未能充分地展现。另一方面，幽暗意识的成长，始终未能突破圣王观念所代表的儒家终极的乐观精神。即使圣王理想的批判意识得以畅发，也不意味儒家传统可以有西方自由主义的发展。超越意识与幽暗意识的提出并不局限于对儒家内圣外王传统的分析，可以说他已为我们分析其他中国思想传统，以及进行古今中西对话提供了思想框架。张先生对"幽暗意识"的讨论让我想到道家思想中的"幽暗意识"，相比于儒家，老子对幽暗意识的体察显然更为突出，如果说以孔子为代表的儒家具有乐观精神，那么道家思想的悲观倾向则是呼之欲出的，但是悲观并不意味着彻底的消极，立足于幽暗意识，老子发展出了以"无为"为核心的政治哲学，这种政治哲学是以与儒家对话和互补为背景的，只有在这个意义上，老子那些在字面上颇具歧义的表述才能得到进一步澄清，同时这也将有助于我们重新理解老子思想的定位问题。

"超越意识与幽暗意识"一栏还邀请到张灏先生的亲炙弟子及曾就读于香港科技大学的同仁撰文纪念先生。任锋的文章《回向人境冰与火："超越意识与幽暗意识"析论》向我们展示了张先生的思考是在传统与现代化之间进行的双轨的、辩证的讨论，即不仅以现代化批判传统，也以传统批判现代化，本文尤其着眼于后者。通过此文，我们还可以了解到围绕超越意识和幽暗意识的思考如何贯穿于张先生的整个学思历程，在他的思想体系中处于核心位置。翁贺凯《探索多元现代性的东亚思想史根基——理解张灏先生学术发展与贡献的一条线索》一文也聚焦于理解张灏先生的学思历程，认为从张先生早年对梁启超与中国思想转型的博士论文研究，再到对中国知识分子的危机意识与转型时代的研究，最后回溯到对轴心时代以降中国思想的研究，贯穿张灏先生毕生思想史研究的一个重要旨趣，或可从"探索多元现代性的东亚思想史根基"这一视角来加以理解，指出"先生的毕生学术研究与思想探索的一个宏旨与贡献，就是打破西方现代性中心论的迷思，超越传统与现代的两极化约主义，在东亚思想史研究领域中探索多元现代性的根基"。徐波《张灏先生的"幽暗意识"与新儒学之未来展开》一文聚焦于张灏先生的"超越意识与幽暗意识"与新儒学的关系问题，一方面指出，张灏先生提出的"幽暗意识"对于新儒学未来可能的一个大贡献，是"试图把整个新儒学思想注重'开出新外王'的倾向扭转到'内圣外王'的整体更新"，因此，可以说张先生是"新儒学的同盟军和诤友"；另一方面，"幽暗意识与超越意识"概念框架又有助于重新理解刘蕺山《人谱》的意义和价值。本栏目最后一篇为范广欣整理的张灏先生谈"幽暗意识"的记录，从中我们可以进一步了解到张先生对"儒家思想的不足、自由主义的道德关怀和他本人'突发'幽暗意识的缘起等"，给我们留下了著述之外的宝贵资料。

本期的"海外中国哲学研究"专栏，让我们了解到目前海外中国哲学研究的新进展。重视海外中国哲学研究、积极地介绍代表性的海外中国哲学研究成果,越来越成为当前开展中国哲学研究的重要组成部分。本专栏共收两篇文章。第一篇《决疑法与〈孟子〉中的人格个性》由伊若泊(Robert Eno)著,韩振华译,文章提出"人格伦理学"概念,提倡一种通过个人领悟圣人人格而获得的伦理认知观念,亦即通过对历史叙事的解释学探究,养成对德性胸怀的同情了解,由此培养一种建立于"领会"基础之上的美德伦理学。文章通过细读文本示范了如何展开对孟子本人个体人格的解释学探究,其视角和方法均令人耳目一新。第二篇《郭象〈庄子注〉中的玄学和能动性》由方克涛(Chris Fraser)著,苏杭译,这篇文章探讨的是郭象的"无心"概念如何能够与以逍遥为行事理想的能动性概念相适应的问题,通过辨析郭象思想中的若干核心概念,指出郭象对人类能动性的本质和规范性来源都有着深刻的见解。

　　本期的"青年儒学论坛"共收录三篇文章:黄子洵通过讨论"诗言志"的内涵,揭示寓"志"于《诗》之意义结构;李志春分析了《文心雕龙》中的"兴"概念,揭示了"兴"在存在论向度上的意涵;苏子川对孔子所说"吾与点也"做了新的诠释。本期"书评"栏目由郝苏彤撰文评何益鑫副教授的著作《〈周易〉卦爻辞历史叙事研究》。本期最后设"书讯"栏目,向读者介绍近年来复旦大学哲学学院诸同仁编著的著作数种。

　　本期由组稿到出版,经历了新冠疫情由管控到放开的过程,由于一些不可抗力造成了出版方面的延误,感谢本期诸位作者的宽容和耐心,也感谢本期责编和学生助理的协调和督促,最终使得这期能够顺利付梓。

目 录

高端访谈

陈来先生七秩访谈录 ……………………………… 陈 来 方旭东 / 3

专 论

天人合一：学术、学说和信仰
　　——再论中国哲学之身份及研究取向的不同 ………… 刘笑敢 / 33

幽暗意识与现代儒学：纪念张灏教授

超越意识与幽暗意识
　　——儒家内圣外王思想之再认与反省 ………………… 张 灏 / 65
回向人境冰与火："超越意识与幽暗意识"析论 ………… 任 锋 / 88
探索多元现代性的东亚思想史根基
　　——理解张灏先生学术发展与贡献的一条线索 ……… 翁贺凯 / 101
张灏先生的"幽暗意识"与新儒学之未来展开 …………… 徐 波 / 113
张灏先生谈"幽暗意识" …………………………………… 范广欣 / 126

海外中国哲学研究

决疑法与《孟子》中的人格个性 ……………… 伊若泊 著 韩振华 译 / 131
郭象《庄子注》中的玄学和能动性 …………… 方克涛 著 苏 杭 译 / 154

青年儒学论坛

寓"志"于《诗》之意义结构
  ——"诗言志"的一种可能性诠释 ………………………… 黄子洵 / 179
内源性相似:《文心雕龙》"兴"概念的存在论向度及其内在理路 …… 李志春 / 199
"吾与点也"与孔子理想
  ——《论语·公冶长》四子侍坐章探析 ………………… 苏子川 / 212

书评与书讯

评何益鑫《〈周易〉卦爻辞历史叙事研究》 ……………………… 郝苏彤 / 225
书讯 ……………………………………………………………………… 229

勘误启事 ………………………………………………………………… 235

稿约与稿例 ……………………………………………………………… 237

高端访谈

陈来先生七秩访谈录

陈　来　方旭东

"迹"与"所以迹"——专业化——学科意识——分析性——世界性——从考据到比较——不容已

"迹"与"所以迹"

方旭东：我在网上看到去年《中国哲学年鉴》给老师做的访谈，这是一个系列吧？每年都会有吗？

陈来：应该是。它好像已经做了很久，每年根据时机，比如说有什么重大活动，或者是有些学者到了整寿的年龄，就做这么一个访谈。我那个访谈是金刚带了几个学生在办公室做的。金刚在那不断地问问题、插话，我就顺着他们问的问题在那儿说的。结果处理下来的文字好像还不少，有3万字左右。在我自己的印象里，具体的事情谈得比较多。但是后来我反思，回头来看，觉得也有不满意的地方：跟着他们谈这些事，"迹"很多，但是"所以迹"没有总结。

我就想起来，以前1959年的时候，冯友兰先生写了一本书叫《四十年的回顾》，是讲1919年到1959年的。他从北大哲学系毕业到1959年，只有40年，他对此做了一个回顾。我觉得，回顾也是很有必要的。我跟中国社科院《中国哲学年鉴》做的，就基本是回顾。后来，又过了20年，到了20世纪80年代，冯先生写《三松堂自序》，里面有很多很具体的内容。其实，冯先生到那个时候（85岁的时候），很多事已经不容易记住了。但是因为他在60岁的时候已经做过一个40年的回顾，那个时候好多事还没忘，写出来晚年可以参考。所以说，回顾还是有必要的。我只是说，有回顾，还应该有总结。我那次做的访谈，是跟着他们的问题走，里面回顾比较多；回过来想，应该再有进一步的总结。我今年也已经70岁，对自己的整个学术历程做一个总结，是必要的。再以后的话，年纪大了，恐怕忘了，那时回顾、总结也都谈不上了。

专 业 化

方旭东：《中国哲学年鉴》做的访谈，从事实层面看，比较全。我看了之后，有这样的感受：它还是讲得比较具体，没有放在中国哲学研究的大背景下谈。我觉得可以放在一个更大的时代背景之下。因为老师的经历其实是非常典型的：1978年就进入北大，读中国哲学的研究生，这是恢复之后的第一届。1981年留校，然后1985年拿到博士学位，而且是当时整个新中国的第一个文科博士。好像当时杜维明先生写过这样的话，说北大把第一个文科博士授给做儒学的。他觉得有某种象征意味。既然是1949年之后新中国培养的第一个文科博士，那么，这本身的确是非常有意味的事实。所以，今天想从这样一个更大的背景来跟老师请教。老师说要"总结"，我想"总结"肯定是要从这样的角度来总结。

陈来：我补充一下。我是北大人文学科的第一个博士，但不能说是全国文科第一个博士，但的确是全国哲学学科的第一个博士。

方旭东：哦。老师在1978年读研究生，开始接受非常严格的科班训练。这跟前面的一些学者还不太一样。1978后有一些先生，他们就没有读过研究生。那么，跟他们这一代人相比，老师是经过了从硕士到博士系统的训练。老师今天做出的成就，可以视为新中国自己培养的文科人才。跟前面这些比老师大十几岁的学者相比，应该说，老师这一代是受了更好的科班训练。老师博士阶段是张先生指导，但实际上，我知道，最早老师在考北大研究生的时候，就已经是冲着张先生去的。因为老师和张先生有书信来往，还给张先生看过自己写的伦理学笔记。张先生是被人称作"解析的唯物主义"的，他身上这种分析的风格，同时也是清华哲学系的风格，在老师的硕士论文、博士论文当中，都有非常明确的表现。老师从张先生这里入的哲学门，其目标是不是可以用培养成为真正的专家来形容？

陈来：说到我们受教育的特点，我觉得是这样。但如果你仅仅从新中国成立以后这样说，还看不出它的特点，因为50年代、60年代，那也是新中国，那时候教育的特点是意识形态主导的，学术性也不强。从前，有一个记者访问我，后来他总结说——也可能是我的原话——我们上研究生的特点叫"上张先生的课，念冯先生的书"。我们的专业教育，是直接接续了三四十年代的现代中国学术传统，而不是接着60年代、70年代。它的特点是接着冯友兰、张岱年这些老先生的学术传统。而新中国成立以后的，像你刚才说的那些先生，他们没有接受过这个教育，而是在50年代受苏联专家影响的那种教育。到了"文革"以后，研究生教育，反思以往的这些文化和教育上的失败，虽然没有在理念上提出来，但实际上是直接返回到三四十年代的学术和教育的传统。所以，可以说"上张先生的课，念冯先生的书"，这是我们这一代学人的特点。我想，不只是中国哲学，史学、文学恐怕都有这个特点，尤其是研究生的教育。

方旭东：老师把自己的研究生教育跟民国时期联系起来了。以前，我国台湾学者很自豪他们跟民国学术传统的连续。刚才老师说到张先生，还有冯先生对自己的影响。如果我们讲到中国哲学，最早北大和清华可说是"双峰对峙"，而冯先生和张先生是清华学脉的代表性人物。有意思的是，1952年之后，北大中国哲学实际上延续了清华的学脉。老师个人经历比较特别，跟北大清华都有关系：求学是在北大，包括前面长期在北大工作；后面，2009年到现在，待在清华。听老师这样讲起来，似乎老师后来去清华，反倒是"归宗"了。是不是可以这样理解？

陈来：2009年11月1号，我们清华国学院举行成立大会，也是复建大会。大会之前，有一段校领导与媒体的会见。谢维和校长与大概十几个媒体的人见面。当时《中华读书报》后来做副总编的同志，上来就提一个问题，说清华复建国学院为什么是请陈来先生来当院长？谢校长不假思索地说："他本来就是清华人呐，他是张先生的大弟子、冯先生最重要的助手，本来就是清华人。"所以，从这个角度来讲，也就是从我们的渊源上来讲，事情就是这样。

我上学的时候是在北大，那时候清华没有恢复文科，所以我是在北大的学术环境里边成长。后来，朱伯崑先生也跟我多次谈到关于"北大学派""中国哲学史研究北大学派"的问题。但是后来，我跟北大的同志们也交换过意见，就是，新中国成立以后，北大中国哲学史的教学和研究其实是受冯先生主导的。北大的传统本来是胡适居主流，胡适30年代初引进了汤用彤，后来胡适又赶走了一些人。所以，北大中国哲学史的代表应该是胡适和汤用彤。但是胡适在抗战期间都在美国，没有回来；抗战以后也没有及时回来。所以，即使在西南联大这个时期，中国哲学史的研究，胡适也没有发挥他的作用。应该说，在北大的范围内，还是汤用彤先生起了一定的作用。但是，在新中国成立以后，汤用彤在北大变成了一个管基建的副校长，中国哲学史教研室是冯先生负责，到70年代就是张先生负责。

整个新中国成立以后到1985年，北大的中国哲学史的教学研究，是冯先生为主，他和张先生一起负责。所以，这个学科的发展受他们的影响最大。而毫无疑问，这两位是民国时代属于清华学派的主要代表。所以，新中国成立以后的北大中国哲学，不是说全部，主要是受从清华来的冯先生、张先生主导的影响而发展起来的。我们就是传承这个传统成长起来的。

所以，实际上，北大和清华的血统本来就是一脉相承的关系。我前年也说过，清华和北大有共同的渊源、共同的老祖宗。

方旭东：刚才老师提到，北大以前，也就是民国时代，跟清华正好形成不同的研究风格或者是路向。胡适和汤用彤共同作为北大的代表。当然，还有梁漱溟和熊十力。胡适、汤用彤的哲学风格或者路径，以及梁漱溟和熊十力的，据我的观察，在老师后来的研究和著作当中似乎都有体现。民国时代，清华的中国哲学是比较重创造；北大，像胡适，则是回归中国传统的朴学，讲"科学的考据"。老师讲"上张先生的课，念冯先生的书"，可是，我怎么觉得，老师最早发在《中国哲学史研究》上的《关于程朱理气学说两条资料的考证》，以及后面作为老师博士学位论文准备工作的《朱子书信年考》，都是正宗的考证、考据啊？张先生也好，冯先生也好，都没做过这些。可不可以说，虽然老师没有上过胡适的课或汤用彤的课，但这一传统还是在老师身上有所反映？这一脉是怎么来的？是古人说的"私淑"吗？

陈来：你说的也许有道理。其实那个时候我没看胡适的书。而汤用彤先生呢，他研究的是佛教，魏晋南北朝隋唐的佛教史，我也没认真读过。但是，因为我们一上来的教育，跟以前的那些本科生的教育不一样，研究生一上来，就是专业化的发展。专业化的发展有自己的规律。你深入这个领域研究，会遇到什么问题，采取什么路线去解决，是有规律的。如果你不进入研究生教育，不从事专业化的研究，不会碰到这些问题。

以前我也讲过，我的发展是暗合了第二次世界大战以后朱子学研究整个国际上的趋势。当然，更早来说，也是接续了清代学者的研究方式。这就表示，你面对一个主题进行研究要专业化的时候，必然是要走上这样一个道路。比如说，以前余英时也讲过，到了清代，"朱陆之争"就变成考据化的路径。这是因为，王阳明《朱子晚年定论》出来以后，"朱陆之争"就必然要走到考据的研究。你要把问题理清楚，必然要走到这个方向，在史料上要下功夫。所以，清初，先有陆学方面的人写了这方面著作，后来朱学像王白田等都做了相关的工作。

以前梁启超说，王白田是第一个科学地研究朱子。不管用不用"科学"这个名词，就是说，"朱陆之争"引导朱子学发展到更专业化的研究，必然要深入到这些问题，包括史料的鉴别考证、文献的整理。到了清末民初，这个就不太明显了，就没有多少人明显地做这些工作了。主要是，当时的学科建设，是在通史上下功夫。胡适的通史写了不到半部，就是写了先秦部分。冯先生是把中国哲学通史写完了。张先生也写了《中国哲学大纲》。他们更多的是在通史、大纲这方面下功夫。真正的、专业化的研究，到战后才比较明显。我以前讲，兰州大学的李相显，1948年写了一部朱子哲学的书，后来因为新中国成立以后大家都看不到这个书了，他又在兰州，偏居一隅，大家也不了解他的情况。我也是到做博士论文的中后期，才去北图看到他的材料。我回来跟张先生说，张先生说："我怎么忘了李相显了？"因为他其实是张先生的老朋友。他等于是继承了清人文献考证的路子，在这个基础上来讲它的发展。

你知道，日本20世纪60年代末有友枝龙太郎，他主要讲到朱子中年以前，讲的是朱子学一些考证，也是根据这个来的。海外中文世界，到了70年代，钱穆先生写了一本大著作《朱子新学案》。他把文献考证的方法灌入其中，对朱子的文献、语录、文集，都通过考证来使用。甚至牟宗三在写《心体与性体》第三册的时候，对他的思想的前后发展也有所关注，这说明，他对清代学者的工作也是留意过的。

所以我以前讲，这是从清代一直到近代朱子学专业化研究的方向。我正好暗合此一方向。因为你要进入这个专业研究，就必须要走上这个方向，除非你是没有专业化的意识，只是用一般的哲学理论讲讲而已。你要做真正专业化的研究，那你就不期然地要走上这个路子。

对胡适等人的北大路子，主观上我并没有一种自觉的继承意识，而是因为进入研究就必然需要走上这条专业化的路。我记得，当时人大有个年轻老师叫姜法曾。他也是追随张先生，张先生给我们上课，他来记录，来帮张先生整理。1979年秋天，我在寝室看《朱子年谱》，因为专业化的研究，肯定上来要研究年谱，研究这个人的生平。姜法曾到我们宿舍来，我忘了他来办什么事，他说，他也正在看《朱子年谱》。后来，没过两年他就去世了。要不然，他也是搞宋明理学的，很可能也要在这个方向上做一些工作。所以，我就说，这是专业化的研究所带来的。

以前我讲，我在80年冬天的时候，已经把《朱子书信编考证》的主体都写好了。当时书稿的原名叫作《朱子书信年考》，写了一大摞稿纸。所以，从这个角度来讲，我们这一代"文革"后第一届的研究生，很早就专业化、学术化了。我的印象，如果是1977、1978级后的学生，很多人自觉的专业化要到20世纪90年代才开始，因为到了80年代中期以后，文化热的思潮席卷一切。那个时代，很多年轻的学生不是集中关注自己专业化的发展，而是投身到文化大潮里边，参与文化的大潮，到90年代才收回来。但是我们那一代，我们同学有1937年、1938年出生的，大家比较早地就往专业化这边走。所以，我们那一代人，应该是中国改革开放以后第一代专业化的有生力量补充到学界。而且，像我刚才讲的，它是直接接续了民国时期三四十年代的人文研究、国学研究的传统。

方旭东：怎么会走上考证这条路，老师刚才介绍，说这是专业化、内在的必然。但根据我个人的经历，我觉得可能还是跟北大的氛围有关。比如，北大中国哲学的楼宇烈老师，他就做了王弼《周易注》及《老子道德经注》的校释。这种著述方式，还是比较严格意义上的民国学术的路径。我觉得这样的学人可能是在北大这种环境才会出来。

以前，我曾经问过老师有关陈荣捷先生的问题。陈老先生在哈佛读博，博士论文写庄子。从他的求学经历来看，他应该没有受到专门的汉学训练。可是，后来他做出的很多工作，都可以视之为汉学家的工作。记得当时老师说，这跟他与台湾"中研院"的学术联系有关。他是"中研院"的院士，而"中研院"的传统又是胡适、傅斯年的。同样道理，所以我想，老师的专业化路径的形成，跟所在的环境——北大有关。

学 科 意 识

陈来：也许是吧，但我想从另一个角度再接着来讲关于学科的问题、学科的意识和自觉。除了你讲的北大的文史研究一贯传统氛围以外，要结合我本人来讲，主要有一个关于学科意识的问题。从1978年入学，在北大哲学系，我们很明确我们的专业是"中国哲学史"。这是很明确的。应该这么说，从20世纪以来的中国的哲学教育来讲，中国哲学史不是仅仅是个形式的规定，它是建制性的学科组织。在1949年以后、1952年以后，我们标准的哲学系下面一定是有"中国哲学史教研室""西方哲学史教研室"。所以讲，这已经不是一个形式的规定，它早就是一个学科方向。

在西南联大时期，甚至更早的时候，为什么胡适会来写中国哲学史？冯先生到清华为什么会写中国哲学史？那时候虽然没有中国哲学史的教研室——因为一个系里没几个教授，那个时候一个系只有四五个教授——但是已经意识到现代大学的哲学学科是这样发展的，必须对中国传统哲学进行整理、诠释。其实，放眼世界，它不是中国独有的，不是中国在近代独自产生的，而是已经在世界范围内产生了。特别是在日本，大概从19世纪八九十年代，就不断地有《中国哲学史》这样的著作出现。那时在东京大学就有了这样的研究室，相当于我们的教研室。所以它是建制化的。既是学科化的，又是建制化的。北大是这样。而且不仅是北大，包括中国人民大学、武汉大学等，很多大学都是按照这样来发展的。不仅哲学系是这样，中文系、历史系也同样有类似的学科自觉，像中国文学史等，是有明确的学科和建制，学术组织都是这样的。

就中国哲学史这门学科来说，冯友兰先生、张岱年先生代表的中国哲学史研究传统是20世纪这一学科的典范和主流，我们是自觉接续这个主流而前行的，是从继承和发展中国的中国哲学史学科着眼的。我的工作目的是承继、光大清华北大即冯友兰、张岱年先生的中国哲学研究传统。

所以，我们在这样一个环境下进入学习，有很明确的学科观念。我们从事的这个学科、专业是中国哲学史，它有内在的、各方面的专业研究体系。一直到了1997年教育部在修订二级学科目录的时候，才把"中国哲学史"改为"中国哲学"，把"西方哲学史"改为"外国哲学"。但是我一直强调，在哲学教育的实践上面，我们国家的大学哲学系，像北大、人大、武大、复旦的哲学系，基本上，后来叫作中国哲学的学科，还是以"中国哲学史"为学科基本内容。内容没有变，名称变了。内容没有变，也不应该变。所以，在全国范围内，应该说这是哲学学科内部差不多100年形成的传统。所以，我的发展跟我这种学科意识有关，我一开始就对自己所处的学科有一种自觉和明确的定位，是在大的方向上发展。

华东师大的情况跟其他大学哲学系不太一样，它原来是哲学教研室，肩负着好几个哲学学科发展的方向。比如，冯契先生不仅肩负指导中国哲学，还有马哲等几个方向他都在承担指导。这类情况的学校，应该还有。

但是我想，20世纪下来，我们中国哲学教育的主流学科发展定位应该就是北大50年代后所形成的架构。因为到了1952年的时候，全国的哲学教师基本上都会聚到了北大，后来才慢慢分一些出去。1955年人大的成立，以及后来武大的成立，这才从北大分出去一些。所以，北大分出去以后的那些大学，还是按照在北大的这些学科来组建、来发展。1952年以后，整个中国哲学的学科就在以北大为主要的基地来发展。所以，如果说这是哲学教育的主流或者学科发展的主流，它是由这些因素所造成的。后来，方立天先生说北大哲学系是中国哲学教育的母机，机床里的母机，也包含这个意思。甚至原中国科学院哲学社会科学部哲学所，现在的中国社会科学院哲学所也是有中国哲学史研究室，主任是冯先生兼任的。所以，整个我们国家的这套学问，都是以中国哲学史为学科的明确意识主导的。所以，我也是因为在这个意识下，在学科的专业化里边综合发展，不会单一地强调某一个方面。

方旭东：刚才我讲"专家"之学，是觉得老师的这种"专家"意识在同时代里面还是比较超前的。20世纪90年代，有一个说法叫"思想家淡出，学问家凸显"。80年代的文化旗手是李泽厚。李泽厚的学问，当然不是"专家"之学。而我们讲到老师，一上来就非常清楚，是"朱子学专家""阳明学专家"，诸如此类。冯先生、张先生那一代人，虽然可以说是中国哲学史专家，但是那种通史性的。在老师身上体现了跟冯先生、张先生不一样的地方，乃至跟所处时代不一样的地方。现在看来，之所以如此，是因为，在1978年，老师就有这样的意识，也就是刚才讲的学科意识，那种要成为中国哲学史专家、成为某一领域专家的意识。我觉得这应该还是比较领先的。

陈来：我觉得你说的这个也对。我比较少想这个问题。我们这一代的人和冯先生、张先生那一代人的确不一样。就中国哲学史的研究来讲，他们更多的还是关注这种通史的书写（然后从通史直接跨到哲学建构）。即使不叫通史，叫大纲，也是通史类的。他们那个时代重视在通史模式下对哲学家个人的哲学展开研究。现在中国整体情况已经不同，整个博士制度促使了专业化发展的深入。所以我的特点就跟我的老师不一样，就是更深的专业化，就是专家化。我觉得，这是博士制度造成的结果。但是回过头来说，我们和上一辈是共有这种学科意识。对于这门学问的传统，我们也是有意识的。我们进北大，我们一直很明显有这种认识，冯先生、张先生所代表的中国哲学研究传统，不管它是通史型的还是别的，这是中国哲学史学科的典范和主流，这是我们明确的意识。我们要学习、要传承的，就是冯先生、张先生所代表的20世纪中国哲学史研究的这套东西。

同时，从大的方面来讲，20世纪中国哲学史这个学科很成熟了。那么往下说，我们的问题意识和关怀，还有什么跟其他学校不一样？我们作为北大的中国哲学的研究者，由于北大和这个学科在中国所处的地位，我们一开始，像我自己，就是有这样的意识，即要站在承担北大对中国学术发展的责任出发。因为北大对中国哲学界担负责任，所以我们继承发展"中国哲学史"学科，是以继承光大北大、清华的中国哲学研究传统，来传承发展整个中国的"中国哲学史"学科。我们是有这样的意识的。其他学校因为没有北大的地位，也不会有这样的意识。首先要传承北大的传统。北大因为是代表中国20世纪的整个学术研究的基本方向，所以要承担对整个中国的中国哲学史研究发展的责任。所以，我的发展跟这些预设、跟学科的追求自觉都是有关系的。

同时，刚才讲的建制、讲学科的传统，再有，就是学科的大师的影响。因为我是张先生的弟子，我又给冯先生当过5年的助手，冯先生对我也很重视。冯先生《中国哲学史新编》的最后两册，他在序里边也讲了，说谁谁替他看稿子，比如朱伯崑先生，又说陈来同志提了很多重要的意见。我们所在的学科生长环境、周边的师门渊源，包括受这些大师的引导，都决定了我们对学科的理解。冯先生、张先生是中国哲学史学科在20世纪最有成就的大师。此外还有任继愈先生，他本来是在北大传统里面的，20世纪60年代中期才离开北大，但他还是北大的兼任教授。

对于任先生，从我个人来讲，我以前讲"两度门生，义岂可忘？"因为任先生，在我硕士毕业时的答辩委员会主席就是他来当，博士毕业又是他来当答辩委员会主席，我的其他同学的答辩他都没参加。所以，我跟任先生的关系也不是一般的关系。他也是20世纪中国哲学史大师地位的学者。我们身边密切交往的、学习的大师都是密切联系中国哲学史学科的发展，都有着中国哲学史学科的明确意识。

海外最著名的中国哲学研究大师就是陈荣捷先生。所以可以说，这些都是塑造我自己个人发展的力量。

方旭东：刚刚老师提到北大的特殊性，北大在中国的领头羊地位。我想这种特殊性至少在两个方面得到反映，比如北大的图书资料，以及北大跟国际学界的交往。我记得以前问过老师，老师在北大读书的时候，对日本、美国这些海外研究怎么那么了解。邓艾民先生过世后，冯契先生帮助整理出版了《朱熹王守仁哲学研究》这本书。我在研究生时代就读到了，一个很深的印象就是，邓先生对海外学者研究的成果非常注意，包括美国，也包括日本。我想，这必然会对你们这些研究生产生影响。

另外一个北大得天独厚的地方，是国际交流。像吾妻重二这些人，他们都是到北大来进修或者做高级访问生。对外国学者而言，如果要讲中国人文学术，他们第一个想到的地方肯定是北大。这就是为什么杜维明先生到中国，就一定要到北大交流。他第一次访问中国，接待单位其实是北师大。第二次就到北大了，并且在北大开了儒家思想方面的课。

所以，我想，老师当然一方面是有学科的自觉，但也离不开北大的环境。20世纪80年代，在我生活的小城，牟宗三的书都很难得到。相比之下，北大的图书资料简直可以用浩如烟海形容。老师当时在北大，连京都大学的《东方学报》，还有京都人文科学研究所编的《东洋学文献类目》，都可以看得到。北大学生整个的视野，显然比地方性的、北京之外的院校要高出一头。从这一点来讲，这里也有一种成为专家的条件。

要做考据，现在当然方便多了，有电子书、数据库可以查，但老师那个时候，很多书只有北大图书馆、北图才有，外地学者很难看到，上图也没有这么多资料。我觉得这一点使得北大有某种特殊性，使得北大一上来就能够进入世界学术的高度。老师有学科意识的自觉，但是如果没有这种交流，不知道日本人、美国人都在做些什么，就会像好多人那样，其实是闭门造车，却还以为自己是世界第一。

陈来：当然，从客观上来讲，应该说，北大是有一些便利条件，包括图书馆的馆藏书籍杂志，以及在北京的国家图书馆（当时叫"北京图书馆"）。但人还是要有自觉。因为，不要说北大自己有不同的学者，就是在北大以外的北京其他院校学者有这种自觉的人也不多。事情有时候不是这么简单。比如,刚才讲我的发展跟胡适他们的传统有没有关系?其实,一开始的时候,直接启发我的意识,并不是胡适。直到后来我念《朱子年谱》,接触到清人的一些工作,才对文献有一些意识。刚进北大,大概第二学期,我听朱先生讲朱熹。那时候朱先生讲什么,我就借什么书。他讲朱熹,我就借《朱子语类》。我看的时候,我受的启发其实不是朱先生,我以前也讲过,而是我们研究希腊的老学者陈康先生《巴曼尼德斯篇》。我看他讲了柏拉图少年和老年的变化。我是从这儿得到启发。当时我看朱熹的东西,看到他有很多不一样的讲法,就有一个疑问:到底是朱熹自己没讲清楚,还是他前后时代的讲法不一样?是不是像陈康先生所讲的那样?这就逼着我去做资料的鉴别,看看这个路能不能走通,看看是怎么一回事。所以,这也不完全是直接受胡适什么人的影响,而是哲学史的专家——即使你做西方哲学史的,也会有一些共同的方法问题——给你带来的启发。但是你要不要下功夫去做,这是你自己的问题了。我自己下决心要做,才去找那些图书馆里的像《东方学报》这些学刊,才去看这些。如果你没有这个意识、这个方向的话,你也不会去找这些东西来看。这个过程大概是这样的。

分 析 性

方旭东:今天来看老师学术研究的特点,给人突出的印象是这种专精性研究。无论是对朱子,还是对阳明或船山,老师的研究方法都是文本细读与深入分析,正是这种对哲学基本文献的细读与分析,使得老师区别于文献学或思想史出身的学者。这种风格的形成,应该是渊源有自吧?

陈来:我想说两点。第一点,张先生、冯先生的研究方法,跟胡适、汤用彤讲中国哲学史研究的方法,不同在什么地方?那就是,胡适的《中国哲学史大纲》,包括汤先生讲的内容,更多的是可以把它归结到"中国思想史"。胡适这个是没问题的。后来,1927年以后,胡适也把中国哲学史放弃了。因为他反哲学了,他只讲中国思想史这些东西。这一类是属于中国思想史的模式。

而冯先生和张先生所代表的中国哲学史研究的典范,一是强调对文本文献的内在的理解,一是强调用逻辑分析的方法对概念命题进行研究。中国哲学史不是史料的堆砌，而必须是哲学的分析。没有确定的哲学理论基础和逻辑解析能力，是无法对哲学史上的概念命题加以分析的。

冯先生到张先生的中国哲学研究，它不是仅要掌握和梳理历史资料、历史文献，它一定是很强调概念的逻辑分析。所以冯先生、张先生也讲了，清华和北大的不同，就是清华强调逻辑分析。不仅是他们的体系建构上强调逻辑分析，而且在他们哲学史的研究，也是始终贯穿逻辑分析的方法。逻辑分析就体现在概念的分析、界定、解释这上面。

冯先生是这样的，而张先生更明显。因为冯先生的《中国哲学史》出得早，是在20世纪30年代初。而张先生后来讲《中国哲学史大纲》，一直到50年代初，他写的《中国古典哲学概念范畴要论》这一类的著作，都不是仅仅讲历史文献、历史资料，它一定要把中国哲学的固有范畴分析得清清楚楚。所谓"清清楚楚"，是指哪个范畴跟哪个范畴不一样，这个要讲清楚，不能说得一团糊涂。而且，讲这个时候，是带有很强的分析性的。所以，那时候张先生的体系叫"分析的唯物论"。他分析的方法也体现在他中国哲学史的研究里。中国哲学研究不是仅仅一般性地处理历史资料，而是还要哲学地去把握、分析那些概念，把它跟以现代哲学为背景的现代哲学概念进行参考，来加以诠释。

所以，他们所代表的中国哲学史的研究，不是仅仅像中国思想史一样，仅仅是关注历史资料和历史文献，包括它的变化，而是特别强调它的命题、概念、逻辑分析、理论分析。如果要讲学派的话，这是从清华到北大的中国哲学研究的重要之处。它的中国哲学研究不是仅仅处理史料的学科，而是利用哲学思维、分析思维去驾驭、诠释那些资料。这是我要说的一个方面。

再一个，就是关于因为刚才讲的学科的问题。因为我的学科的自觉意识比较强，我从20世纪90年代就强调这一点。当然，这跟北大的地位，刚才你讲它的交流条件有关。但我那时候没怎么关注邓艾民先生对日本文献的重视，我只知道他对西文文献的重视。因为他经常派我上北京图书馆的分馆（叫柏林寺），古籍都放在柏林寺，而且所有的西文杂志也在柏林寺，所以我老是去帮他复印资料。像《中国哲学杂志》(*Journal of Chinese Philosophy*)，成中英办的，还有《东西哲学》(*Philosophy East and West*)。我经常替邓先生上那儿找文件复印，那大概在80年代初。

因为邓先生跟冯契先生是好朋友。他老跟我表扬冯契，北京其他的老先生他都没说过，他就表扬冯契。邓先生的研究并不注重逻辑分析，他是从西南联大出来的——我没研究他在西南联大的师门、师承是谁——可是他很强调冯契注重逻辑分析。所以他这一说，我就去听数理逻辑课了。

方旭东：但是此逻辑非彼逻辑啊。您去听的是数理逻辑。

陈来：但是分析是有一致性的，是吧？所以我学王宪钧的《数理逻辑引论》，但是王先生自己不讲，是晏成书讲的，那是北大哲学系研究生的课，我就去上。晏成书讲不清楚的，就让郭世铭讲。老郭是我们研究生同学。我听他们课，还听他们相关的一些讲座。那都是因为邓先生鼓吹冯契。他鼓吹冯契不是说别的，就是为了强调逻辑分析。

方旭东：老师刚才讲分析，这就说到老师研究的另外一个特点，那就是分析性。我这样说是有比较的，像同时代的李泽厚，就不是这样。老师一上来做朱子研究，就非常具有分析性，对每个概念的源流，前后差异，以及相关概念的区分，都清清楚楚。我想，所有读过老师书的人，对此都会留下深刻印象。包括后面讲王阳明，整个书章节的安排，各种概念分梳得非常清楚。好像陈荣捷先生给老师博士论文书写的书评里面，除了考证以外，还说了一条，就是关于分析方面的，说"分析异常详尽"。

陈来：是的。

方旭东：我上学的时候，大概1999年前后，老师写过一个关于道理概念范畴的文章。

陈来：那是1998年。

方旭东：对。那种分析性，我当时印象特别深。我就觉得，在概念分析的细腻和精深方面，老师真的是非常完美地继承了张先生。因为张先生《中国哲学大纲》最用力的地方就在分析性方面。对于这一点，可以说，老师是完美地继承了。

陈来：这都是继承张先生的。我刚才讲，冯先生、张先生所创立的中国哲学研究，讲述的形态不是像思想史研究那种。这也是为什么我们哲学系出身的人看以历史为背景的、思想史的研究书，往往会觉得不完全、不过瘾。因为他们缺少对概念的分析，对命题的分析。对同一个概念的复杂含义、各方面都没有分析。张先生和冯先生的中国哲学史研究，不是仅仅处理历史材料，而是同时要展开他的逻辑分析。哲学史研究本身就是哲学活动。这也是我们一个好的传统。

世 界 性

方旭东：最近我读到老师以前写的《中国哲学学科发展的几个问题》，第一节是学科的自我理解，第二节是世界性的学科眼光。看写作时间，是2003年，说明老师很早就把世界性作为个人自觉的追求了。

陈来：我到20世纪90年代就很强调中国哲学史不仅仅是中国的学科，而且是一个世界性的学科。在东亚各国，在日本，中国哲学史早就成为日本近代帝国大学的著名学科，东京大学是，京都大学也是，九州大学也是。战后，当然遍布欧洲、美国，还有我国台湾、香港。所以，这个学科是世界性的学科。我们在北大的意识，往往跟有些地方的院校不一样，就是很强调这个学科是世界性学科。因此就留意这个学科在世界上的发展和我们的差距，要按照这个学科在世界范围内的第一流标准，制定我们的目标。特别是"文革"里，我们的学术研究被几十年的政治运动干扰了，所以，我们自己想一定要急起直追，要在世界性的学科群里来占领我们应该占有的地位。我的学术目标也是这样。从一开始，我的学术目标就是要指向在世界性的学科范围，要让中国学者的研究能够占领高峰。这是我的目标。就是把自己置身在本学科的世界性学术标准下面，而且以确立中国学者在这个领域的领先地位作为对自己的要求。这也是我们对中国哲学史这门学问负有的责任。我是有这样的意识。这个应该说是贯穿我四十多年工作的主要动力，也就是：怎么在世界性的学科竞争中做出我们自己的卓越成就。中国社科院访谈稿的题目是要表达我这个意思，但访谈中通篇都没讲，只最后结尾说了一句。1990年，我在系里做申请正高职称的个人报告，当时我说我的目标还不是做出中国哲学史研究的一流成果，我当时说，我是追求、做出中国哲学史研究的超一流成果。一流成果就是国内领先，超一流成果就是世界领先。

这是以我当时在宋明理学研究的已获得的成果为背景，才敢说这样的话。我觉得我朱熹的两本书、王阳明的一本书，应该是符合我说的标准。如果跟海外比，我也是追求在世界性的学科里边取得最好的成果。1980年,其实我已经写成了《朱子书信年考》,在那个时候,虽然没有发表它,但是我的实际研究水平已经达到了这个领域的前沿。1982年,我没有参加夏威夷的朱子大会,但是夏威夷会上,东京大学的中国哲学研究室主任山井湧,他提出的《朱子语类》问题就是我当时在北京正在研究解决的问题。所以,陈荣捷先生第二年来中国,一看到我的文章,马上就赶快寄给山井湧了,觉得这是大家都没能解决的问题。

其实这个文献问题,我也不是因为他们提出了我才知道。我在1981年春天就问过张先生,张先生说不知道这个文献的出处。后来我又去问了冯先生。冯先生说,昨天张先生还来,说这文献怎么找不着出处。我关注这个问题有一段时间了,后来在当时的北京图书馆查资料的时候才解决。

1981年秋天,我没到杭州去参加宋明理学研讨会,我在家里写钱穆《朱子新学案》的书评。因为吾妻重二带了《朱子新学案》来。楼老师就说,你帮忙写个书评。我写的书评,其中讲了此书中最重要的"中和新说"的年代考证错误,这是无可辩驳的。后来钱逊从香港回来说,钱穆先生也承认我是对的。陈老先生和台湾学者也都在海外看到了我的文章。所以,那篇文章得到承认——书评在《中国哲学》发表的——也标志着我在这个领域的研究也达到了高端的水平。我的这些研究到了80年代末,应该说就已经充分显现了。所以,80年代后期,陈先生就给我两个朱子的书都写了评论。他认为书信考这个书一定是划时代之作,给了很高的评价。博士论文《朱熹哲学研究》,是出版社去找他写的书评。

方旭东:看陈老先生为《朱熹哲学研究》写的书评,一连用了三个"异常":"叙述异常完备、分析异常详尽、考据异常精到",评价不可谓不高。他还说,老师对朱子书信的考证"远出于"王懋竑和钱穆之上。我想,这些都明确肯定了老师在该领域的研究已经达到世界一流水准。

陈来:可惜,他用的三个"异常",在大陆发表的时候被社科出版社删去了。

80年代末,我们做的工作,在世界上应该已经得到了充分的肯定。因为当时欧美学者做中国哲学史的还是有限的,有些是做中国近代思想史的,像张灏、林毓生这些人就是。做真正的中国哲学史或跟哲学史相近的,陈荣捷先生以外,是傅伟勋。当然,他更多的具体关注是佛教哲学,毕竟中国哲学的范围也很广。傅伟勋1988年写文章也讲了对我的书的评价——因为我送他刚出版的《朱熹哲学研究》——当时他原话说:"实可看成大陆学者研究中国思想文化的学术典范。"

1989年,我去参加东西方哲学会议。因为东西方哲学会议应该是比较高层的一个会议。从前20世纪60年代的时候,会议是请陈荣捷、牟宗三、唐君毅一些先生参加。到1989年那个时候,有的老先生都走不动了。本来杜维明先生提名是李泽厚,他是一个有名的哲学家,但陈荣捷先生不同意,陈荣捷先生非要我参加。参加高级别国际会议,也是我们的研究在世界中国哲学界获得承认的标志。

1992年,我第一次访台,那时候大陆学者刚刚访台。1992年我到"中研院"文哲所去访问,参加了他们办的"陈来先生的宋明理学研究"研讨会。我发表了一个主旨论文。台湾学界应该说是世界范围内中国哲学研究的重镇。但是它因为各种原因,对我们大陆的研究应该是说"素有苛评"。在刚刚开始交流的时候,我一去,他们就办了这个会——"陈来先生的宋明理学研究",应该说有标志性意义。当时,史语所有一位先生还觉得不太服气,觉得好像怎么把我这个地位抬得这么高。我觉得,这个会本身也说明我们的研究在海外受到了重视。我讲这个例子,都是说明,从80年代直到90年代初,1988年到1992年这个阶段是个标志,那就是我的学科追求基本实现了,即我们要在世界性的学科里面做出最好的成绩,这应该是已经实现了。

到2000年以后,我写了几篇文章,包括刚才你提到的那篇。一个是强调学科的自我理解,就是我们中国哲学史的从业员对学科的自我理解,第二条就是世界性的学科眼光。

方旭东:老师的这种讲法,我觉得,到后面清华复办清华国学院时提的两句话——"中国主体、世界眼光",实际上就是延续了老师一贯的对中国哲学这种学科的理解,对世界性的追求。在某种程度上,是有参与世界性学术竞争的意味。本来,中国应当是研究中国文史的主场,但是由于各种原因,1949年之后,我们的研究成果让国际学界看不上,他们重视台湾要胜于大陆。但是我想这个情况在老师身上得到了改变。今天而言,不论是我国台湾,还是西方、日本,都不可能说可以无视中国大陆。我觉得,在这个过程当中,老师可以说是居功至伟。

陈来:有点小贡献吧。你说中国哲学是世界性学术竞争,认识这一点很重要。我另外说说立意的高低,也就是研究的立足点、出发点。但是每个人都不一样。我还有一个特点,我从90年代初就担任北大哲学系的中国哲学史教研室的主任,有一种担当意识。就是自觉地站在代表中国哲学、代表中国学术的立场，来回应世界范围内对中国哲学体系、对中国哲学研究的各种挑战。很明显，如果你到日本学界去，你是北京大学的中国哲学史教研室的主任，你当然是跟东京大学、京都大学的中国哲学研究室主任，是被一样看待的，你是代表中国哲学学科的，我有这种意识。所以，一个是在学术竞争方面要自己做得更好，再有就是要回应各种不同的学科挑战。包括议论也好，包括90年代东京大学搞的改制。本来中国哲学是东大最老的一个研究室，东大的中国研究会就放在中国哲学研究室。沟口雄三上台，要去哲学化，跟胡适差不多，就把中国哲学改成中国思想文化学，就把哲学都抹去了。听说最近日本可能要好一点，可能要往回调整。京都的中国哲学变成了中国思想文献学。我当时也写了文章评论，我当时也不好特别地进行批评，但是我也明确地表示了我的态度，叙述了东京大学中国这些学科的演变，含有批评之意，这就是我们的一种回应。

此外，我们不仅代表中国哲学，也相当程度上代表了中国学术。所以，我的研究也不是局限于狭义的中国哲学研究，也同时进入比较广义的中国思想史、中国学术史。比如说，以前我90年代在东京的时候，就写了关于嘉靖时期王学的讲学运动。这不是哲学的分析，但是很重要的，不仅是对王学研究，是对明代中期的思想文化研究都有意义。甚至也可以说，这个主题就是美国所谓的新文化史研究。我做的这些研究，针对的是美国中国研究的地域研究中的归约主义倾向。应当说，也跟自己具有的担当意识、责任感有一定的关系。

刚才讲到朱子阳明——另外除了前期的理学著作以外，到了90年代中期，我还有一些新的发展，主要是做古代宗教思想研究。而到2000年以后，我又做关于王船山的研究。这些著作也得到了本领域内世界性的世界学术权威的推崇。当时我把书送给一位美国的学者，应该说他是本领域的世界级的学术权威。他就回信说："《古代思想文化的世界》，为前著《古代宗教与伦理》之续，内容丰富、条理井然、融会新知，以崇明中国古代文化史之发展，较之30年代以来前辈学人的研究以推进甚远。尤可佩者，态度雍容，思虑深沉，此真学术史研究之进步。承先启后，居功至大。"以他的身份、地位来说，这已经是很推崇了。我把写王船山的书寄给他，他说"兄多年来著作不断，自古代已迄近世，好学深思，贯穿儒学源流，并世稀睹"，"今日言儒学研究，惟兄足以当之而无愧"。因为这位先生有这样的地位，我就举这个例子，说明除了我的理学著作以外，这些著作也得到了这些世界级的学者的肯定，这也都是与学科目标的自我理解相关联的。

从考据到比较

方旭东：可惜，很多人对老师的印象还主要停留在理学的著作上。

陈来：回过来再说我的理学研究。上次跟他们中国社科院访谈也是讲这个，但上次讲得不完全。研究可以分为义理和考证，考证有其重要性，一般认为文献考证能够体现学术性。特别是清代人对朱子的研究就有这个基本路向。我以前说过，战后的朱子学史，我的研究可以说叫"预流"，就是"暗合"了这个方向。实际上，我强调的是文献考据和义理分析并进。有些人可能错误地理解，认为我讲的那个方向好像仅仅是文献考据。因为历史上是这样的，比如清代的朱子学，像王懋竑他们，当然主要讲文献考据。友枝龙太郎也主要是基于史料的考证。钱穆先生，也可以说，他对义理的发明不明显，是以考据见长。陈荣捷先生晚年也是偏重在这里，他的《朱子新探索》，八九百条都跟文献考据有关系。陈先生就认为，只有这样才能体现学术性。但是我们不仅仅追求这种学术性，也同时强调义理的分析。刚才讲张先生、冯先生重视概念命题的分析，所以我们的研究传统是谋求义理与考证两者相得益彰。

如果讲我自己的研究特点，那应该说，是义理和考据两方面都重视，不是说仅仅偏在考据方面。1990年，荒木见悟到厦门去开会，跟陈荣捷先生谈对研究的看法。那次会议，陈荣捷先生去了，我没去。荒木就跟陈荣捷先生谈关于朱子学研究的状况，荒木有这么一句话，叫"考据的陈来"。

方旭东：老师把朱子书信两千多封全部考据出来，作为考据家的声望当然就建立起来了。

陈来：日本学者比较能够了解你在考据这方面的贡献，但是你写的哲学的书他不一定能了解。日本学者也好，有些东方学者，包括韩国一些学者，不一定能够了解你那些哲学分析。但其实我的研究应该说是两方面并重。到阳明学研究，好像有点相反。因为我写《有无之境》，文献考证的部分占的只是一章，还是附考。大部分是在做义理的分析。当然，义理的分析里面也涉及比较。但是我做的这种比较分析，还是强调以内在的研究为基础，所以我那个书还不是比较哲学之作，还是王阳明哲学史的专门著作，但是明显运用了比较的方法，也有比较的视野。同时我要强调的是，我们的研究一定要以内在的研究为基础，我们对西方哲学的运用、比较，总体来还是要增益我们对阳明学的内在理解。

当然，这样处理以后，荒木的印象也改变了。所以我后来（1995）到荒木家，他拿出《有无之境》，上面画了好些红条条什么的。他问我，你这个书，是不是有意地从西方哲学来比较？这就不是"考据的陈来"了，变成"比较的陈来"了。

方旭东： 兼顾考证与义理，的确很难。在宋明理学这一块，比如说，我知道有一位先生，主要做考据，但他考据之外讲的那些大的判断基本上都不可靠，都是想当然。有时我觉得很奇怪，文献学者为什么会讲这样一种很不严谨的话。后来我自己的理解是：因为他不是哲学出身，没有这种分析，尤其是没有跟西方哲学概念的比较的研究，所以他只能有一个方面的成绩。讲起来，老师的义理分析方面，我觉得跟张先生、冯先生的传统一脉相承。张先生虽然没有出去留学，但他对同时代西方哲学非常熟，跟张申府一起，他们兄弟（二张）都是对哲学理论本身非常熟悉。冯先生去美国留学，他受的是新实在论的熏染，他很自然地就会从哲学的意义上来做研究。

我个人体会，老师对古代文本的解读，较之很多学者可能更能得古人本意。这肯定是跟有考证基础有关系。纯做哲学的人可能比较会发挥，这是现在所谓做哲学的人经常会出现的问题。而在老师身上，对文献的正解特别突出。

陈来： 我就想起来，海德格尔晚年答复《明镜周刊》，说他一生的工作主要就是阐释西方哲学。比照这个，我可以说，我的学术工作就是阐释中国哲学。牟宗三先生晚年也说过："我一生的工作很简单——客观的了解。"又说："我一生只有一点好处，就是我客观了解的本事，当今很少人能超过我。"

我在想，如果从今天的回顾总结来看，我们当然也是这样的，也是以阐释中国哲学和客观地了解中国哲学为主的。但是，应该说，在阐释了解方面，因为我们继承了张先生的"好学深思、心知其意"的学问方法，我自己认为，应该比牟氏更客观，应该说，比他更接近于客观的了解，比如朱子哲学。

另外，回到前面讲的，牟先生还有一个特点，那就是他的分析性比较强。20世纪30年代，牟先生是从逻辑入手。他一开始上大学的时候是从逻辑入手。张先生则是从罗素和布拉德雷这些真正的逻辑分析来的。张先生说他年轻的时候看外文书比看中国书多。

方旭东：对，我看张先生画传上面讲到他早年读的那些书，非常吃惊，因为他念的全是当时最新的西文书。

陈来：是最新的。所以他逻辑分析很强。我就说，这些老一辈的自身的实践也显示出，中国哲学史学科里边最好的研究，一定不只是对史料或者文献的直接把握，必然包含着这种高度的分析，有着这种哲学的逻辑分析和基于分析上的诠释。这样你才能对中国哲学的概念进行厘清、梳理，才能用现在的哲学语言把它的含义以及跟不同概念的区分表达出来。

回到王阳明研究。《有无之境》是以义理分析为主的，因为阳明学本身当时作为哲学研究来讲，考据的任务不大。阳明的书信我也做了一些年代的考察，《阳明全书》里边很多都注了年代，可能有个别的不太准确，也不必跟它较劲了。可是我1991年出了《有无之境》，到1992年就碰到史料的新发现。因为吉田公平送他的新书给我，我就发现，有一条文献我没见过。我敢说，这条文献在《阳明全书》里没有，因为38卷《阳明全书》我看得很熟，有一条没在，我就知道没在。那时候没有电脑，我不是靠电脑。结果，春夏之交的时候，在中国人民大学访学的难波征男带着永富青地就到我家来，我就拿着吉田公平的书给他看，我说这个材料是在哪？我怎么没见过？这个材料就是《遗言录》和《稽山承语》，中国都没保留住，流到日本了，日本学者引用了这个材料。我就问了难波征男。

到了秋天，吉田公平自己又来了，就给我带了王阳明的《遗言录》，后面附了《稽山承语》。我一看，这里有好多阳明的佚文。我大概花了不到一个月时间，就全辑出来了，一共50条。那时候也没电脑，都是靠人力。后来也发表了。我专门写了文章，叫《〈遗言录〉与〈传习录〉》。我们把这个佚文也都发表了。以后日本学者才做了《遗言录》的注解。日本学者比较擅长做注解。我们是辑出来，罗列出来，不去做那些注解，日本学者在我们后边做了注解。这样一来，我就更留意《王文成公全书》没有收的这些语录的辑佚。1995年，我在东京大学，我遍翻了主要的几大家文集，主要是王龙溪、邹东廓、罗近溪这几个阳明大弟子的文集。我通看一遍，把其中的阳明语录辑出来。当然，阳明弟子也多，我不可能全部都辑。我只能就这几个大的弟子，其他有些人的文献当时也不好找。那时候，刘俊文的那套丛书还没出版,有些"四库全书存目"的内容还不容易找。后来就慢慢都容易找了。我就把他那几个大弟子的文献,包括徐爱什么的,统统查一遍。辑出来大概可能有230多条。《传习录上》才100多条,《传习录下》也就200多条,所以这一部分应该说也属于我阳明学研究的考据方面的工作。

方旭东:我觉得在这个方面老师是领先,而且是引领潮流的。

陈来:所以日本学者也才去做这些工作,留意看日本保留的阳明文献。但是我后来就不做了,因为什么呢?因为到了90年代后期,互联网已经兴起了。我觉得我就不必再做这些工作,大家用电脑慢慢就可以获取到了。我就是说,我在90年代也做了阳明学的文献考据的部分。那么这一部分,应该说,也是对阳明学研究的贡献:不仅是他哲学思想体系的研究,而且就文献方面,我们做的工作也应该说在走在了世界学界的前面。因为以前我们思想体系研究得不够,文献研究更差。文献研究以前都是日本学者走在前面。这些工作,加上后来我们国内做的一些阳明后学的文献整理,都说明,我们现在这方面工作越做越好了。

方旭东:一般的人,能做考证,未必能做哲学的分析;能做哲学分析的人,未必有考证的能力。现在一些年轻学者,有的就纯粹用西学,例如现象学,来这样做,完全不会考据这回事。还有一些年轻的学者,反过来,不要用西方的东西。曾经有一些学者主张,不应该再讲哲学,直接来搞经学或者什么东西。跟这些学者相比,老师身上真的是体现这种兼美的特点。

虽然老师没有像有些学者那样专门写西方哲学的文章或书,但老师对西方哲学的重视是事实,只是老师不像某些学者那样自我标榜。而且,我观察到,老师对西方哲学的比较也好、吸收也好,是贴合研究的对象的。比如说,最早《有无之境》,更多是吸收存在主义,因为讲境界、情绪,这是存在主义、现象学比较擅长的。最近几年,老师写儒家美德论,对西方的美德伦理也是关注很多。还有,以前老师在做王船山的时候,内含了西方诠释学的资源。写阳明学的文章《明嘉靖时期王学知识人的会讲活动》,跟对韦伯问题的关注也有关。

老师早年以考证成名,但老师对西学的学习或了解程度,完全超出了人的想象。包括上次老师对桑德尔关于美德政治的讨论。实际上,桑德尔的书,一般人也就知道他的《公正——该如何做是好?》,比较少关注他另外一本书(《民主的不满——美国在寻求一种公共哲学》），就是讲美德政治的那本书。但我发现，老师评论桑德尔的时候，主要讨论了这本书的一些观点。事实上，桑德尔在会上最重视的也是老师的论文。感觉老师对西学的吸收或者说比较，始终有自我的主体的考虑在里面。不知道这种理解对不对？

陈来：我们的研究可以说有一个特点，就是很重视学习西方哲学、了解西方哲学。但目的是为了扩大、深入我们对中国哲学的研究。冯先生是这样，张先生也是这样，都给我们做了表率。应该说，我们学习西方哲学，不是要做一个西方哲学的研究专家，也做不到，也不是为了专门做自己的哲学建构。目的还是广泛参考西方哲学，来扩大研究中国哲学的视野，深入对中国哲学的研究本身。我们对西方哲学的学习，是把它作为我们中国哲学研究的一个必要部分。当然，每个人对西方哲学的学习的目的不一样。我们的目的，始终是为中国哲学史研究服务的。

同时，我们不仅关注西方哲学，也关注西方文化，关注西方宗教学、社会学。以前，我写过很多韦伯的文章。政治学也关注，包括美德政治。通过对西方学术的了解来扩大我们的诠释视野。因为诠释就是哲学，诠释活动就是哲学活动。当然，我们还有一些研究，是对西方汉学的回应。刚才提到的嘉靖时代讲学的文章，有它的独立意义。在结尾，我也讲了，这篇文章是为了回应晚近汉学研究的地域研究的规约主义的倾向。

方旭东：还包括老师《有无之境》附录的关于儒家神秘主义的论文。虽然老师没有明确讲儒学和宗教的关系，但这其实是儒学宗教性讨论的一个热点，现在有些年轻学者还在那里强调儒学的宗教性。老师这篇文章应该是1991年前后写的吧？

陈来：不是，那是1987年1月。这就是对宗教学的关注。

方旭东：哦，那就更早了。神秘主义肯定是宗教的一个很重要的因素。

陈来：那个是我到哈佛初期写的。因为我在哈佛住在世界宗教中心。世界宗教中心常常有人来报告，里面就有一些学者，包括印度学者，谈这类问题。关于这些问题，我就借一两本书翻了，以前在资料上也做了一些积累。到1987年1月份，傅伟勋突然给我写信，说台湾的《文星》——60年代原来有个《文星》杂志，包括李敖他们都有参与——复刊了,变成一个有一定学术性的刊物,让我写篇文章。我也不知道《文星》是啥,我就写了这篇文章。

方旭东:这篇文章很学术啊。

陈来:对,我就写了这篇文章,这个当然不是现成就能写出来的。你要有资料,要经过一定的资料累积。

方旭东:里面有大量的阳明学、阳明后学的材料。

陈来:不是能够现抓现写的。没有积累,也写不出来这个文章。我就寄给傅伟勋了,他说"好,就发表"。但是到了1988年也没发表。因为后来听说这个杂志又办不成了,1987年出来了两期,就办不成了。当时我还没回国,我就把它寄给李存山,我就说,看看《中国社会科学》能不能发表。结果《中国社会科学》哲学编辑室没接受,他们对这个没兴趣,可能他们都是马哲出身或什么的,也不懂。关键是,他们不了解这个问题的学术性,其实这是比较宗教研究里边很重要的问题。

结果,前几年世界宗教研究所要办一个英文刊物(*Studies in Chinese Religions*)。第一期就找人翻译了这篇文章。研究宗教学和比较宗教的人,知道这个问题的学术重要性。很多人讲道家的神秘主义,讲老子、庄子的神秘主义,那儒家有没有神秘主义?怎么讲?一定要有研究懂行的人。只是当时《中国社会科学》没这个眼界。后来发表在《文化:中国与世界》第五辑。1988年秋天我在新加坡开会,碰到傅佩荣。他说,你有篇文章我审过,是讲神秘主义的。他说,我还以为是个老先生写的。

因为傅佩荣是研究早期的宗教,所以让他审。这些研究对我来讲就属于关联的研究,也是一种比较研究吧。在我的领域里边,也有很多不是单一的、狭义的中国哲学研究,但是都有些关联。对儒学神秘主义,特别是对心学传统的理解,要怎么加深?这就是很重要的一个方面。再比如,以前我对韦伯的研究,研究儒学和现代化的关系,虽然不是中国哲学,但是属于当代中国文化研究。德国的哲学家罗哲海几年前来北外开会,问我那篇从社会学角度论蒙学的文章是不是我写的,我说是我写的。因为那篇文章是用德文先发表的,包含对韦伯的分析,可见也受到德国学者的关注。

当然,还有一些其他的。像这两年,我对伽达默尔关于"传承物"的概念的研究,这也是跟整个中国哲学、中国文化的诠释活动有关吧。我们的这些研究都不是单一的或者狭义的中国哲学史研究,但是都有关联。

方旭东:这种比较研究,我想,如果套用古代陆九渊的话来讲,存在"六经注我"或"我注六经"的分别。我觉得老师的做法是明显的"西学为我所用"、以中学为主体。有时候,我看到那些西学出身的学者回过来做比较哲学的研究,就感觉老师有明显的优势,那就是,对中学的理解非常深入。所以老师做的这些比较的东西出来之后,更有说服力,而且往往是非常新的。

比如说,这几年有很多研究东亚儒学的人,也写了很多文章,但是好多人原来不是研究理学出身,半路出家,看他们写的东西,总感觉没有搔到痒处。老师最近发的那篇讲韩国"理气动静"的文章,我就感觉到,这是日韩学者不能写的,而且是仅仅研究所谓东亚儒学或者东方哲学的人也写不出来的。因为这个问题本身是朱子学非常内部的问题,一般人注意不到这样的问题。这是一个例子。

还有一个例子,比如说,老师在最近一次的国际中国哲学会议的报告里讲的朱子理气的比较,我觉得也充分体现了这一点。里面检讨当年贺麟跟张荫麟之争。贺麟先生毕竟不是直接研究理学的专家,更谈不上大家。所以,他对朱子的理解,无论是文献也好,还是义理本身,跟老师现在做的比较研究一对照,立刻就可以看出高下,老师的这个研究可以说是"后出弥精"。比较研究要做得好,其实很不容易。它取决于研究者的问题意识,对两方面的材料都能进去。

不　容　已

陈来:在北京以外的学者往往觉得北京的学者好像占了"地利"之便。

方旭东:是有这种心态。

陈来:但北京的学者处于中心所得的"地利"之险,却是外地学者很难了解的。比如说,我因为从80年代末就坚持中国文化的立场、坚持儒学的基本价值和现代意义,为此多年遭受了批判打击,这恐怕是外地学者不容易了解的。

我举一个例子,不说具体人了。有一次,教育部在评"帽子",北大报上去的名单里有我。北京哲学界的一位头面人物派人找到北大参会的负责人,说最好把我的名字拿下来,让北大不要报我。我们北大这位同志就说,有什么问题?你让我把他的名字拿下来,是有什么问题?有没有一些我们不知道的问题?结果,说不出来,最后才委婉地说,某某对他有意见。某某就是"左派"学者,可见"左派"学者很早就开始对我打压了。还有一个例子,新世纪初那几年,教育部某直属部门的负责人直接警告跟我做博士后的同志:"不要光看你们陈老师的学术著作,要看他的文化主张,才能看出问题。"从90年代中期到新世纪第一个10年,打着正统意识形态旗号的教条"左派"在对待我的态度这一点上是一致的。所以我那些年的重要学术著作在各种评奖中也只能评得三等奖。

但我的主业是中国哲学的学术研究,这些外在的东西并不能影响我的学术研究在高水平上不断前进。我转到清华以后,特别是十八大以后,我的处境才逐渐改变。

方旭东:原来如此。我以前就纳闷。1998年我到北大读博,正是北大百年校庆,我就看到三角地橱窗里贴了北大杰出文科教授的介绍,其中有老师。可是后来几年,好像一些评奖一些荣誉,都没有老师。

陈来:我到清华复建清华国学院,开成立大会,我们好心邀请某某来参加我们的大会。那个成立大会好多人参加,有杨振宁先生,还有好几个老外。而这位"左派"学者开会回去以后,给中国社科院一位领导写了一封检举信,说我讲的都是中体西用,都是"王国维式"的,是资产阶级的方法。他还说,除了最后的教育部副部长以外,其他人都不提马列。我们是一个国际性的成立大会,你要让杨振宁先生谈马列吗?我们请了德里克,请了好几个外国人,都让外国人讲马列?而且这等于指责我们清华校长在那儿也不讲马列。国家领导人也不能每次讲话都讲马列啊。你看,就这一类的事儿。我受这种批判打击始于90年代中期,1996年《哲学研究》发表了批判我们的文章,你们应该都知道。

方旭东:对,那是对《有无之境》的批评。就我所知,那位作者不是做中国哲学的,更不是研究阳明学的。文中揪住老师没有提王阳明"破心中贼"大做文章,还说,老师讲的"有无之境","丝毫不关切现实人生的苦难","是一种麻醉,与封建道德、统治的压抑和控制并行不悖",诸如此类,都是一些外在的、意识形态的批评。

陈来：直接背景是我为国学热发声。根源是我坚持守护中华文化，不赞成反传统主义的文化观。以社科院为代表，他们在国学的问题上，要批判北大的代表性学者，我是首当其冲。我想说，这类遭遇是外地学者很少遭遇到的，所以不知道除了"地利"之便以外，还有"地利"之险。至于批判，我向来不受其影响，该发声的时候就发声，1994到1995年关于国学热的问题，有那么大动静，谁都不出来说话。只有我一个人在《东方》杂志写了一篇文章《九十年代步履维艰的国学研究》，对所有的质疑都做了回应。张世英先生见到我说，你的文章是批评某先生的。其实，我也不是专门批评那位先生，但是包含了对那位先生讲法的辨析。中间的打压就不说了，直到清华国学院成立，某些人还想打击我们。40年来，我处在这么一个中心的位置，我为自己的文化立场积极发声，可以说，某些时候挺身而出了。也因此遭到批判和压制，这些遭遇，不是外人都能了解的。

方旭东：是的。

陈来：对这种打压，我并不妥协。你看我的文章，我一贯讲话不随时事而转移。这反映了我的精神关怀。应该说，我们始终没有放弃抗争、发声。就像冯友兰先生一样，冯先生遭了多少批判？我前次翻了个材料，看到五六十年代北大哲学系，从老师到学生，几乎没有一个没写过批判冯先生的文章。你说，比起冯先生那时候受到的压力，我们应该说压力还是小多了，这是时代的进步。

方旭东：所以，现在外界看到的只是老师风光的一面。老师在受压的时候，人家就不会看到了。十几年前，反儒学的人正是炙手可热。

陈来：我有什么风光呢？俗语说升官发财，我哪一件也没沾边，是吧（笑）？每天还不是一直自己在这"吭哧吭哧"地写文章、写书？其实，像张先生一样，都是出于这种"不容已"的情怀。

方旭东：对历史文化的关注，是老师的一贯精神所在。其实，在中国哲学史的学术研究以外，老师一直关注并参与80年代以来的文化讨论。新世纪以来，则参与了广义的思想文化讨论。我看老师发言为文，总是充满着对文化、价值、传统的温情关切，对国家、民族、历史的深切忧患，对儒学和国学有着明确的文化认同，对中华民族和中国文化复兴怀抱强烈关怀。读老师的文字，给人的印象是有血有肉的,而不是抽离历史境遇的概念演绎。我想,老师对国族、文化的深切忧思和苦心孤诣,都体现了"莫非己也""视天下无一物非我"的儒家人格,体现了强烈的文化意识。

陈来:这几十年,在文化论争的重要的时机,我都积极发声,不是为个人的成名成家,而是出于自己的文化立场。我为国学热和传统文化的辩护与捍卫,我对文化民族主义和文化保守主义的阐发和坚持,从不回避作为儒学在当代中国的代表发声。我分析自己这样的心态,有点像冯友兰《新原人》写的序的那种心态。这种心态当然是一种儒家文化的表现。以前李泽厚讲道家文化的心态,叫"冷眼旁观""不动情感"。我们就是跟这个相反,不能冷眼旁观,总是要积极发声,来表达自己文化的立场。这里边也体现了对国族、对文化的关切。这一部分可以说应该是属于我所有的学术活动的内在动源。

方旭东:所以老师笔下多有历史感、现实感和思想感怀。可以说,是儒家情怀的"不容已"。老师的那些文章,既有对传统文化遭遇践踏的愤慨,对社会风俗风气的警醒,也有对城市文化和城市精神的关注,对民族文化的记忆和传承,还有对大学教育和大学精神的探索,对社会转型和当代人文精神的建设,体现了广阔深厚的人文情怀。老师的研究所及,已非中国哲学史所能范围,已经延伸到思想史、文化史的广大畛域,充满思想文化的丰富蕴含。

陈来:我们得到一些奖之类的东西,其实这些东西跟学者自身的学术追求和宗旨也有关系。我得到一些跟儒学、跟国学有关的奖项——上一年我得了国学终身成就奖——我想,它不仅是看你的学术成绩,也因为你对儒学、对国学有明确的认同。假如说,一个历史学家研究制度案例很不错,但你是反国学的,自然也就可能不会授给你国学研究的成就奖。又比方说,我得到孔子文化奖,如果你不是对儒学有明确的文化认同,即使你其他方面研究有成绩,也不一定会有这样性质的褒奖吧。

这些奖,这些外在东西并不重要,我主要是说,它们要归到一个学者内在精神的动源。是什么让他真正发自内心——以前张先生讲过"不容已"——这本来是明代的罗近溪讲的话。张先生晚年,我访问他,他说很多发言都是不容已。我也是这样。今天回顾总结,有关自己的内在方面也简单地说一些,这也是可以让大家了解的一个方面。

方旭东：我觉得今天老师讲的这段历史还是很重要。因为这些年，至少执政党对传统文化的政策跟原来的不太一样。所以，相对来说，老师还算被当作正面的，有各种荣誉。但实际上在20世纪90年代，至少在21世纪之前，其实执政党的主流尤其是管意识形态宣传方面的人，对儒学、国学还是排斥、打压的。所以，在这个过程当中，老师作为代表性的人物，其实是受到很多的批判，而且是被点名的，暗的、明的都有。所以，这一段历史今天讲出来的话，我觉得还是很有意义的。

陈来：十八大以来，党和政府关于中华文化的方针有了重大的调整、改变。这几年提法都很好。在某种意义上，应该说，现在政府对于中华文化的态度，越来越接近我们的立场。可是这并不是我们现在去接近政府，而是终于等到40年之后，政府慢慢地转变了对中国文化的根本态度。

方旭东：这个也就是晚近十年的事，具体说，也就是老师到了清华之后。回到一开始老师说的"上张先生课，念冯先生书"。我觉得这两位先生对老师都有熏陶，但在价值认同方面，其实老师更多的还是接近冯先生。当然，张先生晚年对国学也好，对传统文化也好，也有认同。但我感觉，如果要做一个比较的话，老师还是接三松堂更多一些，不知道这样理解对不对？冯先生写《贞元六书》，冯先生当时用的意思是贞下起元，因为那个时候是贞元之际。老师现在正好是由元转亨了，因为儒学现在可以说是有点"亨"的感觉了。我觉得这个确实是跟冯先生可以接得起来的。

陈来：到清华以后，我完成了"元亨六书"的体系：《新原儒：儒家思想的根源》《新原统：传统与现代》《新世论：孔夫子与现代世界》《新明道：现代儒家哲学研究》《新原仁：仁学本体论》《新原德：儒学美德论》。

方旭东：老师的"元亨六书"，是公认的当代儒家哲学的代表。老师作为冯友兰、张岱年的学术继承人，继承了老清华专精中国哲学史研究的深厚传统，又发扬了老清华重视哲学思想建构、综合创新的传统，是清华中国哲学传统在当代的突出表现。

（作者单位：清华大学、华东师范大学）

专论

天人合一：学术、学说和信仰

——再论中国哲学之身份及研究取向的不同[*]

刘笑敢

20世纪以来，中国哲学已经逐渐成为近代中国大学和研究机构的一个相对独立的研究领域和专门学科，在国外的大学和出版界，中国哲学作为一个门类也有扩大发展的趋势。然而这一学科所研究的内容主要是两千年来中国主流文化中的儒家思想（儒学或儒教）、道家思想和佛学理论。这种看起来很自然的情况实际上却隐含了新学科、新方法、新标准与传统内容、传统方法、传统目标之间的紧张或冲突。

很显然，新学科的任务和旧传统的使命有根本不同，由之而来的话语体系、评价标准与古代学术、旧有体例之间有某些难以兼容的原则和特点。突出的一点就是古代的学问、信仰和修养三位一体，按照当代新儒家的说法就是哲学、宗教、道德相贯通，实为一体；而现代学术传统和标准则强调学术、信仰和修养的分别。学术要客观、公正、公开，而信仰和修养是私人团体和个人的事务，原则上不受公众的干预，也不能干预公众事务。比如，我们不能要求一个讲授儒学的教授一定以儒学为个人信仰，不能要求他的言行一定符合儒家的道德规范；同时，我们希望他的儒学研究不是为了宣传儒家信仰，而是对儒学的思想做客观、全面的研究。这里同情的理解和批判精神是学术研究的普遍方法，不应有意地弘扬自己特有的信仰而贬低其他学说和理论。换言之，学术研究的严肃性和客观性不要求一个学者放弃个人的宗教信仰，但也不允许或不提倡一个信仰者将学术园地当作宣教的道场。

---

[*] 笔者感谢陈孝龙先生帮助搜集大量原始资料。

那么，我们究竟应该怎样处理现代学术标准与民族文化传统和信仰之间的关系呢？为了回应这些问题，笔者曾提出过两种定向的理论主张，以及关于中国哲学之身份和角色之定位的讨论。简单地说，两种定向就是从业者在文本诠释和学术研究中客观的、历史的、文本的取向与当下的、现实的、主体的取向；中国哲学之身份的定位则是指中国哲学既是现代学科，又是民族文化和价值核心的载体，从业者可以对儒释道做不同定位，而两种定位不宜混淆。本文即以中国哲学的两种身份之定位和研究工作中的两种取向之交织为理论框架，以天人合一的历史内涵和现代讨论为实例，进一步讨论中国哲学研究的方法和方向问题。[1]标题中的"学术、学说和信仰"意在提醒我们在讨论有关"天人合一"的问题时，应该思考和厘清我们的立场和目标：是把"天人合一"作为要研究的历史上确实存在的思想对象？是要重新将之建构以回应现代需求的一种学说？还是要进一步表达自己的文化信仰或信念？这些是不同的工作，应该分开来做，或一步一步地做。显然，不同工作的对象、目标、方法、标准也都是不同的，不应混为一谈。

下文第一部分辨析20世纪80年代以来关于天人合一之讨论中的定位和取向问题。这些讨论都在学术讨论的名义和群体中进行，但实际上不完全是狭义的客观的学术研究，而是包含着直接或间接地对现实问题的响应、建议，以及对传统文化的弘扬和发展的意愿，或对传统文化之不满和担忧，但这种现实取向是在诠释历史的框架下进行，远没有达到理论发展和重建的自觉意识和理论高度。

第二部分检阅和梳理宋明清时期关于"天人合一"一语的实际使用情况，以及这一熟语使用中所包括的相当歧异的意含和意义。这一部分依据的是历来讨论天人合一问题完全没有涉及的领域和新材料，值得重视和省思。

第三部分则以有关天人合一之讨论为例，进一步探讨关于中国哲学之身份定位及研究者工作取向的问题，并讨论有关天人合一之现代创构中应该注意的问题。这一部分是在总结历史和现代众说的基础上比较深入讨论中国哲学的身份问题和工作取向问题，并总结现代创构的一些原则性思考。

---

[1] 见拙著《诠释与定向》，北京：商务印书馆，2009年，引论、第一章、第二章，以及《再论中国哲学的身分、功能与方法——纪念唐君毅先生诞辰一百周年》，《中国文哲研究通讯》第19卷第4期（2010年12月），第33—51页。

一、众说纷纭：现象与原因

20世纪以来，"天人合一"已经是代表中国文化传统特点的熟语或成语，有人称之为中国哲学的基本命题，或思维模式，或思维定式。在涉及中国文化与西方文化之对比或对话时，"天人合一"一语似乎更是不可或缺的，然而，对这一术语的严肃的学术研究似乎仍有不足之处。不足之一即对于现实关怀、文化弘扬和专业的学术研究、理论探讨之分际缺少自觉意识，缺少分疏和辨析。关于"天人合一"的专门文章一直络绎不绝，因此要想在有限的时间内进行竭泽而渔的深入研究已经全无可能。本文只在尽可能搜集有代表性重要文章和著作的前提下进行比较深入的分析和探索，希望能有引玉之功。

20世纪80年代开始，伴随着改革开放政策的实施和积极效果，对中国传统文化重新评价和讨论逐步升温，一直发展到所谓"国学热"的出现。在这一过程中，加上环境保护运动的刺激，"天人合一"之说也越来越受重视，显然，这一热潮主要是以现实关怀为主导，但是，这种现实关怀的讨论却往往是在学术讨论的名义下进行的。在笔者看来，这种情况造成现实问题的讨论不深入、不具体，而学术讨论不严肃、不系统的局面。

80年代新春伊始，重新讨论天人合一问题的最重要的文章大概可以金岳霖的一篇英文文章为代表。耐人寻味的是此文写作于1943年西南联大时期，却发表于1980年，三四十年前的旧作成为一个新时代到来的序曲。[①]该文比较中国哲学与西方哲学的不同，并有专节介绍天人合一之论，引起了学界的注意。

讨论高潮当以钱穆96岁时完成的绝笔之作《中国文化对人类未来可有之贡献》为引子[②]，作者在前言说明虽然早年屡次讲到"天人合一"观，但到晚年"始彻悟此一观念实是整个中国传统文化思想之归宿处"。在正文则提出："'天人合一'论，是中国文化对人类文化的最大贡献。"文中多以"天"与"人"相对举，其次以"天命"与"人生"相对举。与"天"相提并论的除"天命"外，还有"天文""天道""自然""天文观"；与"人"相当的术语除"人生"外，还有"人文""人文观"。文章不到两千字，但论点颇丰。择其要可归纳如下：

---

① Yueh-lin Chin, "Chinese Philosophy," *Social Science in China* 1.1 (1980), pp. 83–93.
② 原文发表于《联合报》1990年9月26日，重刊于《中国文化》1991年第4期，第93—96页。以下引用此文即据《中国文化》版，因为文章不长，下面引文页数一律略去。

（1）随着科学发展，西方离开人来讲天的学说日益显出其对人类生存的不良影响。

（2）西方常把天命与人生划分为二，所以需要另有天命的宗教信仰。

（3）中国人认为天命就表露在人生上，除却人生，无从讲天命，所以也不需要西方式的宗教信仰。

（4）中国古人抱有一种"天即是人，人即是天，一切人生尽是天命的天人合一观"。这也就是古代中国人生的"一种宗教信仰"，也是主要的"人文观"，亦即其"天文观"。

（5）"孔子的人生即是天命，天命也即是人生，双方价值无穷。""人生最大目标，最高宗旨，即在能发明天命。"

（6）"西方文化一衰则不易再兴"，而中国文化精神，"自古以来即能注意到不违背天，不违背自然，且又能与天命、自然融合一体。我以为此下世界文化之归趋，恐必将以中国传统文化为宗主"。

对钱穆此文有热烈的赞扬，也有婉转的批评。我们当然知道，对一部作品、一种观点有不同意见是非常正常的。但这不意味着我们面对众说纷纭的意见应该放弃对问题的思考和探索，放弃对真理和真相的追求，放弃对群体和个体学术水平提高的期望。如果我们认为反正各种意见可以百花齐放，不必统一，也不可能统一，因而放弃深入反思和探究，那么无论是在继承传统、弘扬文化方面，还是在学术研究和理论建构方面都不可能有实质性提升和发展。笔者的观点当然不是幻想或主张通过讨论得到某种统一的观点，而是希望我们对于如何研究中国哲学思想，以及如何弘扬中国文化、重建中国文化能有更自觉、更深入的反思和探索，从而采纳不同立场、不同观点、不同方法的学者都有自觉的意识，同时对其他的立场、观点、方法能有同情之了解，也让后来者对中国哲学这一领域的多样性和复杂性有比较清晰的了解。

究竟应该如何分析和评价钱穆此文？笔者以为笼统地、不加分疏地颂扬或批评都是不够中肯、不够妥当的，而笔者提出的两种定向及相应而来的两种评价标准的理论或许可以为我们比较全面、比较客观地评价此文及天人合一说的意义和价值[①]，帮助我们在学术研究和文化建构两方面分别发展，只有二者分别发展的成就

---

① 见《诠释与定向》第六章。

才可能有实质性地互相补充和支持。反之,对两种取向、两种工作性质之不同的漠视和混淆会造成学术研究和文化重建两方面都自觉性不够、严肃性不足的困境,甚至互相干扰,造成在两个方向上皆裹足不前的局面。

对钱文提倡天人合一说热烈支持的是季羡林,他发表了《"天人合一"新解》一文①,季氏全文抄录钱文,亦可见其推崇之意。但季氏也说明他与钱氏的不同:"我不把'天'理解为天命,也不把人理解为'人生';我认为'天'就是大自然,'人'就是我们人类。天人关系是人与自然的关系。"②季氏强调自己思考"此下世界文化又将何所向往"的问题远在钱氏文章写就以前,与钱文是"不谋而合"。钱氏的理论出于一生研究中国文化的"彻悟"和"大体悟",而季氏的立论则奠基于他对下面四个文化体系的观察和思考。前三个即中国文化、印度文化和闪族文化(从古代希伯来起经过古代埃及、巴比伦以至伊斯兰阿拉伯文化),均属于东方文化;第四个即肇端于古代希腊、罗马的西方文化。东方和西方两大文化体系的根本区别来源于思维模式之不同:"东方的思维模式是综合的,西方的思维模式是分析的。"西方是"头痛医头,脚痛医脚","只见树木,不见森林",而东方则是"头痛医脚,脚痛医头","既见树木,又见森林"。总之,"东方思维模式的特点是:整体概念,普遍联系;而西方分析思维模式则正相反。……'天人合一'这个命题正是东方综合思维模式的最高最完整的体现"③。季氏的文章称作"新解",但对某种学说的不同理解都可称为"新",于是"新"的含意就会很模糊。为了概念的清晰和有效的讨论,我们至少应该区分这里的"新"是奠基于古代传统的顺向发展的"新",还是不理会古代传统、仅仅根据"天人合一"望文生义的"新"。季氏的"新"或许是相对于钱先生而言。但他没有讲这种"新解"的根据,似乎仅仅是相信中国传统的天人合一思想就是或者可以解释为人与自然的合一。和钱先生一样,季氏也主张靠中国文化、靠天人合一的思想挽救西方文化主宰所造成的生态危机等问题。他并且说:"有一位语言学家讽刺我要'东化'……我完全不理解,既然能搞'西化',为什么就不能搞'东化'呢?"④这里需要看到的是,无论"西化"或"东化"都是世界潮流的变化

---

① 季羡林:《季羡林文集》第十四卷,南昌:江西教育出版社,1996年,第277—292页。
② 季羡林:《季羡林文集》第十四卷,第287页。本文所有加点字都是作者所要强调的内容,原文未用加点字。
③ 季羡林:《季羡林文集》第十四卷,第288—289页。
④ 季羡林:《季羡林文集》第十四卷,第291页。

的结果,其中国际政治、经济形势变化扮演了重要的角色,而少数理论家和学者是很难创造和扭转世界大势的。

显然,钱、季二先生的写作目的主要都是从现实关怀与文化弘扬的角度出发的。二人的立场都既不是纯学术研究,也不是严肃的理论论证和建构。所以钱先生交互使用不同意义的"天"和"人",对二者不做定义式说明,而季先生也不去论证天和人为什么可以或应该代表自然与众人。他们的文章,特别是季氏的文章立刻引出许多直接或间接,或强烈或婉转的赞成与批评。从这些讨论中,我们不难辨别出许多作者的立场是倾向于学术研究,还是更倾向于文化弘扬;是关注历史真相,还是更关注于现实世界的需要,从中看到有关中国哲学的讨论中确实存在着不同出发点与不同取向,有些作者的确意识到了历史上天人合一说的内容与现代社会改造天人合一说的不同取向[①],但总起来看,这种区别仍然是相当模糊而不自觉的。

钱穆和季羡林的文章引起了张岱年先生的注意。他发表了《天人合一评议》一文[②],直接提到钱、季及其他人的讨论文章,他说:"我认为,评论天人合一,首须对中国哲学史上的天人合一学说有比较明确的了解。"[③]显然,张先生对钱、季等人的观点有所保留,所以要澄清天人合一说在历史上的确切意含。这种立场是以纯学术研究为导向的,是历史的、客观的,也是以文本为基础的理论分析。张先生还提到他在1985年发表的内容更详尽的《中国哲学中"天人合一"思想的剖析》一文。[④]值得在这里提出的两篇文章的要点包括:

(1)"天人合一的思想虽然渊源于先秦时代,而正式成为一种理论观点,乃在汉代哲学及宋代哲学中。"[⑤]

(2)其中主要有三说,分别以董仲舒、张载与二程为代表。

(3)"在中国哲学史上,天人合一观念与'天人之分'的观点是交参互含的。"

[①] 张世英:《中国古代的"天人合一"思想》,《求是》2007年第7期,第34—62页;高晨阳:《论"天人合一"观的基本意蕴及价值——兼评两种对立的学术观点》,《哲学研究》1995年第6期,第22—28页。
[②] 李存山对张先生的观点有许多发展和发挥,值得注意。见李存山:《析"天人合一"》,《传统文化与现代化》1994年第4期,第12—20页;李存山:《"天人合一"与中国哲学的实在论》,王博主编:《中国哲学与易学:朱伯昆先生八十寿庆纪念文集》,北京:北京大学出版社,2004年,第70—83页。
[③] 张岱年:《天人合一评议》,《社会科学战线》1998年第3期,第68—70页。
[④] 张岱年:《中国哲学中"天人合一"思想的剖析》,《北京大学学报(哲学社会科学版)》1985年第1期,第1—8页。
[⑤] 张岱年:《天人合一评议》,以下两点内容亦出于此文。

（4）"大致说来，所谓天有三种含义：一指最高主宰，二指广大自然，三指最高原理。"①

（5）"'合'有符合、结合之义。古代所谓'合一'，与现代语言中所谓'统一'可以说是同义语。合一并不否认区别。合一是指对立的两方彼此又有密切相连不可分离的关系。"

估计张先生的文章是中国哲学界的朋友都会读的，笔者大体赞同这些观点，这里暂不多叙。显然，张先生的立场是学术研究而不是文化弘扬，是将"天人合一"的学说当作客观的研究对象，而不是简单地直接将某种天人合一当作现代的精神资源。张先生强调，现代人言及天人合一的学说，不应忽略历史真相。这是正确的。不过，张先生曾经提出"综合创新"论，讨论中国传统文化在现代社会应该如何更新与发展的问题。但张先生没有讨论如何利用古代"天人合一"的思想资源为现代社会和人类提供新的价值资源。因此，张先生的观点似乎可以补充钱、季二人对历史资料的省略或忽略，却不能直接呼应钱、季二先生的现实关怀。

李申的文章是一个简单而直接的回应。他强调中国传统中的"天人合一"不是人与自然的合一。李申指出，在《四库全书》中找到二百余条明确表述天人合一的材料，但这些"天"字大体都是"主宰之天"。"今天不少人把'天'理解为自然界，因而认为'天人合一'就是'人与自然合一'的内容；关于这一观点，则一条例证也没有找到。"②显然，作者的立场和方法是实证的、学术的、历史的，是以揭示事实真相为依归的，但这并不保证作者的这种以揭示真相为依归的取向就能得到真相。作者将二百多条天人合一的资料中的"天"都归结为"主宰之天"是过于笼统的。李的这一立场似乎构成对季氏等说的一种否定。不过，季氏等人可以回答说，尽管历史上没有这种明确的讲法，但也有这种思想的因素，也可以引申出这种思想，或者由我创造这种新的讲法为现代社会和世界的需要服务。而李氏也可以回答说，作者应该避免使读者误以为中国古代的天人合一传统重视的就是人与大自然的和谐。与李申立场相似的人不少，马积高说自己写书的目的就"是要给炒得过热的天人合一说泼一点冷水，为天人相分说争一点存在的空间"③。他认为中国古代自然科学长期落后原因之一即"束缚于天人合一说，不能把自然界之物当作独

---

① 张岱年：《中国哲学中"天人合一"思想的剖析》，以下第5点引文同此。
② 李申：《"天人合一"不是人与自然合一》，《中国社会科学院院报》2005年1月20日，第3版。
③ 马积高：《荀学源流》，上海：上海古籍出版社，2000年，"前言"第9页。

立的对象来研究"[①]。这是担心天人合一说妨碍客观性的研究。也有历史学家和地理学家以历史数据和事实说明天人合一的传统并未在生态保护方面取得实质性成果。汪荣祖说："季羡林所谓西方文化，重人力胜天的思维，导致生态失衡……而东方素尊天人合一的思想，与大自然为友，故能爱惜万物，反对杀生。但事实并非如此，天人合一的思想并没有减缓中华帝国生态环境的恶化。像其他文明一样，明清时代文明的开拓与社会经济的进步，总是以牺牲生态环境为代价。"[②]地理学家段义孚（Yi-Fu Tuan）也通过历史记载说明，早期基督教地区的生态破坏情况比其他宗教地区的情况相对好一些，而中国在接触西方文化以前，生态就已经受到严重破坏。[③]任继愈说："有的哲学家盛赞中国哲学好就好在天人合一，这不对。人吃肉类，吃鱼类，意味着对动物的摧残，何曾合一？……生物链本身包含着对立的统一，并不是一味的'合一'。"他断言："'天人合一'无论如何解释，已不能反映现代人今天所要解决的问题……'天人合一'的文章已做不下去。"[④]

以上对天人合一之价值持保留态度的主要原因是忧虑天人合一的思维模式会妨碍我们接受西方现代文明，特别是科技文明。天人合一意味着主体与客体无分，也就没有自觉地对客观世界进行客观地调查研究的可能，也就无法发展出自然科学和科学精神。其实，主客不分不仅妨碍自然科学的发展，而且也会影响人文学科的发展。在人文学科中，建立自己的哲学理论不同于研究已有的哲学思想，正如李白描写歌颂山川江河不同于郦道元调查记录山川江河。反对提倡天人合一说的最大关切就在于这种传统不利于科学或学术的发展。值得认真讨论的是我们是否应该，以及如何为现代世界提倡一种学说或思想，同时讨论是否可以，以及如何避免一种思想学说的局限或负面影响。

一生坚持批孔的蔡尚思撰一短文，题目是《天人合一论即各家的托天立论——读钱穆先生最后一篇文章有感》。他说："钱穆先生引孔子说的'知我者莫天乎'等语作为孔子首先提出天人合一论的证据。其实，这句话显然是孔子托天来提高自

[①] 马积高：《荀学源流》，"前言"第4页。
[②] 汪荣祖：《天地之盗：明清帝国生态危机综说》，《中国文化研究所学报》第51期（2010年7月），第87—114页。
[③] Yi-Fu Tuan, "Discrepancies between Environmental Attitude and Behaviour: Examples from Europe and China," *The Canadian Geographer* 12.3 (Sept. 1968), pp. 176–191. 笔者曾引段说讨论道家思想与生态关系问题，参见《诠释与定向》第十章，第349—374页。
[④] 任继愈：《试论"天人合一"》，《传统文化与现代化》1996年第1期，第6页与第4页。

己的地位的。"[1]蔡氏实际上认为几乎所有的学派都是假借天的立场为自己的理论张目,似乎没有人对天的信仰是真诚的。蔡氏对古代思想的理解独树一帜。我们都知道,对古代文献的理解和解释始终有见仁见智之不同,但我们还没有注意到目的和取向不同可能是各种歧异的根本原因。蔡氏表面上或形式上是从辨别历史事实的角度出发的,尽管他的观点未必可以代表真相。这就是说,立说或研究之取向相同,结论未必相同,但取向不同,结论必定不同。显然,蔡氏之立场和取向不是直接地讨论传统文化的现代意义。同时,蔡氏也反对认为儒学可以纠正和代替西方文化的看法。在笔者看来,即使钱氏对孔子此语之解释不一定是不易之论,但是要彻底否定中国古代确有天人合一之观念是很困难的,将各个不同学派都看成是托天改制也是欠妥的。

根据笔者两种工作取向和两种身份定位的理论,我们可以对上述各种不同观点和立场做一大致的分类。显然,钱、季二先生的文章是以现实关怀为导向,将天人合一作为中国文化传统之最高代表加以充分肯定的。他们的工作取向不是纯学术的,也不是将"天人合一"作为一种客观存在的思想理论来进行研究的。实际上,他们对天人合一说的解释有着信仰的特点,不过,这样说完全没有贬低或批评的意思。其实,天人合一说是当今学术研究的对象,也是自古至今相延续的思维方式,也是一种现代文化发展的精神资源,同时也是很多东方人的思想模式或思想信仰,笔者区别不同的立说取向,是期望分别推进两种取向的严肃探索,并无贬低任何一种取向的意图。

以上仅是相当简单的回顾与介绍,事实上不同观点歧义很多,让人感到眼花缭乱,无从梳理。但是,如果我们以两种定向和两种定位的角度来分析,就可以得到两个清晰的观察线索,以及辨析分歧来源的两个角度。首先是作者们的工作取向的不同。张岱年的取向明显是尊重和探求思想史之真相的,是客观的历史的取向,而季羡林显然是以现代世界的需要和理想为取向,表达的是对现实和未来的关照。其次是不同作者对天人合一之说的定位不同的,以客观研究为取向的学者往往会将天人合一的思想当作客观研究的对象,而以现实关怀为取向的作者往往会将天人合一的说法当作一种可以为我所用的思想资源,可能不受历史和文献的束缚而

---

[1] 蔡尚思:《天人合一论即各家的托天立论——读钱穆先生最后一篇文章有感》,《中国文化》1993年第1期,第65页。

比较随意地解释天人合一的意含和意义。如果不从作者自身取向及其对天人合一之定位的不同入手，就容易停留于现象的纷繁杂乱，造成争论焦点不准，各方分歧不明的情况。

二、宋元明清：历史溯源

在过去30年中讨论天人合一的大量著作都只能历数先秦到张载和二程的思想，少数向下延续到王阳明和王夫之。这些讨论完全忽略了明清时期许多作家的作品，没有看到明清时期大量直接使用"天人合一"一语的文献，这是一个重要的疏忽。目前在大量讨论所引述的古代文献中，只有少量比较明确的表述，如：

（1）董仲舒的"天人一也"，
（2）张载之"天人合一"，
（3）程颢之"天人不二"，
（4）郭店竹简《语丛一》中的"《易》所以会天道、人道也"。

除了这几条比较明显的陈述以外，大量有关天人合一的讨论所引述的文献都不是直接和明显地强调天人合一，其天人合一的思想观点往往是隐含的，要靠引用者解释和引申出来。所以余英时先生曾经指出："我们不要误以为天人合一是某种有特定思想内容的'理论'。反之，它仅是一种思维方式。"[1] 验之于直接引用"天人合一"一语的大量明清文献，余先生的观察可以得到进一步的证实。笔者在完全赞同和接受余先生之结论的同时，稍有补充的是，"天人合一"一语在明清时代已经有了信仰、信念和套话（共同赞颂语）的特征，在这种情况下，人人可以讲天人合一，但其内容始终是不确定的，有时甚至是空洞的套话或赞美。

正如余先生所提醒的，多数论者恰恰会将天人合一当作有具体内容的命题或理论，因此找很多资料来充实它或证明它的普遍性，结果所选资料往往缺乏界定和范围，其中关于天和人的各自内容及关于"合一"的含意，都缺少定义或分疏，缺少确实的历史资料作根据，有时会给人无所不包或者过度引申的感觉。某些引述者

---

[1] 余英时：《天人之际》，《人文与理性的中国》，程嫩生、罗群等译，上海：上海古籍出版社，2007年，第14页。余氏另有《古代思想脉络中的医学观念》一文，概括了天人合一的思维模式早期发展的三个阶段，值得注意。见氏著：《中国文化史通释》，香港：牛津大学出版社，2010年，第129—144页。

认为是明显的天人合一的思想资料,他人读起来就未必有同感。再者,中国古代没有人可以独立于宇宙或天地之外的思想,于是,几乎所有思想经过分析解释之后都可以变成天人合一的资料。对这种做法和结果,笔者心存疑虑,担心这样解释出来的"天人合一"没有客观性标志或界限,随意性过大,这既不利于学术研究的发展,也不利于发展和创造现实所需要的理论。笔者主张,研究中国哲学,要对文献中确实出现的词语、术语、概念、命题和可能引申、解释出来的隐含的思想、思维模式、推论前提有自觉的区分,对于原文隐含的思想和今人用来概括、描述原文的术语之关系有所考察,避免简单地将后人的观察框架和术语当作古人确实有的思想理论。

最初吸引笔者研究这一课题的困惑是,如果天人合一的观念在中国古代思想传统中非常重要,为什么"天人合一"一语在通常研究的中国古代哲学著作出现如此之少呢?"天人合一"一语是何时,以及如何变成熟语而流行起来的呢?既然古人的思想大多离不开天人合一的框架或背景,为什么很少有人用这一成语呢?这里至少有两种可能性值得关注和讨论。一是还有许多材料我们没有看到,二是我们夸大了天人合一在历史上的重要性。关于第一种可能性,李申的文章已经提示我们去查《四库全书》。下文即我们初步搜寻与分析的结果。关于第二种可能性,笔者的结论是我们不应将中国文化传统中的重要性与哲学理论中的重要性混同起来。这就是说,天人合一在中国文化中是重要的理论预设、思想共识、共同信仰和思维模式,但是从哲学理论上讲,天人合一并无明确、深刻而系统的理论内容,从学术历史的角度观察,"天人合一"一语的实际使用情况被忽略了,因而"天人合一"作为古代传统理论的代表地位就被随意夸大了。

根据初步的检索,我们发现宋代谢良佐(上蔡,1050—1103)、胡寅(1098—1156)、岳珂(1183—1243)和朱熹(1130—1200)都曾用到"天人合一"一语,而明清时期,"天人合一"已经变成了成语、熟语或套话。面对这一事实,值得思考的是,"天人合一"一语在明清时期已经相当流行,为什么明清思想史上的许多重要思想家都没有直接引用这一成语,更没有论述这一理论呢?在回答这一问题之前,我们有必要先对"天人合一"一语在历史上出现和使用的情况做一初步的分类考察。

需要强调的是,第一,本文的分析只限于直接用到"天人合一"一语的文献资料,完全不涉及相关或类似观点的表述,更不涉及可以引申出天人合一之思想的文献。第二,本文不是研究天人合一理论本身,而是通过对古人引用"天人合一"一语的复杂情况做一简单梳理和介绍。第三,根据我们的检索,宋元明清以来直接讲到"天人合一"一语的文字资料至少有330处,本文所讨论的仅是很小一部分。[①] 总之,这一部分既非研究天人合一之理论,也非研究某一家一人之思想,而是根据一些典型实例进一步说明中国哲学研究对象和方法之复杂是古已有之,今天的情况不过比古代更为严重而已。

1. 天道人事相贯通的天人合一

天道人事相贯通是中国文化的一个基本信念,但是这种信念在很长时间都没有一个普遍的、明确的、共同的表达形式。"天人合一"一语的出现,才渐渐为这一传统找到一个普遍接受的表达方式。居首功的是张载。根据现有资料,张载是第一个明确提出"天人合一"一语的。《正蒙·乾称》云:

> 释氏语实际,乃知道者所谓诚也,天德也。其语到实际,则以人生为幻妄,(以)有为为疣赘,以世界为荫浊,逐厌而不有,遗而弗存。就使得之,乃诚而恶明者也。儒者则因明致诚,因诚致明,故天人合一,致学而可以成圣,得天而未始遗人,《易》所谓不遗、不流、不过者也。彼语虽似是,观其发本要归,与吾儒二本殊归矣。

关于张载的天人合一之说,这里值得注意和讨论的有以下几点:

(1) 张载此语的背景和目的。显然,此处张载文义的关键是批评佛教"以人生为幻妄",主张天人俱真,俱实。对张载来说,佛家认为真实的"真如"或"真际"相当于儒家的天,亦儒家所说本体之诚;而佛家认为虚幻不实的人生和世界相当于此处的人,相当于人生功夫之明。因此,佛教的理论就是天实而人虚,从功夫论的角度来看就是"诚而恶明"。这在儒家看来即天人、虚实两分,所以张载以"天人合一"一语来概括儒、释两家根本立场的不同。这种用法使得"天人合一"具有了高度概括性和最高价值的特点(当然,张载和许多宋明理学家对佛教的理解不够准确)。

[①] 我们的统计主要依据四库全书电子版http://www.sikuquanshu.com和中国基本古籍库http://www.tbmc.com.tw/tbmc2/cdb/intro/Chinese-caozuo.htm,外加桑悦的《思玄集》、苏浚的《生生篇》和《重镌苏紫溪先生易经儿说》。这里的统计并不完整,因为中国基本古籍库收录的《续修四库全书》《四库全书存目丛书》《四库禁毁书丛刊》《四库未收书辑刊》《丛书集成续编》并不完全。另外,我们的统计数字剔除了他人引用或同一文本多次出现的情况。

（2）张载此说内容之重点。显然，张载此处所涉及的不是一般人或一般情况下所说的天人之际的问题，不是直接讨论所谓本体论、存在论或宇宙论的问题，而是在天人一体的理论背景下讨论诚与明、人与圣的关系。"天人合一"一语的出现完全不涉及人与自然的关系问题。

（3）张载此说的理论来源。张载从佛教所讨论的虚实问题引申到诚与明、人与圣的关系问题。此一问题来自《中庸》："诚者，天之道也；诚之者，人之道也。……自诚明，谓之性；自明诚，谓之教。"下面"《易》所谓不遗、不流、不过者也"来自《系辞上》："易与天地准，故能弥纶天地之道。仰以观于天文，俯以察于地理……而道济天下，故不过；旁行而不流……范围天地之化而不过，曲成万物而不遗……"可见张载的基本理论来自早期儒家经典，其发明在于以"天人合一"一语为背景和理据来解释诚与明、人与圣一致的关系。这里的基本思想体现了天道、人道与人性相贯通的预设，其中未必不隐含人与万物或大自然一体和谐之观念。但在直接的或准确的意义上，则张载的天人合一决不能简单地联系到人与大自然的关系上。这里的"合一"也不是天与人等同或一体的意思。

（4）天人合一说的地位。显然，"天人合一"一语不是此段文义的中心话题或关键性命题。查张载全部著作，"天人合一"一语也仅此一例，显然也不是张载思想体系的中心论题。当然，这是就理论形式和直接运用此一术语的角度来讲的，如果就思想实质或背景来说，古代读书人很少有人会反对天人合一之说，以此来概括某一个具体的中国古代思想家的思想，很难具体、准确和中肯。

此外，我们也应该看到，《乾称》篇中有"天人一物"之说，又有"故天地之塞，吾其体；天地之帅，吾其性"之论，因此说张载主张人与自然一体或和谐都是不错的，但这不是张载"天人合一"说的本义。所以，如果用"天人合一"一语来概括张载之思想，似乎也不能算错，但毕竟略去了张载本身最重要的概念、理论及思想特点，不能算是对张载思想的准确把握。最概括的说法也往往是最空洞的说法。由此值得我们深思的是，如果进一步将天人合一扩大来概括全部宋明理学，或全部儒学，甚至中国哲学的特点，那么所略去的具体的实际的思想内容就更多，留下的误解空间也更大，这样做算不算对中国传统思想和文化最好的概括和理解呢？对于这个问题应该有学理的讨论和论证，而不应满足于"我认为"如何如何。

以上是对张载原文的分析。下面来检阅一下后人对张载之"天人合一"说的若干注释。张子《正蒙》有多种注本，对张载"天人合一"一语的解说，以王夫之之注最为直接精要,有些注本似乎在重复原文,只是将原文暗引、缩引的原文展开,有的则完全不涉及"天人合一"一语。

王夫之(1619—1692)《张子正蒙注》释"天人合一"一段云:"诚者,天之实理;明者,性之良能。性之良能出于天之实理,故交相致,而明诚合一。"①此以"性之良能"出于"天之实理"解明诚之交互关系,揭示张载天人合一之真意,应该说是明确而精当的。其实,在这段注文出现之前,在《张子正蒙注》第一卷王夫之就对天人合一说做过清楚的解说:"故由性生知,以知知性,交涵于聚而有间之中统于一心,由此言之则谓之心。顺而言之,则惟天有道,以道成性,性发知道;逆而推之,则以心尽性,以性合道,以道事天,惟其理本一原,故人心即天,而尽心知性,则存顺没宁、死而全归于太虚之本体,不以客感杂滞遗造化以疵颣,圣学所以天人合一而非异端之所可溷也。"②这是对儒家天人合一说的相当完整而全面的解说。

明代刘玑(1457—1533)《正蒙会稿》释张载"天人合一"一语云:"天即天道,人即人道。天人合一,致学而可以成圣,得天而未始遗人……"③这里的关键是以天道和人道解释天与人,文义清楚,却不如王夫之注准确和具体。不过,以"天道"和"人道"来解释天与人,也为各种不同的理解留下了更为广阔的空间。需要注意的是,解释空间的扩大可能引出有价值的新思想,但也可能为随意解释留下"合理"的辩解空间。

清代李光地(1641—1718)《注解正蒙》释云:"此则天人合一,儒者之学也。"④从"此则天人合一"的说法来看,"天人合一"在此时已经获得普遍的认同和了解,所以无须解释;同时从"儒者之学也"一语来看,"天人合一"似乎已经具有儒家最高层次之论题的地位。此注之特点在于强调天人合一的儒学特质,以与佛教相抗衡。

清人杨方达(1724年进士)《正蒙集说》似乎最重视"天人合一"一语。其注云:"因明致诚,由穷理而尽性也,故致学而可以成圣;因诚致明,由尽性而穷理也。故得天而未始遗人,此则天人合一,所以曲成而不遗,旁行而不流,范围而不过者也。"此注之新意在于引入穷理与尽性解释明与诚,并将原文省略的系辞

---

① 王夫之:《张子正蒙注》,北京:中华书局,1975年,第333页。
② 王夫之:《张子正蒙注》,第18页。
③ 刘玑:《正蒙会稿》,《丛书集成初编》,上海:商务印书馆,1936年,第165页。
④ 李光地:《注解正蒙》,《四库全书》第697册,上海:上海古籍出版社,1987年,第409—410页。

文句补全，此外无多新意。稍可注意的是《乾称》有云"天人一物，辄生取舍，可谓知天乎？孔孟所谓天，彼所谓道。……大学当先知天德，知天德则知圣人，知鬼神"。杨注云："天德者，诚也。能知天德，则知圣人天人合一之学，知鬼神不过屈伸之理……"① 原文讲"天人一物"及"天德"，注文则将其提高到圣人之天人合一之学的高度，也可见"天人合一"一语已成熟语，并已获得很高层级的理论地位。

此外值得注意的是，明代高攀龙（1562—1626）集注、徐必达发明之《正蒙释》完全没有提到"天人合一"之说。② 清人王植（活跃于1721年）之《正蒙初义》汇集各家之说，略加评点，对天人合一并无新说。③

总起来看，张载本人及后人注释中的"天人合一"大体都是强调天道与人事之一致性或贯通性。这是与儒学传统相一致的天人合一说的主流。不过，从张载原文及多部注疏来看，"天人合一"一语本身在张载思想及后人心目中并非核心观念。"天人合一"一语变得重要和流行，应该另有契机和演变历程。

尽管天道性命相贯通始终是天人合一说的主流观念，但同时也有很多异彩纷呈的解说或运用。下面我们就举若干实例，这些实例只是说明主流之外的对"天人合一"一语的异说、异用或异解，并非意味着提出异说者其思想一定背离了上述主流观念。

2. 以人事为重心的天人合一

朱熹很少用"天人合一"一语。值得注意的是他的《诗集传》对"天人合一"有独特解说。朱注《节南山》"昊天不佣"章云：

> 昊天不顺，而降此乖戾之变。然所以靖之者，亦在夫人而已，君子无所苟而用其至，则必躬必亲，而民之乱心息矣。……夫为政不平以召祸乱者，人也。而诗人以为天实为之者，盖无所归咎而归之天也。抑有以见君臣隐讳之义焉，有以见天人合一之理焉，后皆放此。④

---

① 杨方达：《正蒙集说》，《续修四库全书》第951册，上海：上海古籍出版社，1995年，第477—478页。
② 高攀龙集注，徐必达发明：《正蒙释》，《四库全书存目丛书·子部一》，台南：庄严文化事业有限公司，1995年，第770—771页。
③ 李光地：《注解正蒙》，第413—711页。
④ 朱熹：《诗集传》，北京：中华书局，1980年，第128页。

原诗一方面讲上天降祸以示惩罚,一方面讲君子应该事必躬亲,消弭灾难,以平息民怨。《诗经》中的上天是否有意志,似在两可之间。朱注所云"昊天不顺,而降此乖戾之变"显然是朱熹对原诗之意的直接解说,不宜看作朱熹本人的思想。从下文"然所以靖之者"开始才是原诗没有明确讲出的朱熹本人的思想。① 依朱子判断,诗人并非认为上天可以降灾以示警,只是不能直接归咎君王,所以只好归咎于天。朱熹认为这样做符合臣为君讳的原则,同时也体现了"天人合一"的道理。这里的天是否有意志,比较模糊。在《诗经》的时代,相信天有赏善罚恶的意志应该是普遍的观念,否则就不可能将君王的错误归咎于天。宋儒一般不相信意志之天,朱熹也明确说"夫为政不平以召祸乱者,人也"。由此看来,朱熹所说的"天人合一"中的天并非主宰或主导性的天,而人事之是非吉凶本在于君主。显然,这里的天也不同于天理,因为天理是不会直接干预人事吉凶的,而且人也不能将错误归咎于天理。宋人辅广(从学于朱熹,生卒待查)评朱熹之注曰:"初言天而后止言人者,天人一理,人心悦则天意解矣,先生发明有以见君臣隐讳之义,有以见天人合一之理,之说先儒所不及,施之变雅刺诗皆可通也。"② 可见朱熹之说有"先儒所不及"的新意。此处"天人合一之理"当指诗经时代意志之天与人事之间的关系,不同于宋儒所谓"天理",不是天道与人道的关系。因为在宋儒看来,天理不可直接干涉人事吉凶。总起来看,朱熹此处所说之"天人合一"实际上是以人事为主体的。

南宋王宗传(活跃于1181年)在《童溪易传》中对天人关系有相当清晰的论说:"变化天道也,云为人事也,圣人以天道人事本无二理,故其兴易也,即人事以明天道,非舍人事别有所谓天道也……夫天下之吉凶与天下之亹亹者即人事也,而圣人定之成之则以天道律人事也,人有言而云,有动而为,无往而非天道,则得圣人所以兴易之意矣,……凡此皆天道也,孰谓天道人事之为二乎?……天人合一,幽显无遗。"③ 这里虽然说到天人"本无二理",但又讲到"即人事以明天道",圣人据人事

---

① 很多中国哲学经典都是注释性著作,如王弼《老子注》、王夫之《张子正蒙注》等。在依据注释解说一个思想家之思想时,不能理所当然地将注文所有文字都当作注释者本人的思想。但是,如何区别哪些是注释对象文本的思想,哪些是注释者对原文思想的引申,哪些是注释者原创的观点?对这些问题学术界尚缺少严肃的讨论和共识。对此,笔者有一些初步的思考,认真的分疏有待来日另外撰文。
② 辅广:《诗童子问》卷四,《四库全书》第74册,上海:上海古籍出版社,1987年,第26页。
③ 王宗传:《童溪易传》卷三十,《四库全书》第17册,上海:上海古籍出版社,1987年,第17页。

定规则,却"以天道律人事"。可见,其思想重心还在于人事。

由此可见,单说"天人合一"一语,其内容可以相当丰富或相当模糊,可以是以人从天,也可以是以天从人。王宗传之说明确肯定圣人以人事明天道,"以天道律人事",而上文朱熹以天人合一之理来解释将君主之过错归咎于天的合理性。二者对照,一是以人事定天道,一是将过咎归之于天,内容不同,但都以人事为重心则是一致的。与此相似的观点还有罗伦(1431—1478)之"天地自我而定":"我之所以为我者,非人也,天也,天人合一,则天地自我而定,万物自我而遂,中自我而大矣,夫岂有待于外哉。"① 可见,同样说天人合一,有些人的理解或理论其实是重人事的,并不涉及重视大自然的观点或有意志的天。这一类观点与上文所说天道人事相贯通的主流说法显然不同,但二者未必是完全不相容的。上述文献资料说明古人讲天人合一时,在很多情况下乃以人事为重。这里讲的是重心,而不是中心。当然,相反的倾向也是有的。

3. 以天道为重心的天人合一

明代胡居仁(1443—1484)的观点比较复杂或暧昧。其《易像钞》云:"泰否,天道之大运,无天之非人。损益,人道之大权,无人之非天。邵子曰:'时有否泰,事有损益。圣人不知随时阴阳之道,奚由知变之所为乎,圣人不知随事损益之道,奚由知权之所为乎。'此损益否泰相通序杂,天人合一之义。"② 阴阳否泰乃天之事,随事损益乃人之事,二者密不可分。从形式上看,"无天之非人"与"无人之非天"好像是说天人一体无分。但据其所引邵庸之言,阴阳是"时"是"变",损益是"事"是"权"。所以,归根结底,只能是圣人根据阴阳变化之时决定权变损益之事,不能反过来让阴阳之时根据人事损益而变化。如果这样理解是可信的,其观点就与杨爵(1493—1549)相近。杨氏说:"中孚以利贞,道始合于天矣。人道必本于天道,天道之外无所谓人道也,率性之谓道,而性则命于天,天人合一之理也。"③ 这里强调的是"人道必本于天道"。胡、杨两说都有人事当随顺天道阴阳的意蕴,比较接近今人喜言之顺从客观规律或自然规律的意思。不过我们必须注意,古人所说之天道阴阳毕竟不同于今人所说之自然或自然界。今人多相信通过科学研究,自然必定或最

---

① 罗伦:《一峰文集》卷五,《四库全书》第1251册,上海:上海古籍出版社,1987年,第19页。
② 胡居仁:《易像钞》卷四,《四库全书》第31册,上海:上海古籍出版社,1987年,第11页。
③ 杨爵:《周易辩录》卷四,《四库全书》第31册,上海:上海古籍出版社,1987年,第46页。

终是可知的、可预见的。而古人心目中的天道阴阳是有神秘感的,尽管这种神秘感与鬼神信仰或某种宗教立场无关。

4. 天人感通式的天人合一

明代薛瑄(1392—1464)喜欢讲天人合一,比较重要者如:"《太极图说》不过反复推明阴阳五行之理,健顺五常之性,盖天人合一之道也。"①以五行对五常,即以宇宙运行之理与人世道德之性的应和互动为天人合一之内容,反映宋明儒学的一种基本观点和立场。但他又说:"春秋于灾异不言事应,而事应具存,见天人合一之理。"②似乎关于灾异现象与人事互有影响的观点也可归之于天人合一的观念。灾异主要是自然现象,但不能完全排除人祸,如火灾。但古人也认为纯粹的自然现象也会与人事相应而变。明人邱浚(1421—1495)亦云:"日月皆循其轨,五星不失其次,则吾德政之修于此可见矣,日月之或有薄蚀,五星之或有变动,则吾德政之阙于此可见矣,因在器之天而观在天之天,因天之天而循在人之天,则天人合一,七政不在天而在人矣。"③"七政"即日月及五星,"七政不在天而在人"的说法证明古代有些人所理解的天人合一实指自然界与人事之间有政治或道德的暗示和影响,这并不能等同于现代人所理解的人与大自然的互动或相互影响。明代章潢(1527—1608)明言:"读洪范者当知天人合一至理,圣人严感应之机,详著五事修废与五行征应之论,特其理微妙不可迹拘耳。"④"果能则天象而敬用之,则天人合一之学其庶几矣。"⑤这也是相信天象与人事的或直接或间接的内在关联。

这种观点在明代似有代表性。唐顺之(1507—1560)的一篇《廷试策》云:"立法以任人,任人以安民,则人心和而天地之和亦应矣,于此见上下交修之责焉,见天人合一之理焉,盖自古帝王敬天勤民以致天下之治者,其要端在乎此而不可易也。"⑥显然,自古以来,相信政治和人事与天地可以互动是普遍的共识。只是当大臣在官场文书中这样讲时是真诚的信仰还是以官场惯用套话应付场面就难以判断了。从现代人或理性主义者的角度来看,认为自然界对人类社会有直接的政治暗

---

① 薛瑄:《读书录》卷六,《四库全书》第711册,上海:上海古籍出版社,1987年,第27页。
② 薛瑄:《读书录》卷七,第14页。
③ 邱浚:《大学衍义补》卷九十二,《四库全书》第713册,上海:上海古籍出版社,1987年,第6页。
④ 章潢:《图书编》卷八,《四库全书》第698册,上海:上海古籍出版社,1987年,第124页。
⑤ 章潢:《图书编》卷十九,第3页。
⑥ 唐顺之:《荆川集》卷一,《四库全书》第1276册,上海:上海古籍出版社,1987年,第1页。

示或道德警示这种观点当然是神秘主义的,是无法证明的一种信念或信仰。当然,作此言者是否真诚也是难以检验的,有些作者的立场可能是暧昧的,或在信与不信之间。

以上分析了宋元明清以来明确提到"天人合一"的四种解说模式或主要思想倾向:一、天道人事相贯通;二、以人事为重心;三、以天道为重心;四、天人相应互感。这四种观点可能代表了古人对天人合一说之理解的主要模式和主要观点。四者之间并非都是互相排斥的。有些论者的观点可能是犹疑的或暧昧的,有些观点与其他观点是可以并存或兼容的。但大体说来,古人的立场有这样几种主要倾向或模式。但也有一些比较独特的观点值得在此介绍和讨论。

5. 道家式天人合一说

明人桑悦(1447—1503)对天人合一的解释比较独特:"凡事天蛰其机而人启之,天无为而无不为,人为而实无为。"这是总的观点,即天无心而为却无所不为,人有意而为却不能随意而为。下文举例说明人类的生活方式实乃顺天而行,因此"悠久永宜",反之则无法持久:"事若是成,犹纳履赤趾,畀裘粟肌,骋途之夷应以车舆,人心恬愉,悠久永宜,设若违天而行,强以智力为之,在人为赘疣,在木为寄生,人欲去之唯恐不速,果能坚凝于无期邪?"结论是:"天机之,人成之,人之所为即天之为,故曰天无不为,而人无为,天人合一之道也。"[①]此说与上文以天为重心的观点一致,所不同者以无为而无不为的观点解释天人合一,举例用语显然受到《庄子》和《淮南子》的影响,有明显的道家思想色彩,有自然主义倾向而无神秘色彩,此与一般的以天为重心的天人合一又有不同。作者以人顺天而为作为无为的定义,而人的理智或习惯行为归根结底都是顺从天的条件和限制。这样的天人合一其实是人有意或无意地服从宇宙自然的规律或条件。与前面以人心人道为天心天道的观点适成对照。我们称此为道家式的天人合一,是就其思想之表达形式来说的,并非判定作者本人即属道家。如果不拘泥于"天人合一"一语的直接使用,我们可以说儒家或道家的思想主流都是主张天人合一或天人一致的。

6. 禅宗式天人合一说

更为独特的观点是湛若水(1466—1560)之说。据湛氏《格物通》,明太祖曾

[①] 桑悦:《新建苏州太仓州治碑》,《思玄集》卷四,《四库全书存目丛书》第39册,台南:庄严文化事业有限公司,1997年,第42—43页。

与侍臣"论天人相与之际。上曰：天人之理无二，人当以心为天"。这里"以心为天"似乎是以人心为重。湛若水通曰："……人与天本一理也。人苟体认天理于心，无私蔽之累，则一念之爱足以利物，而不为姑息之小仁。一念之明足以周身，而不为奸欺之私制……天理流行与天心合矣，皇祖与侍臣之论及此，其天人合一之心乎。"① 根据湛若水的理解，朱元璋之"以心为天"实是以人心从天心，是以天为重。无论"以心为天"还是"以心从天"显然都是一种天人合一的观点。湛若水的根据在于"天人一理"，而"合一"的方法或关键在于人在心中体认天理，亦即达到天心的境界。这是儒家心学派的最高境界，但湛若水之说的特点是将此境界解释得类似于禅宗的成佛之境，即极易得，也极易失。所以湛氏云："故人君者一念一则天人合，一念二三则天人离，天人相与之际可不畏哉。"② 此语与"一念悟即是佛，一念迷即是凡"何其相似也？显然，湛若水将天人合一之心境与禅宗成佛之悟的境界相类比，是受到禅宗的影响，形成了关于天人合一说的独特理论。

7. 唯器说的天人合一

另一种值得注意的观点是明人蔡清（1453—1508）对《周易》的解说："寻常尽说《易》是穷理尽性至命之书，自今观之，卦爻辞何处是说性命？殊不知有形而下之器便有形而上之道，有至著之象便有至微之理，如乾元亨利贞便是从乾道大通而至正上来，坤利牝马之贞便是从阳全阴半地道无成而代有终上来，乾岂不是性命耶，是以学须见到天人合一处。"③ 此说出于蔡清《易经蒙引》，是发挥朱熹《周易本义》的。蔡氏认为《周易》似非直接讲"穷理尽性至命"的，但有形而下之器必有形而上之道，所以整部《周易》又都在讲性命之理。这里所说"有形而下之器必有形而上之道"似乎是王夫之"天下唯器"说的滥觞，以此来解说天人合一也是相当独特的。

以上诸说足以说明天人合一说的模糊与复杂，丰富与开放。四个字、一句话，可以是以人随天，可以是以天随人，或天人不分，或天人感通。所合之一可以是天意、天心，可以是规律原则；可以是人事伦理，可以是万物的世界，也可以是个人的修养境界：包含了最大的灵活性和随意性。清人潘天成（1654—1727）曾说："汤世

---

① 湛若水：《格物通》卷二十，《四库全书》第716册，上海：上海古籍出版社，1987年，第16页。
② 湛若水：《格物通》卷七，第7页。
③ 蔡清：《易经蒙引》卷一上，《四库全书》第29册，上海：上海古籍出版社，1987年，第17页。

调先生之学，学人道而合天道，梅定九先生之学，学天道而合人道，两先生皆天人合一之学也。”[①]可见天人合一并无确定的方向和重点。明清各家对天人合一说的最大共同点在于都认为天人合一是最后的原则、最高的境界，或最高的价值。因此，很多人讲天人合一都可以不必考虑所谓天人合一的实际意含，而只将天人合一当作最高的赞颂之语，如高明、正确、伟大之类。

8. 作为赞颂语的天人合一

作为赞颂语的天人合一不胜枚举。这里仅以清人胡煦（1653—1736）为例。他的三部有关周易的著作《周易函书约存》《周易函书别集》《周易函书约注》中提到“天人合一”一语73次，却从未对天人合一做任何解释。这可能是作者对天人合一一说并无定见或灼见，也可能是作者的读者群对天人合一已经有某种共识。如《周易函书约存》云：“周易非占卜之书也，浅之则格物穷理之资，深之则博文约礼之具，精之则天人合一之旨。”“易象所阐乃天人合一之旨，春秋所著乃天人感应之机，故言圣道者未有不体用流通而无间，天人合一而不分，而可谓一以贯之者也。”“盖乾元之方亨，天之资始者于此……是万物之大原，天人合一而不分者也。”“仰而观天而天此理也，俯而观人而人此理也，则天人合一之妙自在其中。”“故曰周易为天人合一之书。”[②]这类赞颂之语虽可窥见作者对天人合一之理解的某些特点和立场，但大体说来，作者只将天人合一作为一种共同接受的崇高的赞颂之词，对天人合一的内容本身甚少讨论。这种做法背后实有共同信仰或信念的支持。这种用法很多很普遍，也反映一种观点、熟语、理论、信仰普及化、流行化以后的一种不可避免的命运。也许正是因为“天人合一”一语的这种空泛化性质，思想史上的一流学者都很少用之，更不会以之为中心论题。

三、方法省思：定位与取向

在以上两部分，我们分别梳理了当代和古代关于天人合一说的不同解释和不同态度。这一部分则根据以上历史事实和文献资料讨论有关中国哲学研究方法的

① 潘天成：《铁庐集》外集卷一，《四库全书》第1323册，上海：上海古籍出版社，1987年，第1页。

② 胡煦：《周易函书约存》，《四库全书》第48册，上海：上海古籍出版社，1987年，《序》第1页；卷首上，第2、12页；卷首中，第18页；卷二，第31页。

一些基本问题。

1. 不同评价之梳理

虽然本文对古代和当代天人合一说的梳理还是初步的、尝试性的，但也足以看出无论古今，"天人合一"四个字都包含了太多的歧义和不确定性。为什么会有这些歧异？单纯从语言形式上看，"天""人"都是极普通的日常用语，越是日常用语，运用越频繁，越广泛，其演化和变异之程度和范围也越大。随着时代、地域、背景、场合、体裁、学说的不同，"天""人"之义都会有不同的含义和意味。"合一"二字表面上是不同个体合为一体，但日常用语没有这样严格。张载第一次讲"天人合一"就不是两个不同个体合为一体的意思，而是具有共性、可以一致贯通的意思。但是，"合一"二字略去了方向性和主导性，也为各种不同的理解留下了方便之门。不过，这些语言形式上的原因不是本文讨论的重点。

本文的重点是通过关于天人合一说歧义和争论来研究如何理解中国哲学的不同身份、角色和功能，以及由此而来的不同工作的目的、方向、目标和评价标准。这里我们用"工作"二字而不用"研究"等字样是因为关于天人合一或中国哲学的很多作品并不都是学术研究的结果，因此"工作"二字更能反映有关天人合一或中国哲学讨论的实际状况。从下面的示意图我们可以看到分析当代"天人合一"之讨论的一个有用的分类模式。

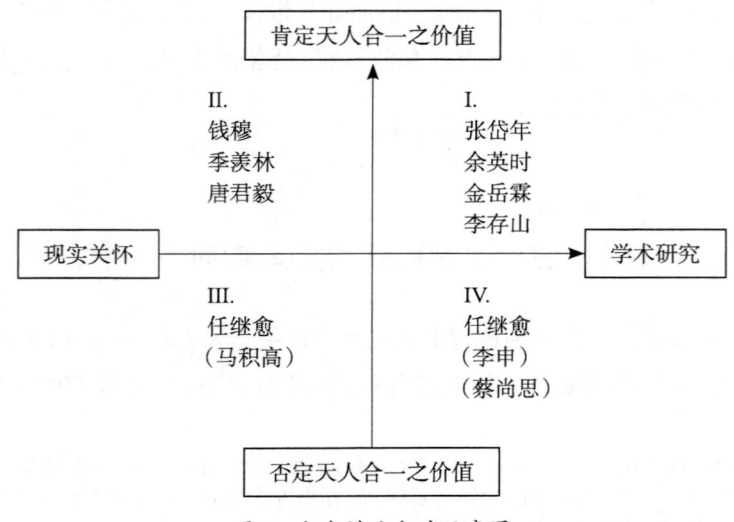

```
                    肯定天人合一之价值
                            ↑
         II.                │           I.
         钱穆               │          张岱年
         季羡林             │          余英时
         唐君毅             │          金岳霖
                            │          李存山
  现实关怀 ─────────────────┼──────────────→ 学术研究
                            │
         III.               │          IV.
         任继愈             │          任继愈
         （马积高）         │         （李申）
                            │         （蔡尚思）
                            │
                    否定天人合一之价值
```

图1　当代讨论分歧示意图

图上水平轴显示两种不同的工作取向,即以学术研究为主的取向和以现实关怀为主的取向,这就是笔者近年来所强调的经典诠释和中国哲学研究中的两种定向理论的一种简化示意图。图上纵轴反映的是对天人合一之说的基本态度,大体可以分为倾向于肯定和倾向于否定两个方向。这是当代天人合一讨论中特有的不同倾向。

纵轴和横轴相交叉就划定四个象限。第一个象限代表从学术研究的角度出发,对天人合一取基本肯定之态度,暂以张岱年、余英时、金岳霖、李存山为代表。他们从学术研究的角度出发,列举实际思想资料,直接或间接地补充或修正钱穆和季羡林的观点,但是对中国思想史中的天人合一说基本上是肯定的。

第二个象限以钱穆和季羡林为代表。他们的文章以现实的文化关怀为取向,充分肯定天人合一的古代意义和现代意义,乃至于世界意义。在笔者看来,我们不应将他们的文章当作学术研究的著作进行讨论,也不应以他们的文章作为学术论文的一种形式。当然,这不意味着对于关系现实的课题不能进行学术性研究。这一点需要另外专门的讨论。

第三个象限以任继愈和马积高为代表。他们反对过分推重天人合一的传统和原则,其关心在于天人合一说在现代社会影响科学发展的负面作用。马的名字在括号中,因为他的实际态度和观点表达并不直接、并不充分。第二和第三象限都是出于现实关怀,都不是出于纯学术研究的目的,但是对天人合一说的态度和评价有大体肯定或否定之区别。

第四个象限以任继愈、李申、蔡尚思为代表,他们的取向是学术研究为主,虽不能完全排除他们心中的现实关怀,但他们毕竟没有明言他们的现实忧虑。李与蔡的名字也在括号之中,也因为他们对天人合一说的态度表达不够鲜明。如果他们将心中对现实的实际关怀直接表达出来,那么他们的做法就可以同时属于第三和第四象限。

第三和第四象限的有些人名在括号之中,因为他们对天人合一的保留或批评的态度表达得不够充分或直截了当。这或许与当前国学热的形势有关。如果同样主题的讨论发生在20世纪60、70年代批孔氛围下,那时反对天人合一说的舆论会更直接,而赞成天人合一说的就会隐晦一些。关于天人合一的讨论还是受到社会局势的影响,还不是一场纯学术问题的讨论,或者说,纯学术问题的讨论和民族文化的讨论交织在一起,又受到社会氛围及政治、经济大潮的影响,干扰了学术讨论求真求实的原则,也干扰了关于民族文化之发展的理性的思考和研究。

2. 两种定向和定位

这个将当代讨论中对天人合一的态度作为一个考虑因素的示意图可以反映大家观点分歧之多。但在严肃的学术讨论中,最重要的因素不是赞成或反对某种观点的立场,而是对真相、真理和事实的探求,是考察一种论证是否有足够的根据和令人信服的推理。笔者认为,要将中国哲学作为一个现代学科进行研究和提升,要提高这一学科的自觉意识,首先要辨别两个问题。

第一,研究者或作者将所研究的对象,即儒、释、道经典和思想当作学术研究的对象或学术理论建构的思想资源,还是将它们作为文化继承和弘扬的对象?这是中国哲学之身份和角色的定位问题。

第二,研究者或作者的目的或取向是学术研究和理论建构,还是现实的需要和关切。这是有关中国哲学的不同工作的取向问题或定向问题。

根据这两个基本问题,我们可以将自古及今的有关说法分为以下四个部分。请看示意图2。

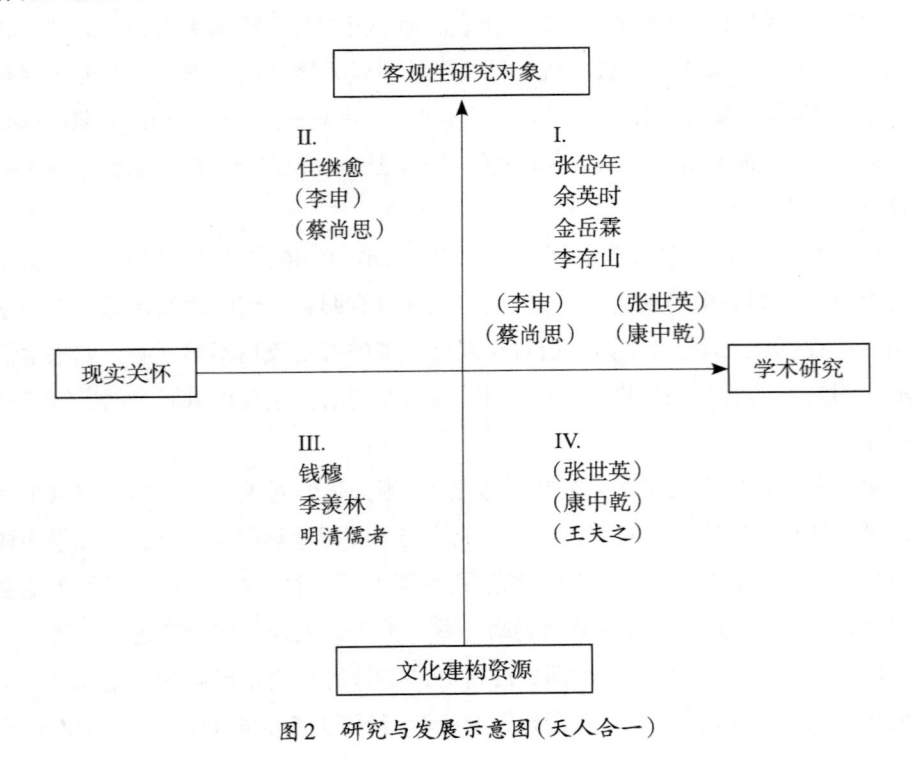

```
                    客观性研究对象
                         ↑
   II.                   |              I.
   任继愈                 |              张岱年
   (李申)                |              余英时
   (蔡尚思)              |              金岳霖
                         |              李存山
                         |
                    (李申)    (张世英)
                    (蔡尚思)  (康中乾)
   现实关怀 ─────────────┼────────────→ 学术研究
                         |
   III.                  |              IV.
   钱穆                  |              (张世英)
   季羡林                |              (康中乾)
   明清儒者              |              (王夫之)
                         |
                         ↓
                    文化建构资源
```

图2　研究与发展示意图(天人合一)

在示意图2中，横轴仍然以学术研究与现实关怀为两个方向，即笔者所强调的两种定向；纵轴则以处理天人合一说之身份和角色的不同态度为两种定位。向上的方向代表将天人合一之思想作为客观的学术研究的对象，向下的方向代表将天人合一作为中华文化的代表，意欲继承之、弘扬之、推广之。这反映的是儒释道的身份和角色的定位问题。

第一个象限仍以张岱年、余英时、金岳霖、李存山为代表，他们以学术研究为己任，为目标，因而将天人合一的观点和理论当作客观研究的对象。这一象限还有放在括号中的另外两组名字，因为他们的文章同时具有不同的取向和态度。这一图标显示的是作者对古代天人合一之观念的态度，并非对钱穆或季羡林之文章的态度。

第二个象限以任继愈、李申、蔡尚思为代表，他们也将天人合一的理论当作客观研究的对象，但写作目的主要是纠正现实讨论中的他们所不赞成的观点。这有一种现实的关怀，因为没有明言，所以他们的名字放入括号中。李与蔡的名字也出现在第一象限，因为他们的文章也有着学术研究的取向或形式。

第三个象限以钱穆和季羡林为代表，很多明清儒者的论说都属于此象限。这一象限代表着现实的关怀，并且将天人合一当作文化传承和理论构建的思想资源。

第四个象限姑且以张世英和康中乾为现代学者的代表。张和康的文章的主要部分也属于第一象限，但他们的文章最后都自觉地探讨了如何改造和发展古代天人合一之说的问题，在没有更自觉更典型的代表性文章的情况下，我们不妨以他们为代表。某些明清儒者或许也可以属于此一象限，比如王夫之对张载"天人合一"一语的注释。

张世英提出"后主客关系的天人合一"的说法，主张将主客相分的思维方式包容在天人合一的思想体系之内，从而避免传统天人合一理论流于玄远、不能认识自然规律的弊端。[①]康中乾则在研究古代天人合一之特点之后提出，中国传统哲学的缺陷也是明显的，因为它解决了人生问题，但不能以此替代科学问题。他认为，现代新儒家"返本开新"的"开"法有问题。因为它们的"开"法必须将中国哲学的"天人合一"式思维格局与西方哲学的"主客二分"式思维格局并合，即"把一种

---

① 张世英：《中国古代的"天人合一"思想》，《求是》2007年第7期，第34—37、62页。

思维模式归并到另一种思维模式中去,这显然不行。但是,如果将这种'开'的方法理解为'天人合一'式和'主客二分'式两种思维构架间的相互转换和导通,则是完全可能的,因为这两种思维模式都是人的认识方式,在整个认识过程中是逻辑地导通着的,这是'开'的认识论根据。如果将这种认识论根据转化为现实方案的话,就是在承认中、西两种文化模式并存的前提下,合理地借鉴对方的优秀成果"[①]。张、康的文章说明确实有人自觉地意识到客观的学术讨论和现代的文化理论建设是两种不同的工作,应该有所区别。只是严肃的文化理论建设还没有形成自己的论说领域和讨论焦点。

从示意图2很容易看出,明清儒都将天人合一作为应该继承的文化资源,其中主要是以当时的社会文化需要为导向,虽有发展学术理论的趋向,但很少将天人合一的思想作客观性研究的实例(仅王夫之等对张载之注释是以客观性解释为取向的)。这是中国古代学术发展的不足,是现代学术界要克服和改变的状态。在现代学术界中,多数文章大体上是将天人合一的学说作为历史中的研究对象,相对而言,将天人合一作为文化建设资源的取向不够鲜明,有深度的文章议论比较少,如何面对和纠正这种不足也是值得现代学术界思考和讨论的重要课题。

本文关于天人合一之议论的梳理表明,从古到今,关于天人合一说的理解和解说分歧很多,如何梳理和分析这些复杂的歧说异见呢?示意图2为梳理这些分歧提供一个可能的理论框架。这个框架有两个轴线,一个是示意图中的水平轴,代表有关中国哲学工作的目标和取向,即研究者或作者以学术研究为取向还是以现实关怀为取向。也就是说,是将天人合一的学说作为中国哲学研究的一个课题,还是将天人合一的讨论作为对现代社会问题的一种回答。

另一个是示意图中的纵轴,代表中国哲学身份和角色的定位问题,即研究者或作者是将儒释道思想作为学术研究的对象,还是将其作为继承和发展民族文化的精神资源。也就是说,是将天人合一说作为研究的对象,还是将天人合一说作为现代人的理论资源。这是现代研究者或作者对儒释道或天人合一的定位,就天人合一这一学说本身当然既可以作为研究对象,也可以作为文化资源。而今人也可以将天人合一或儒释道当作一种精神信仰。

---

① 康中乾:《论"天人合一"之"合"》,《人文杂志》1995年第4期,第49—58页。

显然，两条轴线构成的第一象限最能代表现代学术研究的取向和以儒释道为研究对象的定位。第三象限最能代表现实关怀的取向和以儒释道为文化资源的定位。这两个象限可能是现在和未来有关中国哲学之工作的主要趋势和方向。但其他两个象限的工作也是不容忽视的。第二象限代表了通过对儒释道作客观性研究的成果为现实问题的解决提供理论方案的可能性。第四象限代表了从学术研究的角度利用儒释道思想资源创构新理论新哲学的可能性，比如，可以建构新的天人合一理论。有的朋友强调中国哲学是哲学而不是思想史，这第四个象限为这种发展提供了可能性。

3. 关于创构之讨论

"天人合一"是古代思想之成语或熟语。对其解释和重构也可以有两个方向，一是模拟和逼近历史上可能有的思想体系，一是创造现代社会所需要的理论体系。前者可称之为"拟构"，后者可称之为"创构"。二者可以一致，但不必一致，因为古代思想未必完全适用于现代社会。

季羡林、金岳霖等人将古代"天人合一"解释为人与自然的和谐，这很容易与当今环境保护思想相支持，也很容易得到广泛之认同。这也可看作是走向创构的开始和一种可能性，但将此当作一种创构就显然太简单了。笔者相信，创造新的天人合一理论是有学术价值和现实意义的，那么，究竟应该如何在当代世界发展出新的有现实意义的天人合一理论呢？笔者在此提出若干思考供进一步的讨论。

第一，本文第二部分已经说明古代"天人合一"说的直接意含都不是人与自然界的关系。将古代"天人合一"重新解释为大自然和人类的关系与古代传统不合。当然，这一点不足以否定自然与人类关系说的现实意义，因为现代人对古代思想的解说不必恪守古意。但是，现代解说如果能延续古代的某种意含才有文化传承的意义。由此来说，将"天人合一"解释为大自然与人类的和谐不利于弘扬古代传统的积极意含。

第二，将古代"天人合一"重新解释为大自然与人类的关系对现代社会和世界文明贡献不大，因为西方文明已经发展出丰富的生态保护理论和科学技术，将"天人合一"解释为大自然与人类的和谐不能为生态平衡运动和工作增添多少新的意义和启示。

第三，将"天人合一"解释为大自然与人类的和谐有很实际的困难，因为大自然必然包括自然灾害,如地震、火山、海啸、龙卷风,等等,人类无法防止这类自然灾害的发生,如何与之和谐就是一个无法克服的障碍。这一点上引任继愈关于生物链的评论也非常有代表性。

第四,如果认为"天人合一"是中国传统文化的优秀遗产,而这遗产有利于生态和谐,那么就无法解释中国古代和现代为什么有那么严重的生态危机,如古代西北地区严重的沙漠化,现代日益严重的水污染和湖泊干旱等问题。如果"天人合一"未能制止和减轻古代和现代的生态破坏,我们怎能让中国人和世界人民相信重新解释和提倡"天人合一"就会有效地保护生态?

所以,笔者认为将"天人合一"解释为大自然与人类的和谐不是一种很有价值的"创构"或"发展"。那么,现代的天人合一理论应该有什么特点或要求呢?

首先,当代重构或建构的天人合一理论应该明确这一理论的主要内容是实然的还是应然的。也就是说,它是对现实世界的描述和反映还是现代社会应该追求的原则和理想。笔者认为,新的天人合一应该以应然义为主,不能以实然义为主。实然的世界出了问题,所以我们要提出新的理论来修补和保护千疮百孔的世界,并慰藉和舒缓紧张空虚的心灵。

其次,新的天人合一理论的建立应该明确自己的立场与古代传统的关系,是继承了传统的哪些理论,否定和抛弃了哪些观点。新的理论应该自觉地处理自己与传统理论的相似性和差异性,不应讳言新理论与传统的相似或不同。如果只是借用"天人合一"一语而完全不理会历史上确实存在的"天人合一"一语的实际意含以及相关的理论之丰富性和歧异性,那么凭空建立的新的"天人合一"论是不可能有深度和生命力的。

第三,新的天人合一论仍然可以是一种思维模式,但不能仅仅是一种思维模式,如宋代以前的状况;或仅仅是一句赞颂性的熟语,如明清时期的常见用法。新的天人合一论必须有具体明确的理论内容,如"天"意味着什么,"人"意味着什么,"合一"意味着什么,为什么新的天人合一论是正确的,为什么现代社会应该接受和实践这一原则。认真讨论回答这些问题,新的天人合一论才有现代学术理论探讨的意义,才有可能为学术界和理论界重视,才有可能产生某些影响。

第四,上述第三点强调新的天人合一论要有比较清晰的理论论述,但同时,新的天人合一理论也应该留下某些模糊的空间。这是因为,天人合一从来不是一个纯理论纯思辨的命题或概念,我们今天将它作为纯学术研究的对象,不等于它本身就是纯理论的产物。因而,我们有理由期待新的天人合一理论也是实践性的理论和主张,而不是哲学家的专利。因为,一个哲学家的思考无论多么严密和宏大,都不可能穷尽真实世界的所有情况,所以,新的理论要为不同人在不同情况下运用和发展这一理论留下发挥和发展的余地和空间,这就是某种模糊性的必要性。

第五,新的天人合一理论应该保留古代天人合一说的某种隐秘性。人类受自然科学影响,已经产生了人可以无限认识自然,因而可以征服自然的妄想,同时也产生了人可以完全主宰自身命运的幻想。正是这种妄想和幻想将人类拖入生态危机并使人类社会产生诸多弊端。这一观点可能是很多持科学与理性立场的朋友无法理解和接受的,所以需要多说几句。

笔者认为,隐秘性是现代天人合一观念必须包括的内容,是基于这样的事实:人类文明发展到今天,已经有足够多的事实证明科学并非万能,理性并非万能,人类并非万能。今天的天人合一必须反映天道或天命的隐秘性和超越性,才能凸显人道与人生的有限性和脆弱性,从而引起人类,包括政经各界精英阶层(如政府高层、华尔街大亨)对宇宙、自然、社会、生命之复杂性和变异性之敬畏,保留一点个人及群体的谦卑,人类才能摆脱自己万能的妄想和幻想。

道理很简单,严重破坏大自然的现代工业和经济发展靠的是科学技术手段,我们有多少理由相信,仅仅靠着这些科学技术手段就能够在帮助现代工业和经济高速发展的同时可以保护和修复大自然?我们有多少理由相信,造成金融海啸的华尔街和国会山的精英群体可以防止类似于金融海啸的灾难再次发生?我们有多少理由相信,靠着激发仇恨的反恐行动可以防止和消灭人肉炸弹或"911"事件再次发生?我们越是相信自己的能力是无限的,就越是无法克服人类自身对宇宙和自然造成的破坏。相反,只有看到和承认人类的不足,才能以谦卑的心态避免进一步的破坏。我们没有办法保证亚马逊流域的原始森林不会进一步消失,我们没有办法保证投资银行的精英人物不会为了创造利润奇迹再次制造金融灾难,我们也没有办法完全防止苏联切尔诺贝利核电站与日本福岛核电站的核辐射泄露所造成的生命灾难,也没有办法完全防止墨西哥湾海底油井的大量泄漏所造成的生态灾难,我们也没有办法防止冰岛火山再次爆发,更没有办法阻止地震在中国或世界其他地方发生。总之,只有保持天人合一中的隐秘性,才能提醒人类对自身局限性的警惕,才能帮助人类正确认识自己在世界、在宇宙中的真实处境和地位。这或许是中国古代天人合一说对现代社会可能有的最主要的贡献。

总之,笔者相信,从两种定向和两种定位的角度出发思考有关中国哲学之各种工作的过去和未来,可以开阔我们的思路和视野,可以增加我们对不同定位和不同取向的理解和欣赏,从而帮助我们更全面、更客观地认识中国哲学这一概念和这一领域的复杂性,以及这一学科和领域的现状和未来,也可提高我们对自己之工作的自觉性和方向性。我们也希望,这样做可以有效地提高有关中国哲学的不同取向、不同定位的各项工作之水平,让中国哲学无论作为现代学科还是民族文化都能焕发新的光彩,创造新的辉煌。

(作者单位:北京师范大学)

幽暗意识与现代儒学：纪念张灏教授

超越意识与幽暗意识

——儒家内圣外王思想之再认与反省

张 灏

内圣外王是儒家人文传统的一个核心观念。这个观念,和传统其他的核心观念一样,有其多面的含义。在这些多面的含义中,我们至少可以大别为广狭二义。就其广义而言,它代表一种人格的理想。其含义可以和儒家其他的一些类似的理想,如"经世修身""新民明德"等观念相通。在这一层意义上,"内圣外王"的理想是很有些足以供给现代文化反省和镜鉴的"资源"。例如,"内圣外王"这个观念蕴涵着一种"人格主义"。这种人格主义一方面强调人的社会性,认为人的社会性与人之所以为人有其不可分的关系。因此,人必须参与社会,参与政治。这些"外向"的义务是人格的一部分。这和近代西方的个人主义以个人为本位去考虑政治和社会问题在精神上有着重要的不同。另一方面,儒家的"内圣"思想是含有超越意识,儒家相信人的本性是来自天赋,因此,在这基础上,个性永远得保存其独立自主,而不为群性所淹没。这种"人格主义",综合群性与个性,而超乎其上,消弭了西方现代文化中个人主义与集体主义的对立,可以针破二者偏颇之弊病,为现代社会思想提供一个新的视角。

此外,"内圣外王"这个理想把人格分为内外层面,而强调其相辅相成,对于现代文化而言,也有特别的意义。因为现代文化,在科技的笼罩之下和"大众社会"的群性压力之下,对生命的了解有过于量化和"外化"的倾向,从而忽略生命内在的心灵深度层面。这是造成现代文化偏枯和失调的一个重要原因。"内圣外王"这个理想,视内在心灵生活与外在的社会和物质生活同样重要,对于现代文化重外而轻内的取向,可以发挥调剂与平衡的功能。

但是,讨论"内圣外王"这个理想,我们不能只注意其广义的一面。更重要的是它的狭义的一面。也就是它的政治理想层面,因为这一层面对中国传统和现代的政治都曾经发挥过极大的历史影响。对这一面加以分析和反省可以使我们了解儒家的政治思想,乃至中国的政治文化的一些基本限制和症结。只有经过这些分析和反省,我们才能进一步发掘和彰显"内圣外王"在人格理想层面的现代意义和价值。

在政治理想的层面,"内圣外王"代表儒家特有的一种道德理想主义——圣王精神。这个精神的基本观念是:人类社会最重要的问题是政治的领导,而政治领导的准绳是道德精神。因为道德精神是可以充分体现在个人人格里,把政治领导交在这样一个"完人"手里,便是人类社会"治平"的关键。

这份圣王德治精神有两种特征。一种特征是:它是植基于儒家的超越意识。因为这份超越意识,"圣王"观念才能展现其独特的批判意识与抗议精神;同时也因为这份超越意识有其限制,它的批判意识未能在儒家传统做充分的发挥。因此,要想了解圣王精神在这方面的底蕴与缺陷,分析其超越意识是一个必要的条件。

圣王精神的另一特征是它所蕴涵的幽暗意识,我们必须正视这份幽暗意识,因为只有这样我们才能掌握圣王精神之全貌,尽窥其曲折。但是,另一方面我们必须认识儒家幽暗意识的限制。因为只有从这个限制中我们才能了解为何儒家的政治理想始终以圣王为极限,以及这极限为何有其危险性。

一、超越意识与圣王观念

儒家的内圣外王观念是表现一种人文精神,但重要的是,这种人文主义与现代的人文主义有着基本的不同;现代人文主义是排斥超越意识,而儒家人文思想,透过内圣的观念,则是以超越意识为前提。这份超越意识主要是反映于儒家的天人之际的思想。在先秦儒家,天人之际思想最突出的表现自然是"天人合一"的观念。孔子在《论语》中便表现他个人与天有特别相契的关系。同时,他思想中的"德性伦理"也蕴涵着以天为主的超越意识。[1]孟子本着孔子这种超越体验加以推

---

[1] 详见拙文 Hao Chang, "Some Reflections on the Problems of the Axial Age Breakthrough in Relation to Classical Confucianism," in Paul A. Cohen and Merle Goldman ed., *Problems Across Cultures: Essays on Chinese Thought in Honor of Benjamin I.Schwartz*, Cambridge, Mass.: Council on East Asian Studies/Harvard University, 1990, pp. 17–32。

广，认为任何人若能发挥己身天赋本有的善，均可与超越的天形成内在的契合。①这一思想结穴于《中庸》与《大学》的中心观念：以个人的道德转化去承受天赋内在的使命。②这是一种天命内化的观念。这个观念蕴涵着权威二元化的意识，也就是说，不仅天子以国家元首的资格，可以承受天命，树立政治与社会的权威中心，而且任何人凭着人格的道德转化，也可以直接"知天""事天"，树立一个独立于天子和社会秩序的内在权威。这造成不仅是儒家思想，而且是中国思想的一个突破性的契机。③

此处必须指出：《大学》与《中庸》是《礼记》中的两章。现存的《礼记》，据一般的了解是汉代编成的书，但其包罗的思想，并非限于汉代，而是上及于战国晚期以至秦汉之际。④

值得注意的是：《礼记》一方面有《大学》《中庸》所代表的"天人合一"思想，另一方面也有《王制》《月令》《明堂令》等篇所反映的迥然不同的思想。《王制》是讨论古代理想的封建制度，而《月令》则是讨论这个制度的宇宙间架。⑤《月令》的中心思想是：王制是植基于宇宙秩序，因此这个制度的运作，特别是这个制度的枢纽——天子的行为，必须与宇宙运行的韵律和节奏相配合。"明堂"制度就是《月令》这种思想的具体表现：天子及其臣下随从每月的衣食住行，以及其他生活细节都需要透过"明堂"的安排与宇宙秩序的运行相配合。⑥这也是一种天人之际的思想。但是这种天人之际的思想是以"天人相应"的观念为中心的。⑦

这种思想之与《大学》《中庸》的天人合一思想相并出现，透露先秦儒家的一个

---

① Hao Chang, "Some Reflections on the Problems of the Axial Age Breakthrough in Relation to Classical Confucianism," pp. 17-32.
② Hao Chang, "Some Reflections on the Problems of the Axial Age Breakthrough in Relation to Classical Confucianism," pp. 17-32.
③ Hao Chang, "Some Reflections on the Problems of the Axial Age Breakthrough in Relation to Classical Confucianism," pp. 17-32.
④ 见高明：《礼学新探》，《〈礼记〉概说》，台北：台湾学生书局，1977年，第13—97页。
⑤ 见王梦鸥：《礼记今注今译》上册，台北：台湾商务印书馆，1992年，第201页。《月令》篇兼记"月"与"令"。"月"是天文，"令"是政事。先秦有一派学者认为王者必须承"天"以治"人"，故设计这一套依"天文"而施行"政事"的纲领，其实仍似一种"王制"。唯是，古代的天文知识，曾被应用于阴阳五行说，故此《月令》亦可视为依阴阳五行说而设计的《王制》，不过重点是放在天子身上。
⑥ 王梦鸥：《礼记今注今译》上册，第201—241页。
⑦ 详见拙文 Hao Chang, "Some Reflections on the Problems of the Axial Age Breakthrough in Relation to Classical Confucianism," pp. 17-32。

重要消息：天人之际的思想是以两种形式出现，除了天人合一的内在超越形式，尚有"天人相应"的一种形式。

必须强调的是：这种天人相应的观念不但在战国晚期的儒家思想出现，而且在原始儒家的主流思想里也潜存着。因为在《论语》《孟子》《荀子》诸典籍里，传统的"礼"的观念仍占极重要的地位，而"礼"的核心是祭天地与祭祖先的观念。例如，《论语》就曾强调"禘祭"与"治天下"的关联①，而《孟子》也曾指出"明堂"是王政的一环。②这些观念意味着：皇权与家族两制度是人世与神灵世界所不可或缺的管道。③

从这个角度看去，礼的重要部分可以说是殷商文化所遗留的"宇宙神话"的延续。所谓"宇宙神话"是指相信人世的秩序是植基于神灵世界和宇宙秩序的一种思想。这种神话相信宇宙秩序是神圣不可变的。因此它也相信人世秩序的基本制度也是不可变的。④不错，周初的天命思想，透过"德"的观念，已把王权与宗族血缘关系分开。也即天子这个职位，不能由任何特定的宗族所垄断，而是由道德的培养所决定，因此有其开放性。⑤但是，作为一种制度，天子和宗族的神圣性仍然存在。易言之，天命思想只是殷商的宇宙神话的修正，依然视人世秩序的两个基本制度——皇权与宗族为通向神灵世界的基本管道。⑥天命思想的这一面为西周礼制所承袭，到春秋时代仍然盛行。前面提到，《论语》《孟子》诸书并未排斥礼制，只是以代表超越精神的"德性伦理"去调节制衡礼制所蕴含的"外范伦理"。

因此，以礼为桥梁，《月令》里面的王制，是上承殷商的宗教文化。王制和明堂

---

① 谢冰莹等编译：《新译四书读本》，台北：三民书局，1957年，第72页。
② 谢冰莹等编译：《新译四书读本》，第269页。
③ 详见拙文 Hao Chang, "Some Reflections on the Problems of the Axial Age Breakthrough in Relation to Classical Confucianism," pp. 17–32。
④ Hao Chang, "Some Reflections on the Problems of the Axial Age Breakthrough in Relation to Classical Confucianism," pp. 17–32, 关于"宇宙神话"（cosmological myth）之讨论，可见 Eric Voegelin 所著 *Order and History, vol.1, Israel and Revelation,* Baton Rouge: Louisiana State University Press, 1957, pp. 1–11, 此观念 Voegelin 原用以分析近东古文明的特征。我认为此观念也可用以了解中国殷商的宗教和政治思想。有关殷商文化这一面，读者可见 Paul Wheatley, *The Pivot of the Four Quarters*, Chicago: Aldine Publishing Company, 1971, pp. 55–56, 411–451。
⑤ 详见拙文 Hao Chang, "Some Reflections on the Problems of the Axial Age Breakthrough in Relation to Classical Confucianism," pp. 17–32。
⑥ 详见拙文 Hao Chang, "Some Reflections on the Problems of the Axial Age Breakthrough in Relation to Classical Confucianism," pp. 17–32。

等制度，以阴阳、五行等观念所建构的宇宙观为间架，在思想的铺陈上当然比较繁复和系统化，但就其基本精神而论，实在是殷商的宇宙神话和宇宙王权的翻版。[①]

总之，儒家的天人之际思想的两种形式是有一些基本的不同。天人相应的思想是胎源于殷周的古老神话传统，而天人合一的思想是肇始于枢轴时代（axial age）的思想创新与精神跃进。天人相应的形态是认为天人之际的联系是透过人世间的基本社会关系和制度而建立的外在实质联系，而天人合一的形态是认为天人之际的联系主要是透过个人心灵的精神超越而建立的内在本质联系。因为有这些歧异，二者所蕴含的批判意识也有不同：天人感应的思想，只能以人世秩序的基本制度的神圣不可变性为前提而发挥有限度的批判意识；天人合一的思想则以内化超越为前提，蕴含了权威二元化的激烈批判意识。从晚周开始，二者常常糅合在一起出现于各家各派的思想中，但二者不同的比重也大致决定各家各派的超越意识和批判意识的强弱。

前面提到天人相应的思想盛行于晚周到秦汉这一时代。其结果是此一型思想在汉儒传统里取得主导地位，而天人合一的思想则在此主导思想的笼罩下，渐形萎缩。我现在权以《春秋繁露》与《白虎通》为代表，对汉儒这一思想趋势，稍做说明。

《春秋繁露》的思想主要是以阴阳五行的宇宙观为思想间架，发挥儒家的道德理想。后者的一个基本重点当然是天下国家的"治平"。此处，董仲舒的思想是以阴阳五行的宇宙观为前提：人世秩序是宇宙秩序的一部分，二者息息相关。因此，人世秩序的建立必须求与宇宙秩序相配合，相呼应。而其间之关键在于人世的基本制度，特别是天子的地位；天子透过制礼作乐，以及政事的综理和德性的培养，对于人世秩序与宇宙秩序之间的和谐有决定性的作用。[②] 由此可见，就人世的治平这

[①] 详见拙文 Hao Chang, "Some Reflections on the Problems of the Axial Age Breakthrough in Relation to Classical Confucianism," pp. 17–32。

[②] 顾颉刚：《秦汉的方士与儒生》，上海：上海人民出版社，1957年。《春秋繁露》中，强调天子为天人相应之枢纽，比比皆是，兹略引数语，以见此思想之重要："古之造文者，三画而连其中，谓之王。三画者，天地与人也。而连其中者，通其道也。取天地与人之中，以为贯而参通之，非王者孰能当是？是故王者唯天之法，法其时而成。"见董仲舒：《春秋繁露·王道通三》（四部丛刊初编缩本）卷十一，第9页。同卷第12页，又有下列数语："人主立于生杀之位，与天共持变化之势。物莫不应天化，天地之化如四时，所好之风出，则为暖气而有生于俗，所恶之风出，则为清气而有杀于俗。喜则为暑气而有养长也，怒则为寒气而有闭塞也。人主以好恶喜怒变习俗，而天以暖清寒暑化草木，喜怒时而当则岁美，不时而妄则岁恶，天地人主一也。"

个理想而言,《春秋繁露》全为天人相应思想所笼罩。

《春秋繁露》,除了天下治平这一重点外,尚有另一重点——一个人成德的理想。就这一理想而言,天人合一的内化超越思想,在《春秋繁露》里仍有其地位。首先,董仲舒认为:成德并不完全是外范道德的绳制,内蕴的德性也须发挥其作用。因此,他强调在成德过程中礼与志必须求得平衡,志为质而礼为文,行礼必以文质调和为目的①,而论礼也须分"经"和"变"两种。②显然,就董而言,内心的蕲向,可以调节礼的运用,以免礼流为僵化的仪节。

更重要的是:董仲舒把个人分为外在的身体与内在的心灵,身体以利为取向,而心以义为取向:"天之生人也,使之生义与利,利以养其体,义以养其心,心不得义不能乐,体不得利不能安,义者心之养也,利者体之养也。"③故"体莫贵于心,故养莫重于义,义之养生人,大于利"④。此处必须指出的是:就董仲舒而言,义仅是人之内在的德性之一,其他为董仲舒所强调的尚有仁与智⑤;特别重要的是仁,因为仁一方面代表人性中的善,另一方面是天所赋予,代表超越的全德。"仁之美者在于天,天,仁也。天覆育万物,既化而生之,又养而成之,事功无已,终而复始;凡举归之以奉人,察于天之意,无穷极之仁也,人之受命于天也,取仁于天而仁也。"⑥由此可见,内蕴的德性有其超越的基础。这个观念毫无疑问的是反映天人合一思想。

但是,董仲舒认为这种超越内化的德性只能形成修德的潜能。因为人心中尚有可以滋恶的情欲,修德的潜能是无法靠本身的力量实现的。它必须仰赖外在制度和规范的督促与制约。⑦易言之,外在的礼制仍然是个人成德的一个必要条件,而外在的礼制一方面是包括以三纲为中心的政治与社会基本制度;另一方面,它是与宇宙的秩序和韵律相配合,相呼应的。⑧因此,在董仲舒的思想里,以超越内化为基础的成德观念附属于、受制于天人相应的宇宙观。

到了《白虎通义》,这种超越内化的趋势继续萎缩。人世的秩序似已完全取决

---

① 董仲舒:《春秋繁露·玉杯第二》(四部丛刊初编缩本)卷一,第7—8页。
② 董仲舒:《春秋繁露·玉英第四》(四部丛刊初编缩本)卷三,第15—16页。
③ 董仲舒:《春秋繁露·身之养重于义第三十一》(四部丛刊初编缩本)卷九,第5页。
④ 董仲舒:《春秋繁露·身之养重于义第三十一》(四部丛刊初编缩本)卷九,第5页。
⑤ 董仲舒:《春秋繁露·必仁且智第三十》(四部丛刊初编缩本)卷九,第49—50页。
⑥ 董仲舒:《春秋繁露·王道通三第四十四》(四部丛刊初编缩本)卷十一,第62页。
⑦ 董仲舒:《春秋繁露·深察名号第三十五》(四部丛刊初编缩本)卷十,第55—57页。
⑧ 董仲舒:《春秋繁露·基义第五十三》(四部丛刊初编缩本)卷十二,第68—69页。

于礼制和宇宙秩序的配合与呼应。汉儒的主导思想至此几乎整个为天人相应的宇宙观所垄断。①

汉以后,儒学式微而佛道发皇,直到晚唐和北宋,儒学才渐渐复苏,遂有宋明儒学之兴盛。这其间的一个主要发展当然是四书取代五经在儒家经典中的主导地位。四书与五经最重要的差异是:四书是以内化道德为取向,而五经则主要是以外范道德为取向。内化道德是以内化超越为前提,如上所指,内化超越是以"天人合一"的观念为形式出现,在四书的义理结构中,有产生权威二元化的趋势。②但重要的是,这权威二元化的趋势,虽在宋明儒学的思想中时有若隐若现的发展,却始终未能成形滋长。其主要症结之一在于:天人合一的思想只是在表面上取得主导地位,而实际上天人相应的思想所蕴含的宇宙神话仍然渗透掺杂其中,使得天人合一的超越意识受到不同程度的窒抑和扭曲,而批判意识也因之不能畅发为权威二元化的思想。现在试以宋明儒学的两个重要潮流——朱学和王学,对这超越意识演变的曲折及其影响,略做说明。

朱学的代表人物当然是朱子,朱子的基本思想大体表现于朱注四书。而后者最突出的一面就是前面提到的内化道德。这里必须澄清一个治宋明儒学史常有的误会:所谓宋明儒学的内化倾向是指环绕修身这个观念而展开的内化道德。这套内化道德观念展现一个人格的理想,是朱子思想的一个基本价值和目标。但不可忽略的是:这套内化道德观念也是实现一个理想社会的工具或途径。这也就是说:在朱子思想里,外王或经世,与内圣或修身一样,同为宋明儒学的一个主要蕲向或目标。因此,一般人认为宋明儒学内化的趋势代表"外王"与"经世"观念的式微是大可商榷的。③

---

① 班固的《白虎通德论》(四部丛刊初编缩本)卷八,《情性》(第60—61页)一节中有分析五性六情,所谓五性是指仁义礼智信,六情是指喜怒哀乐爱恶,"六情者所以扶成五性也"。"性所以五,情所以六,何?人本含六律五行之气而生,故内有五藏六府,此情性之所由出入也。"五性六气不但与人体内的"小宇宙"联结,而且与外在"大宇宙"的阴阳方位关系:"喜在西方,怒在东方,好在北方,恶在南方,哀在下,乐在上。何以?西方万物之成,故喜。东方万物之生,故怒。北方阳气始施,故好。南方阴气始起,故恶。上多乐,下多哀也。"这种大小宇宙对应相系,使内化消解,超越架空,完全反映"天人相应"的宇宙观。

② 详见拙文 Hao Chang, "The Inward Turn: The Formation of Conceptions of Order in Tao-hsüeh," Unpublished Paper Written for the Conference on Sung Statecraft at Scottsdale, Arizona (1986);又见钱穆:《朱子之四书学》,《朱子新学案》第四册,台北:三民书局,1971年,第180—230页。

③ 详见拙文《宋明以来儒家经世思想试释》,台北"中央研究院"近代史研究所编:《近世中国经世思想研讨会论文集》,1984年5月。

所以朱子的思想，一方面是反映儒家以外界社会为关怀的经世精神，另一方面是反映以内化道德为内容的人格理想。这里必须指出的是：朱子思想中的内化道德是以超越意识为基点的。朱子认为人心中含有天理，是为其性，因此人心直通天道，故他在《中庸章句序》里强调：人心不仅含有人心，而且也含有道心①，这种"道心"，加上经世精神，孕育一种"心灵秩序"和内在权威，不但有独立于现存政治社会秩序的倾向，而且有与外在秩序相打格，相抗衡的潜能。这在思想上是一种二元化的结构。

但从深一层看，这一权威二元化的结构在朱熹的思想里并未完全地体现。内化道德固然在朱熹思想里取得主导地位，但在朱熹的整个思想中，以礼制为内容的外范道德仍然有其重要性。朱子的礼学当然并不一定就是肯定现存秩序的礼仪规范，但至少他所谓的礼是肯定现存秩序的基本制度。更重要的是：他认为这一礼制也是植基于超越的天。因此，我们可以说：一种变相的宇宙神话仍然盘踞在朱子的思想里。②

更重要的是：汉儒的三纲思想，从周敦颐开始，就渗入宋明儒学的超越意识。朱熹的思想在这一点上也不例外，他说："宇宙之间，一理而已，天得之而为天，地得之而为地，而凡生于天地之间者，又各得之以为性，其张之为三纲，其纪之为五常，盖皆此理之流行，无所适而不在。"③三纲既是天理的一部分，朱子以天理为基础的内化超越自然受到架空与扭曲。这当然也是宇宙神话的一种变相渗透，难免构成由内化超越意识通向权威二元化的思想障碍。

认识朱子思想这一背景，我们才能了解为何朱学的政治思想常常表现为"帝王之学"。我此处主要是指南宋以来，在儒学传统里发挥极大影响的两部书——真德秀的《大学衍义》和邱濬的《大学衍义补》。④在这两部书里，《大学》的道德理想变成帝王施政牧民的圭臬，这种思想当然未尝不蕴涵一些批判意识。但是这些批判意识是有极大的限制，充其量只能针对帝王的个人行为及施政措施发挥一些抗议

---

① 朱熹：《中庸章句序》，《朱文公文集》(四部丛刊初编缩本)卷七十六，第1407—1408页。
② 钱穆：《朱子之礼学》，《朱子新学案》第四册，第112—179页。
③ 见朱熹：《近思录》卷九，台北：世界书局，1981年，"治法"引周敦颐语，第242页。又见钱穆：《朱子论阴阳》，《朱子新学案》第一册，第285—286页；陶希圣：《中国政治思想史》第四册，台北：全民出版社，1954年，引朱子语，第117页。
④ Wm. Theodore de Bary, *Neo-Confucian Orthodoxy and the Learning of the Mind-Heart*, New York: Columbia University Press, 1981, pp. 73–126.

作用,其与以内化超越为泉源的二元权威意识是不可同日而语的。①

朱学传统里,比较能发挥抗议精神而凸显权威二元化意识的是明末清初的少数学者如陆世仪、吕晚村等。陆世仪就曾说过这样一段话:"周子曰:'师道立而善人多。'《学记》曰:'师严而后道尊。'斯二言诚然。《尚书》云:'天降下民,作之君,作之师',则师尊与君等;又曰:'能自得师者王',则师又尊于君。非师之尊也,道尊也,道尊则师尊。"②值得注意的是陆世仪这一段话出之于《思辨录》,而他在《思辨录》里也提到纲常名教,他不但未曾本着权威二元化意识加以驳斥,而且似乎认为当然。③这就是因为在当时,"三纲"已经普遍被假定为"天道""天理"的一部分。一旦三纲思想屡入超越意识,则以超越意识为基础的权威二元化思想自然被打一个大折扣。

内化超越意识所引发的批判精神在陆王心学里有着空前的发展。陆王思想的义理结构深受孟子的影响,在孟子思想里,权威二元化的意识是以道和势与德和位对抗的形式出现④;在陆象山的思想里是以理与势对抗的形式出现。⑤鉴于宋明理学中,"理"的超越倾向已有被三纲意识架空的趋势,我们当然不能假定陆王学派的内化超越思想完全没有这个趋势的可能。王阳明的思想就是一个很好的例证,阳明思想中的内心超越的倾向超过陆象山。一方面,他主张"心即理",把成德的潜能完全置于内化超越的基础上。同时,他又深化良知的观念,而谈"心体"与"良知本体",并以之为己身之"主宰"与"真我"。更重要的是:他甚至认为"心体"与"良知本体"已是超越善恶对立而骎骎乎与佛家之"空"与道家之"无"不分轩轾。⑥但是这种深化的内在超越观念,似乎并未使阳明思想完全摆脱"天人相应"的宇宙观的羁绊。例如他在《论五经臆说十三条》中就曾明白地以"天人相应"的宇宙观为前提,肯定纲常名教与君主制度之神圣性。⑦

宋明儒学的批判意识在王阳明本人的思想中虽无突破,但阳明身后的传人在

---

① 详见拙文 Hao Chang, "The Inward Turn: The Formation of Conceptions of Order in Tao-hsiieh"。
② 陆世仪:《思辨录辑要》,《正谊堂全书》卷二十,第5—8页;卷二十一,第6页。
③ 陆世仪:《思辨录辑要》,《正谊堂全书》卷二十一,第1—23页。
④ 见谢冰莹等编译:《新译四书读本》,第436、479页。
⑤ 陆九渊:《陆象山全集》,台北:世界书局,1966年,第108页。
⑥ Julia Ching, *To Acquire Wisdom: The Way of Wang Yang-ming,* New York: Columbia University Press, 1976, pp. 52-124, 125-165.
⑦ 王守仁:《王文成公全书》(四部丛刊初编缩本)卷二十六,第742—743页;卷三十一,第885—888页。

这方面却有着空前的发展。首先是所谓左派王学，这一派的思想主要是奠基于王学的超越内化的观念。王畿的三教合一思想是阳明之强调超越内化观念的进一步推演。① 王艮本着阳明良知思想对他的启发，辅之以他个人的神秘主义的精神体验，把天人合一的观念不但加以引申，而且与批判意识结合，替整个泰州学派的抗议精神铺路。② 这份精神的最大特色在于它强调在现存的政治社会秩序之外，有一个独立的思想权威可以与其抗衡。何心隐之强调师尊于君③，李贽的一生以个人之良知对抗各种政治社会权威和儒学正统④，都是这份精神的突出表现，使权威二元化的意识因此在晚明有着接近突破性的发展。

在左派王学之外，黄宗羲将王学中的批判意识发挥得更为彻底。黄是刘宗周的弟子。刘的思想是对王学末流的一种修正。但是对王学的基本架构仍然大部肯定。⑤ 因此，他的思想有两个特征值得注意：首先，他对阳明思想中的内化超越做深层体验的阐释，因此他的内化超越意识结晶为独体与意根等观念。⑥ 其次，这些观念是扣紧他的工夫论而展开，因此，是蕴含强烈的致用精神而落实于个人的道德实践。⑦

黄宗羲承袭了这个致用精神而加以扩大。他曾说过："心无本体，工夫所至，即其本体。"⑧ 不过，重要的是：他认为内化超越意识不但要落实于个人道德的实践，而

---

① 王畿：《龙溪王先生全集》卷六，《近世汉籍丛刊》，台北：广文书局，1975年，第12页；见Tang Chuni, "The Development of the Concept of Moral Mind from Wang Yangming to Wang Chi," in Wm. Theodore de Bary and the Conference on Ming Thought ed., *Self and Society in Ming Thought*, New York: Columbia University Press, 1970, pp. 93–117。

② 王艮：《王心斋全集》，台北：广文书局，1975年，《年谱》卷一，第2—3、4—6页；卷二，第8页；卷三，第1—4页；卷四，第3、4—5、6—9页。

③ 何心隐著，容肇祖整理：《论友》，《何心隐集》，北京：中华书局，1960年，第28页；何心隐著，容肇祖整理：《师说》，《何心隐集》，北京：中华书局，1960年，第27—28、51—52、65—66页；读者可见Donald G. Dimberg, *The Sage and Society: The Life and Thought of Ho Hsin-yin*, Monograph no. 1 of the Society for Asian and Comparative Philosophy, Honolulu: The University Press of Hawaii, 1974, p. 86。

④ 李贽：《夫妇》，《焚书》，上海：中华书局，1936年，第101—102、110—112页；李贽：《续焚书》，北京：中华书局，1959年，第3—4、17、75—78页；李贽：《夫妇辨总论》，《初潭集》上册，北京：中华书局，1974年，第1—2页；李贽：《论师友》，《初潭集》，北京：中华书局，1974年，读者可见吴泽：《儒教叛徒李卓吾》，上海：华夏书店，1949年，第77—83页。

⑤ 黄宗羲：《蕺山学案》，《明儒学案》，台北：世界书局，1965年，第672—718页。

⑥ 黄宗羲：《蕺山学案》，《明儒学案》，第672—718页。

⑦ 黄宗羲：《蕺山学案》，《明儒学案》，第672—718页。

⑧ "古人只言个学字，又与思互言，又与问并言，又兼辨与行。则曰：'五者废其一，非学也。'学者如此下工夫，尽见精实，彻内彻外，无一毫渗漏。阳明子云：'学便是行，未有学而不行者。'如学书必须把笔伸纸，学射必须操弓挟矢，笃行之，只是行之不已耳，因知五者总是一个工夫。"黄宗羲：《蕺山学案》，《明儒学案》，第702页。

且要植根于群体的政治社会生活。这就是他的经世精神。①在彰显这份经世精神时，他的思想充分发挥王学中的两个特色：一是王学中深化的内在超越精神；二是孟子思想中的以德抗位，以道抗势的权威二元化观念。②二者编合为黄宗羲思想中特有的高度批判意识，其结果不但是以师道与君道对抗③，甚至完全突破纲常名教中所蕴含的宇宙神话，而提出有君不如无君的观念。④

批判意识随着超越精神在王学中有空前的发展而臻于高峰，但也随着王学在17世纪以后的式微而转弱。这一思想的转折，与儒学内部的演化极有关系，值得稍作分析。首先，王学的式微并不代表宋明儒学的全面退潮，不错，朱学思想的创造活力在17世纪以后大为减退，但就一般士大夫的思想信念而言，因为朱注《四书》是考试制度下士子进身的阶梯，朱学的影响仍然极为广被。可是，如前所论，朱子思想中的超越意识已被三纲思想渗透，其批判精神也已无法充分发挥。至于17世纪以后儒家学术思想的发展方向，汉学的兴起是一个关键。汉学最初的目的，诚如余英时所指出，是"回向原典"⑤，以期恢复儒学的原始精神。但是演变的结果，"婢作夫人"，原来当作工具的考据注疏之学不自觉地变成目的。所谓儒家的"知识主义"于焉出现，驯至侵蚀了儒家的精神信念和超越意识。⑥

汉学家对"仁"的解释便是一个很好的例证。在宋明儒学里面，仁绝非仅代表一种人际关系的价值规范，而是含有强烈的超越意识的精神信念。因此，对仁的解释往往以"天人合一"的观念为前提。⑦而清儒则训仁为"相人偶"，视仁仅为一种人际关系的范式。⑧由此可证清儒的内化超越意识的衰萎。

重要的是：清儒的汉学对超越意识的侵蚀绝不只限于其知识主义层面。因为

---

① 黄宗羲：《余姚县重修儒学记》，《明儒学案》，台北：世界书局，1965年，第396—397页，"夫道一而已，修于身则为道德，形于言则为艺文，见于用则为事功"。
② 黄宗羲：《余姚县重修儒学记》，《明儒学案》，第396—397页。又见黄宗羲：《孟子师说》，《四库全书》卷一，第13—15页。
③ 黄宗羲：《原君》，《明夷待访录》，上海：新华书店，1957年，第1—2页；黄宗羲：《原臣》，《明夷待访录》，上海：新华书店，1957年，第5页；黄宗羲：《择相》，《明夷待访录》，上海：新华书店，1957年，第7—8页；黄宗羲：《学校》，《明夷待访录》，上海：新华书店，1957年，第9—13页。
④ 黄宗羲：《原君》，《明夷待访录》，第2页。
⑤ 余英时：《中国近代思想史上的胡适》，台北：联经出版事业公司，1984年，第79页。又见余英时：《清代学术思想史重要观念通释》，《史学评论》（台北）第五期，第27页。
⑥ 钱穆：《中国近三百年学术史》上册，台北：台湾商务印书馆，1987年，第121—157页。
⑦ 牟宗三：《中国哲学的特质》，香港：人生出版社，1963年，第25—39页。
⑧ 钱穆：《中国近三百年学术史》下册，第480—481页。

"知识主义"之侵蚀超越意识往往在不自觉的层面上进行,而汉学之反超越却时而是在自觉的思想层面上立论。从一些汉学家看来,含有超越意识的天、理、性命等观念,堕于谈玄说虚,而有违离儒家关切现实人生的危险,因此汉学家时有以"礼"取代理的主张[1],造成清儒思想中有外化取向的趋势,与"知识主义"相伴出现。同时我们也可以了解,乾嘉时代以后,清儒的"知识主义"渐渐退潮,儒家的致用精神稍稍复苏,曾国藩提出"以礼经世"的观念,绝非偶然。[2]

清儒所说的"礼"当然是含义极广:它指行为规范,也指制度仪节,后者并非一成不变,可于清儒对古礼的解释争论不休见之。[3] 但礼以君主与家族制度为核心则无可怀疑,而这些核心制度上通宇宙秩序也为不单之论。故清儒以礼代理的间接结果是天人相应的思想强化而天人合一的思想式微,造成批判意识萎弱,当然汉学思想中也并非全无批判意识,如戴震的思想,以及受其影响的扬州学派乃至所谓的"常州学派"都含有不同程度的抗议精神。但是以内化超越意识为基础而通向权威二元化的批判意识,毫无疑问是受到了窒抑。

前面曾经指出,这种批判意识是肇源于先秦儒家的天人之际思想。重要的是这天人之际思想从开始就有其双重性:一方面是天人合一的内化超越思想;另一方面是天人相应的思想。前者是儒家在轴心时代的创新,而后者则是殷周宇宙神话的演化。二者在儒家思想发展的各个主要时期,虽有强弱比重之不同,而这双重性格却始终持续不变。这就是儒家超越意识的局限,也是批判意识不能畅发,权威二元化思想不能生根滋长的一个基本原因。扣紧这双重性的演变我们可以掌握以内圣外王观念为主导的儒家政治文化之所以与西方以自由主义为主的政治文化异道而驰的一个重要线索。

二、幽暗意识与圣王观念

所谓幽暗意识是发自对人性中与生俱来的阴暗面和人类社会中根深蒂固的黑

---

[1] 钱穆:《中国近三百年学术史》下册,第491—500页。
[2] 引曾国藩之语:"古之学者,无所谓经世之术也,学礼焉而已矣。"钱穆:《中国近三百年学术史》下册,第583—589页。
[3] 钱穆:《中国近三百年学术史》上册,第307—318页;下册,第583—589页。

暗势力的正视和警惕。在许多古老的文明里,我们都可或多或少地发现这种幽暗意识的存在。①中国也不例外。徐复观先生曾经强调:中国从周初人文精神开始跃动时就有"忧患意识"的出现。②必须指出的是:这种"忧患意识"只是幽暗意识的前驱。因为它只是代表当时的人已经意识到时代的艰难和环境的险恶,而幽暗意识则是指:在"忧患"之感的基础上,人们进一步认识他们所体验的艰难和险恶不是偶发和傥来的现象,而是植基于人性,结根于人群,只要人还是人,忧患便不可能绝迹。因此"忧患意识"虽在周初出现,幽暗意识却要等原始儒家在所谓的"轴心时代"肇始以后,才露其形迹。

要谈原始儒家,当然从《论语》开始。从正面看去,整个《论语》一书是被成德意识所笼罩,但是换一个角度去看,周初以来的"忧患意识"也贯串全书。孔老夫子,栖栖皇皇,席不暇暖,诚如他所说,是因为"天下无道"③。但是细绎这一观念在《论语》中的意义,可以看出忧患意识已有内转的趋势,外在的忧患和内在的人格已被联结在一起。这内转的关键是孔子思想中"道"的观念。"夫子之道,忠恕而已矣","人能弘道,非道弘人"。④《论语》中这话,已清楚地显示:孔子所谓的道,已不仅指外在超越的天道,它也意味着人格内蕴的德性。透过这一转化,孔子已经开始把外在的忧患归源于内在人格的昏暗。因此,他要谈"内自省"和"内自讼"。⑤易言之,《论语》一书已非完全承袭周初以来的忧患意识,后者已渐渐演化成为"幽暗意识"。

可是话说回来,在《论语》中,幽暗意识虽已显现,但它毕竟是成德意识的从属和陪衬。而《论语》的成德意识的主趋,毕竟是乐观精神所凝聚成的道德理想主义,它并未因幽暗意识的出现而受到冲淡。因此孔子所憧憬的仍是古圣王的盛世,所希望的仍是由成德而成圣,由成圣而主政。所谓"修己以敬""修己以安百姓",就是这个意思。⑥圣王这两个字虽在《论语》中找不到,但圣王精神却隐然为它的

---

① 关于西方幽暗意识之哲学分析,读者可见 Paul Ricoeur, *The Symbolism of Evil*, Boston: Beacon Press, 1967;关于印度传统中幽暗意识之分析,可见 Wendy D. O'Flaherty, *The Origins of Evil in Hindu Methology*, Berkely: University of California Press, 1976。
② 徐复观:《周初宗教中人文精神的跃动》,《中国人性论史·先秦篇》,台中:东海大学,1963年,第15—35页。
③ 谢冰莹等编译:《新译四书读本》,第88、230页。
④ 谢冰莹等编译:《新译四书读本》,第83、203页。
⑤ 谢冰莹等编译:《新译四书读本》,第83、96、159页。
⑥ 谢冰莹等编译:《新译四书读本》,第194页。

一个主题。

《论语》中的幽暗意识,在孔子以后,特别是《孟子》和《荀子》的思想里有定型和定向的发展。谈到孟子,首先必须指出的是:他对成德这个问题,与《论语》一样,是采取"正面进路",他的中心思想是个人成德之可能,因此强调人有天生的"善端",本此善端,加以扩充,便可成德,于是而有"人皆可以为尧舜"的结论。[①]不可忽略的是:孟子这种"正面进路"和乐观的人性论尚有另外一面,不错,孟子是特别强调人的善端,但他同时也深知这善端是很细微的。"人之异于禽兽者几希!"[②]这个"几希"固然是孟子对成德采取乐观之所本。但也道出了他对人性的现实感。而就是本着这份现实感,后世儒者像王夫之才有"君子禽兽,只争一线"的观念;曾国藩才说出"不为圣贤,便为禽兽"这种警语。[③]

因此,我们可以说:与孟子之乐观人性论相伴而来的是一种幽暗意识。尽管这种意识表现的方式常常是间接的映衬,或者是侧面的影射,它仍显示孟子对人性是有警觉,有戒惧的。只有本着这份警觉与戒惧,我们才能了解为何《孟子》书中一方面肯定"人人皆可以为尧舜",强调人之趋善,"如水之就下",而另一方面却时而流露他对成德过程的艰难感,为何他要重视"养心""养气"等种种的功夫。[④]更重要的是,他的幽暗意识与他的人性论中的乐观精神相糅合而造成他思想中另一重要层面。《孟子》里面有一段话很清楚地点出这层面:"公都子问曰:'钧是人也,或为大人,或为小人,何也?'孟子曰:'从其大体为大人,从其小体为小人。'曰:'钧是人也,或从其大体,或从其小体,何也?'曰:'耳目之官,不思而蔽于物,物交物则引之而已矣。心之官则思,思则得之,不思则不得也。此天之所与我者,先立乎其大者,则小者不能夺也,此为大小而已矣。'"[⑤]

这一段话的意思是:孟子认为人之自我有两个层面,一层是他所谓的"大体",一层是"小体"。孟子有时又称这两层为"贵体"和"贱体"。[⑥]从《孟子》一书的整个义理结构来看:"大体"和"贵体"是代表天命之所赐,因此是神圣的,高贵的。

---

① 谢冰莹等编译:《新译四书读本》,第459页。
② 谢冰莹等编译:《新译四书读本》,第391页。
③ 钱穆:《中国近三百年学术史》上册,第114页。
④ 谢冰莹等编译:《新译四书读本》,第285—287、446—448页。
⑤ 谢冰莹等编译:《新译四书读本》,第454—455页。
⑥ 谢冰莹等编译:《新译四书读本》,第453—454页。

"小体"和"贱体"是代表兽性这一面,因此是低贱的,倾向堕落的。这显然是一种"生命二元论",是孟子人性论所表现的另一义理形态。

不可忽略的是:在这生命二元论的结构里,孟子的重点是大体与贵体,而小体与贱体则是从属与陪衬。这个重点符合他的成德思想的"正面进途",同时也代表他承袭了《论语》思想的乐观精神,而认为人虽有"小体"与"贱体"的一面,但那一面是可以克服与净化的,因此人毕竟还是可以成圣成贤,变成完人的。这里必须指出的是,孟子认为"人皆可以为尧舜",并不意味他视人人在政治上平等,后面这个命题虽然可以是孟子思想的逻辑蕴涵,但他并未做这样的推论。他仍然认为:"劳心者治人,劳力者治于人。"①这个观点的逻辑结论是:一旦一个人因修德而成圣贤,便应该成为政治上的统治者,这便是他所谓的"以德行仁者王"②,这个观念显然也是属于"圣王"的思想模式。

在先秦儒家的思想中,荀子的性恶论是对人性的幽暗面做正面的彰显和直接的强调。在这一点上,荀子与孟子是有着基本的歧异。但不可忽略的是:荀子思想有其复杂性。我们如果仔细分析这复杂性,不难发现:荀子的幽暗意识,虽与孟子不同,但其背后的一些基本观念却与孟子有相似之处,只有透视这些基本观念,我们才能认清幽暗意识在荀子思想中的地位和意义。

对荀子的幽暗意识做一番透视,我们必须从他对心的观念着眼。从来学者论荀子,大多注意他的"性论",而不大注意他的"心论"。③他的"性论"很简单,一言以蔽之,就是性恶的强调,但他的"心论"则不如此简单。不错,荀子认为心的主要功能是"知能"。但他所谓的"知"有其模棱暧昧的双重性。一方面,借用宋儒的一个名词,他视"知"为"闻见之知",在这一层面上,他认为人虽无先天内在的德性,却可透过"知能"的学习,吸收外在的礼仪规范,而"化性起伪",故他说:"途之人可以为禹。"④

另一方面,荀子的"知"也带有精神的知性。他认为心是"形之君也,神明之主

---

① 谢冰莹等编译:《新译四书读本》,第329—332页。
② 谢冰莹等编译:《新译四书读本》,第294页。
③ 唐君毅与Benjamin I.Schwartz为少数之例外,见唐君毅:《中国哲学原论》上册,香港:人生出版社,1966年,第111—134页;Benjamin I. Schwartz, *The World of Thought in Ancient China*, Cambridge, Mass.: Harvard University Press, 1985, pp. 314-316。
④ 见荀况:《荀子》(四部丛刊初编缩本)卷十七,第171—180页。

也"①；心，透过德性的发挥，可以"诚信生神"②，是上通"天德"③。《荀子·不苟篇》里有这样一段话："君子养心，莫善于诚，至诚则无它事矣。唯仁之为守，唯义之为行。诚心守仁则形，形则神，神则能化矣；诚心行义则理，理则明，明则能变矣，变化代兴，谓之天德。"④由这一段话，我们可以了解为何荀子谈到"知"和"学"时，特别强调需要一个"虚一而静"的心、一个"大清明"的心⑤，为何荀子不但谈"知道"，而且也谈"体道"。⑥在这一精神知性层面上谈道德转化，当然与在"闻见"知性的层面上谈道德转化很有不同。但重要的是：不论是哪一个层面，他都认为有成圣之可能，由之而"理天地，总万物，为民之父母"⑦，也就是说变成圣王。

在先秦儒家里面，荀子第一个明白地提出"圣王"的名词，我在前面曾经指出：这个名词虽未在《论语》《孟子》里出现，但这观念却已蕴涵在其义理结构里面。就这一点而言，荀子的幽暗意识并未能突破《论》《孟》的政治理想，同时，值得在此指出的是，荀子提出"心者形之君也而神明之主也"⑧的观念，也就是说，他认为个人生命有心和形的高低主从两个层面，就这一点而言，他也未能跨出孟子思想中的二元生命观的结构，去安置他的幽暗意识。

从另外一个角度去看，荀子虽未超越《论》《孟》的基本政治理想，但他却彰显了圣王理想在论孟二书中隐晦不明的一面，那就是政教合一的观念。荀子曾说："天地生君子，君子理天地。君子者，天地之参也，万物之总也，民之父母也。"⑨这句话蕴涵圣人作为君子之终极，不但是"民之父母"而且也是"天下之道管"。⑩不但可以"通于神明，参于天地"，而且可以"总万物"。也就是说："圣王"是集政教的领导于一身。

总之，在《论语》里首次出现的幽暗意识，经过孟荀思想的引申和转折，在先秦儒学传统中有其不可忽视的地位与功能。同时我们也可看出其观念上的限制。因

---

① 荀况：《荀子》（四部丛刊初编缩本）卷十五，第156页。
② 荀况：《荀子》（四部丛刊初编缩本）卷二，第17页。
③ 荀况：《荀子》（四部丛刊初编缩本）卷二，第16页。
④ 见荀况：《荀子》（四部丛刊初编缩本）卷十七，第16页。
⑤ 荀况：《荀子》（四部丛刊初编缩本）卷十五，第155页。
⑥ 荀况：《荀子》（四部丛刊初编缩本）卷十五，第154—155页。
⑦ 荀况：《荀子》（四部丛刊初编缩本）卷五，第56页。
⑧ 荀况：《荀子》（四部丛刊初编缩本）卷十五，第156页。
⑨ 荀况：《荀子》（四部丛刊初编缩本）卷五，第56页。
⑩ 荀况：《荀子》（四部丛刊初编缩本）卷四，第44页。

为它始终不能突破"圣王"的理想模式。而这圣王模式,经过孟荀思想的发挥,展现三个特点。第一就是一种终极的乐观精神:幽暗意识虽然出现,儒家仍然相信,人毕竟有体现至善而上通神明之可能。这种理想主义,与西方传统,特别是基督教对人之认识有起足点的不同,因为后者相信,人的德性不论如何提升,永远不能体现至善和神性,只有神才能体现完美和至善。而人神之间的鸿沟是无法逾越的。第二就是前面所说的政教合一的倾向。圣人就是法王,而法王应兼人王。这两个特点,在以后儒家思想的发展上,有其定型与定向的意义。第三,圣王的乐观精神含有相当的乌托邦主义的倾向。因为圣王的出现就代表一个完美的理想社会降临。先秦儒家相信这个理想的社会曾经具体地实现于远古的过去,因此而有"尧舜之治"和"三代"的憧憬。值得注意的是:儒家的乌托邦理想虽然主要是以过去为取向,因此没有像基督教与大乘佛教里面那样强烈的前瞻性的乌托邦主义。但因为它毕竟是相信圣王是可能会再现的,它的乌托邦主义也是蕴涵着某种程度的未来取向,不可忽视。

在先秦儒家以后,中国思想对幽暗意识做正面的突出与直接的彰显是大乘佛教。佛教原始教义,就已特别强调无明意识与"苦业"的观念。大乘佛教兴起以后,原始教义经过一些转折和变化。其中一个重要的转折就是大乘在无明意识之外,也强调佛性和法身的观念,不但把二者与涅槃境界等同起来,而且认为二者是植根于个人内在的心性。[①]也就是说:人有内在成佛的潜能,透过"发"心,人可以发挥这个潜能,体现佛性,证成法身。这一发展意味着大乘佛教已回到古印度的奥义书的中心思想:宇宙的超越真宰是内在人心深处的精神实体。[②]这个中心思想在中国大乘的"真常唯心"系统特别具有影响力,与原始教义的无明意识缙合而造成一种二元的思想结构。因为属于这个系统的天台、华严和初期禅宗都认为如来藏内在于每个人的自我,由此而在人的生命中引发两种可能的发展:一方面是生死流转,另一方面是涅槃还灭。[③]前者使人沉沦苦海,而后者使人超脱苦海,体现佛性。这也是一种生命二元论的模式,即使是禅宗的主流,所谓南派禅宗,表面上是发展般若空宗的思想,实质上以心性的观念为基础,缩合般若的智慧与无明意识,仍然

[①] 关于大乘佛教的基本思想演化,可见木村泰贤:《大乘佛教思想论》,演培法师译,台北:慧日讲堂,1976年。
[②] Heinrich Zimmer, *Philosophies of India*, Princeton: Princeton University Press, 1969, pp. 355–378.
[③] 妙钦:《大乘佛教三大宗派的比较研究》,《大乘佛教漫谈》,大乘文库[10],第105—124页。

不离生命二元论的模式。①大乘佛教,在这生命二元论的架构中,对幽暗意识的安排,虽与原始儒家有轻重之不同,但其肯定人可以体现至善与"神性",则无不同。因此,大乘佛教与儒家传统接触以后,在二元论的架构中,有提升幽暗意识的功能,却无突破原有架构的基本前提的影响。

　　大乘佛学对儒家幽暗意识的提升,首先反映为儒家的"复性"思想。②"复性"这个观念,顾名思义是人性已经失落,需要恢复,其中的"幽暗意识"已是呼之欲出。我们若再检视其义理结构,幽暗意识也是有强烈的透显。因为"复性"观念的基本前提是:生命有生命的本质和生命的现实两个层面,而生命的本质又是人类历史的本原状态,生命的现实又是人类历史的现实过程。于是在这种前提下便出现了对生命和历史的一种特殊了解。生命的现实虽在理论上不一定是昏暗,却常常流为昏暗。因此,由生命的本质到生命的现实便常常是一种沉沦。依同理,人类历史的本原状态和生命的本质一样,是一个完美之境,但在历史现实过程中却时时陷入黑暗。在这样的思想背景下,就形成了复性观的主题:本性之失落与本性之复原;生命之沉沦与生命之提升。这个主题和结构,显然是儒家和佛家的生命二元论的糅合。

　　幽暗意识在宋明儒学里,不但表现为"复性"的思想,同时也反映为另一种趋势。宋明儒学的主流认为:宇宙万物,包括人在内,均由理与气两种质素构成,而二者都代表宇宙存有的正面性。理固然是代表善性,就是气在基本上也属善性。因此,就宇宙的基本存有而言,是无阴暗罪恶可言的。只是在气的流动生化中,才有阴暗罪恶的衍生。但是宋明儒学在发展过程中,却有视个人生命为善恶两极对立互争的趋势,这个趋势大大地提升了宋明儒学的幽暗意识,因为朱子曾说过下面这样一段具代表性的话:"以理言,则正之胜邪,天理之胜人欲,甚易;而邪之胜正,人欲之胜天理,甚难。以事言,则正之胜邪,天理之胜人欲,甚难;而邪之胜正,人欲之胜天理,却甚易。正如人身正气稍不足,邪便得以干之。"③换句话说,朱子认为:照道理言,正应该克邪;但在现实人生里,邪却是经常胜正的!

---

① 演培法师:《金刚般若波罗蜜经讲记》,台北:海潮音杂志社,1970年。
② 晚唐学者李翱,著《复性书》,为宋儒思想之先驱,李翱之《复性书》颇受梁肃之《止观统例》影响。而《止观统例》乃发挥天台宗之如来藏思想。后者,以如来藏本具染净二性为基本观点,在基本上是属于二元论架构。见冯友兰:《中国哲学史》下册,第751—799、805—812页。
③ 钱穆:《朱子新学案》第一册,第412页。

朱子不但从天理与人欲的对立去看人生。同时也从这个角度去放眼看历史。在他看来，历史的本源，也就是所谓的"三代"，是天理流行，一片光明净洁，而历史的现实过程，所谓三代以后，即使是汉唐盛世，也多半是人欲泛滥，一片黑暗！[1]他在答陈同甫的信里，把三代以后历史的沉沦，说得最为明白："若以其能建立国家，传世久远，便谓其得天理之正，此正是以成败论是非，但取其获禽之多，而不羞其诡遇之不出正也。千五百年之间，正坐如此，所以只是架漏牵补过了时日。其间虽或不无小康，而尧舜三王周公孔子所传之道未尝一日得行于天地之间也。"[2]这些话，出自朱子之口，道尽了宋明儒学正统派中的幽暗意识！

幽暗意识不仅限于程朱学派，就在对成德充满乐观与自信的王学里，也时有流露。阳明虽以朱学为敌，但他仍以"去人欲，存天理"为基本关怀。同时，王学虽然很少直接谈"复性"这个观念，但"复性"所代表的生命观，却仍然是王学思想中基本的一环。《阳明全集》里，学绝道丧，人心陷溺的感喟，随处可见。王学的乐观是来自阳明之深信他发现了挽救人心，培养德性的独特方法，而并不代表他无感于人心的陷溺！

在《阳明全集》里有下面一段话充分显示他对"学绝道丧"的感受："古今学术：诚伪邪正，何啻碔砆美玉，有眩惑终身而不能辨者，正以此道之无二，而其变动不拘，充塞无间，纵横颠倒，皆可推之而通。世之儒者，各就其一偏之见，而又饰之以比拟仿像之功，文之以章句假借之训，其为习熟，既足以自信，而条目又足自安，此其所以诳己诳人，终身浸溺而不悟焉耳，然其毫厘之差，而乃致千里之谬，非诚有求为圣人之志，而从事于惟精惟一之学者。莫能得其受病之源，而发其神奸之所由伏也。若仁之不肖，盖亦常陷溺于其间者几年。怅怅然既自以为是矣。赖天之灵，偶有悟于良知之学，然后悔其向之所为者。固包藏祸机，作伪于外，而劳心日拙者也。十余年来，虽疚自洗剔创艾，而病根深痼，萌蘖时生，所幸良知在我，操得其要，譬犹舟之得舵，虽惊风巨浪，颠沛不无，尚犹得免于倾覆者也。夫旧习之溺人，虽已觉悔悟，而其克治之功，尚且其难若此，又沉溺而不悟，日益以深者，亦将何所底极乎。"是根据这种体验，他才说出这样的话："戒惧之念，无时可忽。若戒惧之心，稍有不存，不是昏聩，便已流入恶念。"[3]

---

[1] 钱穆：《朱子新学案》第一册，第415—418页。
[2] 钱穆：《朱子新学案》第一册，第414页。
[3] 黄宗羲：《明儒学案》，第81页。

王畿是王门中最富乐观精神的一位,他对一般人成德之信心,可于他的"见成良知"这一观念看出。①但同时他却能够对人性中所潜藏的罪咎和陷溺做深入的体认。他曾说过:"吾人包裹障重,世情棄臼,不易出头。以世界论之,是千百年习染;以人身论之,是半生依靠。"②因此,他才对宋明儒学的"复性"观念有这样的解释:"吾人一身学问,只在改过,须常立于无过之地,方觉有过,方是改过真功夫,所谓复者,复于无过者也。"③

这种幽暗意识,在王门另外一位重要人物——罗洪先的思想中有同样的透显。他对自己内心深处所蟠结的罪咎,曾做勘查入微的反省:"妄意于此,二十余年矣,亦尝自矢以为吾之于世,无所厚取,自欺二字,或者不至如人之甚,而两年以来,稍加惩艾,则见为吾之所安而不惧者,正世之所谓大欺,而所指以为可恶而可耻者,皆吾之处心积虑,险托之命而恃以终身者也。其使吾之安而不惧者,乃先儒论说之余而冒以自足,以知解为智,以意气为能,而处心积虑于可耻可恶之物,则知解之所不及,意气之所不行,觉其缺漏,则蒙以一说,欲其宛转,则加以众证,先儒论说愈多,而吾之所安日密,譬之方技俱通,而痿痺不恤,搔爬能周,而疼痒未知,甘心于服鸩,而自以为神剂,如此者不知日月几矣。呜呼,以是为学,虽日有闻,时其习明师临之,良友辅之,犹恐成其私也。况于日之所闻,时之所习,出入于世俗之内,而又无明师良友之益,其能免于前病乎,夫所安者在此,则惟恐人或我窥,所蒙者在彼,则惟人不我与,托命既坚,固难于拔,用力已深,益巧于藏伏,于是毁誉得失之际,始不能不用其情,此其触机而动,缘衅而起,乃余痕标见,所谓已病不治者也,且以随用随足之体,而寄寓于他人口吻之间,以不加不损之真,而贪窃于古人唾弃之秽,至乐不寻,而伺人之颜色以为欣戚,大宝不惜。而冀时之取予以为歉盈,如失路人之志归,如丧家之丐食,流离奔逐,至死不休,孟子之所谓哀哉!"④

是经过这种深切的反省和自讼,他才能对生命的阴暗面有深切的感受:"吾辈一个性命,千疮百孔,医治不暇,何得有许多为人说长道短耶?"⑤

这种生命的感受,在晚明刘宗周的思想里有更明显的流露,造成幽暗意识在宋

---

① 黄宗羲:《明儒学案》,第101页。
② 钱穆:《宋明理学概述》,台北:学生书局,1984年,第323页。
③ 黄宗羲:《明儒学案》,第109页。
④ 黄宗羲:《明儒学案》,第177—178页。
⑤ 黄宗羲:《明儒学案》,第178页。

明儒学里一个空前的发展。例如他在《人谱》一书中,把成德的实践过程分成六步,每一步都有罪咎的潜伏,都有陷溺的可能。他在总结第六步——"迁善改过以作圣"时,曾有这样的话:"学者未历过上五条公案,通身都是罪过,即已历过上五条公案,通身仍是罪过。"[1] 接着在《人谱续篇·纪过格》里,他对这"通身的罪过"有极详尽的抉发和分析。他把罪过分成六大类,每一大类再细分成各色各种,其中第一大类,刘宗周称之为"微过",最足以表现他对罪过勘查的细微:"以上一过实函后来种种诸过,而藏在未起念之前,仿佛不可名状,故曰微,原从无过中看出过来者。'妄'字最难解,直是无病疼可指。如人之气偶虚耳,然百邪此易入。人犯此者一生受亏,无药可疗,最可畏也。"[2]

《人谱》里面所表现的罪恶感,简直可以和其同时代西方清教徒的罪恶意识相提并论。宋明儒学发展到这一步,对幽暗意识,已不只是间接的映衬和侧面的影射,而已变成正面的彰显和直接的透视了。

由宋明儒学的思想环境而论,幽暗意识的提升,并不足异。前面提到,儒学在唐宋之际的复兴,曾受大乘佛教甚深的影响,而此影响在以后宋的儒学的演化过程中是持续不断的。尤其在晚明,三教合一的风气使得儒佛的沟通更加频繁。吴百益教授曾经指出,佛学大师云栖袾宏就曾是佛教的幽暗意识在晚明散发的一个管道。[3] 同时,必须指出的是:儒学思想中内化的趋势也是助长幽暗意识提升的一个重要内在因素。因为内化的趋势加上成德实践的需要,使得内心的省察更形重要,终于变成宋明儒学(特别是陆王心学)的中心课题。必须注意的是:这种由道德实践所推动的内心省察是一个精神挣扎的过程。在这过程中,体会到心灵净化的重重困难和障碍,进而重视人心中的幽暗面也是很自然的结果。

重要的是,在彰显宋明儒学这方面的发展时,我们不能孤立地去强调幽暗意识的提升,因为从朱熹到王阳明乃至刘宗周,不论复性思想或者"理欲两极"的思想都是以四书的义理结构为背景,而四书的义理结构是结穴于"大学模式"。所谓"大学模式"是由两个观点所构成:其一,人可由成德而臻至善;其二,由成德的人

---

[1] 刘宗全:《刘子全书》卷一,台北:华文书局,1968年,第171页。
[2] 刘宗全:《刘子全书》卷一,第172页。
[3] Pei-yi Wu, "Self-Examination and Confession of Sins in Traditional China," *Harvard Journal of Asiatic Studies*, vol. 39, no. 1 (June, 1979), pp. 5–38.

领导与推动政治以建造一个和谐的社会。[1]这就是圣王观念。作为"大学模式"的中心思想,这个观念仍是宋明儒学所孕育的幽暗意识的前提。因此幽暗意识,尽管在王学里有着空前的提升,并未突破圣王观念所代表的儒家终极的乐观精神。

由于四书的思想在宋以后的中国社会里有着广被的流传,对中国政治文化产生决定性的影响是"大学模式"和圣王观念,而非附属其中的幽暗意识。不错,17世纪以后,汉学的发展使得荀学变成清儒思想中的一个暗流,可是荀学在清儒思想中发酵的一面不是其幽暗意识,而是它的礼学与"知识主义"。[2]这里值得顺便一提的是:荀子思想的幽暗意识在清末汉学重镇俞樾的思想里曾有浮现[3];而俞氏的弟子——章炳麟,承受俞氏在这方面的影响,加上大乘佛教的无明意识的震荡,曾对中国近代思潮中的乐观精神与乌托邦的倾向做正面的挑战,在当时思想界独树一帜。[4]但是从长远的发展看来,俞、章二氏的幽暗意识只是昙花一现,传统对中国近代政治文化发生影响的是圣王观念及其附丽的乌托邦思想倾向。谁也不能否认:政治权威主义,乌托邦心态和政教合一的观念曾经是近代政治文化的一些主导倾向。[5]同时,谁也不能否认这些倾向多少以中国传统遗留下来的圣王观念为其渊源。因此,今天我们剖析传统中幽暗意识的成长以及其与圣王观念的关系也是发掘中国近代政治文化的一个重要症结。

总结地说,我在这篇文章里就"圣王"这个理想从两方面做了分析。一方面是就"圣王"理想与传统秩序的义理基础的关系而言。在这方面,我们发现"圣王"

---

[1] 谢冰莹等编译:《新译四书读本》,第1—16页。
[2] 关于荀子的礼学在清儒的"汉学"思想中的地位,见钱穆:《中国近三百年学术史》,第八章《戴东原》与第十章《焦里堂、阮芸台、凌次仲》。关于清儒思想中的"知识主义",见余英时:《从宋明儒学的发展清代思想史——宋明儒学中知识主义的传统》,《历史与思想》,台北:联经出版事业公司,1976年,第87—120页;余英时:《清代思想史的一个新解释》,《历史与思想》,台北:联经出版事业公司,1976年,第121—156页。
[3] 俞樾:《宾朋集》卷四十五,《性说》上下二篇,阐扬荀子的性恶论而驳孟子的性善论:"《荀子》必取于学者也;《孟子》必取于性者也。从《孟子》之说,将使天下之人,恃性而废学,而释氏之教得以行于其间;《书》曰:'惟日其迈'(《尚书·召诰》),《记》曰:'率性之谓道'(《中庸》首章),《孟子》之说,率其性者也;《荀子》之说,节其性者也。夫为君子之责者,在使人知率其性;人者,在使知节其性者也。故吾人论性,不从《孟》而从《荀》也。"
[4] 见拙著Hao Chang, *Chinese Intellectuals in Crisis: Search for Order and Meaning, 1890–1911*, Berkeley and Los Angeles: University of California Press, 1987, pp. 104–145。
[5] 见拙文Hao Chang, "Intellectual Crisis of Contemporary China in Histoiral Perspective," Paper Written for the Conference on Confucian Ethics and the Industrial East Asia, Sponsored by the Institute of East Asian Philosophies, Singapore。

观念的批判性很强,有发展权威二元化的思想的契机。但是由于儒家超越意识的局限,"圣王"观念的批判性,在儒家传统的演化中,并未能畅发,而权威二元化思想的契机,也未能充分地展现。

重要的是:即使圣王理想的批判意识得以畅发,这也并不意味儒家传统可以有西方自由主义的发展。因为圣王是儒家的终极政治理想,从这方面去看,它含有"政教合一"式的权威主义和乌托邦主义的倾向。这些倾向和西方自由主义异道而驰,不可轻易地相提并论。

这些结论是根据我们就圣王观念所蕴涵的超越与幽暗两种意识的分析而达成的。这里必须进一步指出的是:这两种意识都是主要植基于儒家传统所谓的内圣之学,因为天人之际和人性善恶都是属于"内圣之学"的核心问题。就这一点而言,今日一些学者对"内圣外王"这一观念所做的一些阐释是很可商榷的。他们认为,儒家传统的"内圣之学"已经臻于完备,而传统的症结是在于外王之学的局限。由于这局限,内圣之学的精义无以畅发与彰显。但是,诚如朱熹在《大学章句》和《大学或问》里所强调,"新民"和"明德"(也就是说经世与修身)是两个互相依存,无法分开的观念。我们可以同样地说:内圣和外王也是两个互相依存,无法分开的理念。因此,儒家传统不能在政治思想上开出民主自由的观念,我们不应只归咎于儒家的外王思想。实际上,根据我在上面所做的分析,外王思想的局限与内圣思想的偏颇有密切的关联。也就是说,分析传统的政治理念,我们不能只孤立地就传统政治思想的发展去看,必须跳出名词范畴的樊篱,把问题的症结放在整个儒家的义理结构去看,才能窥其全豹,而抉其底蕴。

(作者单位:香港科技大学)

回向人境冰与火:"超越意识与幽暗意识"析论

任 锋

超越意识与幽暗意识在张灏先生的思考中形成了一对颇具张力效应的核心概念,这一点由标识其20世纪80年代学思结晶的专篇论文首揭全貌,随后贯穿于不同主题的思想史著述,直至晚年围绕政教关系、现代革命的讲演仍探求不止。[①]

如果把视野聚焦到张先生的儒学研究,这一对概念也有其中心性地位,可以引导我们进一步认知他关于现代性、转型时代、经世传统和枢轴文明的深思熟虑。只关注这对概念的某一方,不利于把握其思想肯綮之精微。此处不拟对所涉主题做全景复述,而试图阐释其论旨中相互关联、隐而未彰的一些面向,或许有益于辨识张灏先生时代思考的生机愿力及其丰富启发。

一

《幽暗意识与民主传统》提出了传统与现代化之间需要进行双轨的、辩证的讨论,换言之,以传统批判现代化,同时以现代化批判传统。[②]衡之以华人世界在20世纪80年代陆续重启现代化的时代语境,以现代化批判传统易于得到理解。而论题的另外一轨,相对于上述时潮的主趋,在当时无疑属于一个相对边缘的、另类的声路,尽管其音响随着现代化驶入深水区而显示出愈来愈雄厚的号召力。

[①] 参见张灏:《超越意识与幽暗意识——儒家内圣外王思想之再认与反省》,张灏著,任锋编校:《转型时代与幽暗意识》,上海:上海人民出版社,2018年。
[②] 参见张灏:《传统与现代化——以传统批判现代化,以现代化批判传统》,张灏著,任锋编校:《转型时代与幽暗意识》,上海:上海人民出版社,2018年。

张灏对于现代化的界定基于韦伯的理性化而展开。他指出韦伯的理性化观念有价值理性和功效理性两个方面，欧美近代的科技发展和资本主义经济制度最足以表现现代文明所特有的自我转化和自我调节能力，在功效理性上成就最大。张灏要补充的是，韦伯理性化观念并没有说清现代化与民主制度之间的关系。他认为，"韦伯自己是肯定民主的价值的，他对许多政治现象如官僚组织、政治权威等均有极精辟的分析。可是他却对'理性化'是否以民主制度为必要条件这一问题，似乎没有清楚的交代"①。

张先生认为韦伯的这一模糊其实代表了西方社会科学对于现代化与民主之关系的认知犹疑，他自己则主张"现代化不但代表科技、经济、法律、文化上的理性化，同时也包括政治上的'理性化'——民主"。

需要注意的是，张先生在论证策略上强调自己是从功效理性而非价值理性着眼，来确认民主制度能够保障现代化过程的稳定性和持久性。这具体表现在保证政治权力转让的稳定有序、确保权力具有自我反省和批判的能力从而避免腐化，它们对于社会和国家的整体发展十分关键。当然，他并未轻视民主的价值理性蕴涵，"在一个民主社会，正确的价值选择和实践，需要一个健全的舆论，对各种问题预先作自觉的反省和讨论，以便民意作最后的抉择"，注重公共舆论的质量是优良民主的必要条件。②

把民主确立为政治理性化的必有之义，这构成了张先生所言"以现代化批判传统"的基础坐标。我们看到，他接下来聚焦"民主与儒家传统的关系"来进入这个论题，在肯认儒家与自由主义存在衔接可能性之后，批判儒家超越意识不能撼动王权和家族制度的理论基础，无法彻底摆脱现存社会政治秩序的夹缠，继而批判儒家对人性幽暗面的警觉不够，把圣王观念的道德理想主义作为政治的基本途径。③

在韦伯式理性化与政治民主之间建立确定关联，就韦伯自身来看，无疑是令人疑窦丛生的。"二战"后德国史学研究已经揭示出了民主在韦伯思想中的尴尬地位，即其自由主义的脆弱品质最终淹没在民族主义和帝国主义的狂飙中，民主在其间主要扮演了工具性、民粹性的角色，间接与魏玛共和失败、纳粹极权的兴起勾连，

---

① 参见张灏：《传统与现代化——以传统批判现代化，以现代化批判传统》，第330页。
② 参见张灏：《五四运动的批判与肯定》，张灏著，任锋编校：《转型时代与幽暗意识》，上海：上海人民出版社，2018年，第277页。
③ 参见张灏：《传统与现代化——以传统批判现代化，以现代化批判传统》，第332—334页。

导向了现代文明的危机和浩劫。①张先生并非对此视而不见，而是更多地将其纳入批判的另一轨道，即以传统批判现代化。

张灏的民主观并没有陷入"民主是个好东西"抑或其反题的单向论域。他欣赏丘吉尔的那个判断，即民主不是什么好制度，只是相比人类曾有的其他制度要好一些（"民主并非一个理想的制度，只是人类到现在还未想到一个比它更可行的制度"）。②让人印象深刻的是张先生对于高调民主的深痛反省和批判，这个批判并没有走到否定民主基本价值的地步。民主是现代性的一个底线，当然，我们可以追问这个底线的意义究竟意味着什么。

张先生自陈："长久在西方国家对民主运作的观察，以及看到中国近代民主道路的坎坷，已使我无法再抱持高调的民主观。这种领悟使我对民主的重新肯定变得低调。"③他所言的低调民主观应如何理解？

张先生深切批评了民主运作中出现的种种败坏和歧路：首先，把民主理解为主要依赖科技知识的社会工程运用，忽视文化、精神和道德的养成，这种泛科学观在精神和道德层面促成相对主义，间接导致不能够有效遏制暴力和罪行的极权政治；其次，个人功利主义盛行，个人自由堕落变质，人民政治参与兴趣日减，而种种特殊利益集团罔顾公意，操纵政府谋取不当利益，几乎造成民主政治的瘫痪。另外，民主政治造成的社群物化、个体异化、文化意识的虚无主义，都为人类文化成长抹上了阴影。

鉴于20世纪民主呈现出来的诸多败象和症结，张先生对于民主的观察倾向于从现代文明的长时段加以系统剖解。这种历史性的、系统性的观察取向支撑着他所言的低调认知。"民主制度的实现，像任何其他制度一样，是有其历史条件的。这些条件包括中产阶级的社会，教育普及，有利于民主的思想传统和政治文化等。当然这些条件不必一一具备，但至少某些条件要相当的成熟，民主才有真正发展的希望。"在这个意义上，以传统批判现代化首先是指出，西方现代化的健全发展乃是由于其善于吸取传统的有利因子。他以美国为例，认为在美国民主的奠基时代，个人

---

① 沃尔夫冈·J.蒙森：《马克斯·韦伯与德国政治：1890—1920》，阎克文译，北京：中信出版社，2016年。
② 参见张灏：《幽暗意识的形成与反思》，张灏著，任锋编校：《转型时代与幽暗意识》，上海：上海人民出版社，2018年，第61页。
③ 张灏：《幽暗意识的形成与反思》，第61页。

主义与社会意识有平衡的发展,直到19世纪中叶以后才逐渐丧失这种平衡,而这个平衡是其现代化长足进展的宝贵基石。①

而以传统批判现代化,需要从现代化以外的角度挖掘传统的智慧,"只有借助这些智慧,才能真正发挥传统对现代化补偏救弊的功能"②。在这个维度,张灏先生论述了儒家"天下一家""民胞物与"的社群意识、和谐与平衡的天人合一观、以人文为底本的超越性精神伦理,认为对于现代性有十分重要的纠偏和替代价值。

应当看到,上述以传统批判现代化其实包含两个指向,一个是立足于西方现代国家以民主为理性化标志的政治文明;一个是有意识地在西方理性化驱动的现代文明之外来张大传统的范围,另辟道路。超越意识与幽暗意识的论述,也是在这两个指向上作为传统精神和文化资源被引入的,其意义应得到充分观照。

二

在分别以政治理性化(民主)与超越理性化为指向的两个批判思路中,前者构成了张先生的论述重心。可以看到,他对超越意识和幽暗意识的阐述纵贯枢轴时代与现代发展,着眼于政治社会秩序得以理性化的条件、潜能和方式、幅度。

扼要言之,在枢轴时代铺设的多元文明论域中,透过比较两希、埃及、印度和中国,张灏重点揭示的是超越意识在德性伦理和政治文化上的取向特质。这方面,他受到艾森施塔特、史华慈、沃格林的启发,尤其重视沃格林的"心灵秩序""宇宙王制"观念,并进一步提出枢轴时代的思想创新在于形成了"超越的原人意识"③。

史华慈、艾森施塔特强调枢轴时代的特征在于超越意识的出现,张灏进一步指出这代表一种空前的反思性,是指向对人生和人世的新视野与认识,可称为"根源式的反思性"④。超越意识是指相信在经验世界之外,还有一个与这个世界在基本性格上不同的、更为真实的存在,后者难以用经验世界的语言和意识描述表达,往往

---

① 参见张灏:《五四运动的批判与肯定》,第281页。
② 参见张灏:《传统与现代化——以传统批判现代化,以现代化批判传统》,第339页。
③ 集中参见《转型时代与幽暗意识》第一单元"轴心时代"所收录的张先生三篇论文。
④ 参见张灏:《重访轴心时代的思想突破:从史华慈教授的超越观念谈起》,张灏著,任锋编校:《转型时代与幽暗意识》,上海:上海人民出版社,2018年,第31页。

带给人们终极感、无限感和神圣感。[①]张灏也借用沃格林的宇宙神话说将超越意识的出现解释为从存有论的一元观发展为二元存有观（ontological dualism），在超越引发的理想世界与现实经验世界之间出现鸿沟，这一点带来人类思想前所未有的新视域，不可避免地引发了生存反思、价值批判和重估及思想转化。

张灏先生的贡献在于提炼出"超越的原人意识"这一观念，用来标识枢轴文明的特质。原人意识对人的体认和反思以人的生命本身或人类共相为对象，将人的生命分为内在精神和外在躯体两面，并把前者看作是与超越存在衔接的生命核心和枢纽，进而使得生命呈现为一个有定向和目的的发展道路，在其两端分别是现实缺憾与生命理想的完成。而生命自我完成的目标——由于内在精神根基于超越意识——使得生命发展显示出无限性、终极性和完美性。这是枢轴时代产生的关于人类生命的原始理念模式，张灏又称其为超越的理性主义。由此可见，政治理性化的文明根源即在于这一超越的原人意识，构成现代发展的远程文明基点。[②]

以枢轴时代的文明传统来俯瞰现代化，可以帮助我们了解现代化尤其是政治理性化如何从这个传统中一步步转出、如何形成其活力和弊病。张灏指出，超越的原人意识在枢轴文明的各地区都有展现，唯其展现取向和方式大有不同，在入世/出世、实化（immanentization）上演化成了不同形态，故而对后世各地区发展提供了不同文明地基。

在道德文化上，超越的原人意识开辟出以圣贤英雄为企向的超凡伦理或曰非常伦理，强调在日常生活之上人格精神的质的转换，这在印度甘地、中国现代的志士和烈士精神上仍有鲜活表达。在政治文化上，相对于古代世界里政治权威与宗教权威合一的宇宙王制（cosmological kingship），超越的原人意识使得人的内在心灵因为直通超越存在而有可能形成一个独立的意义与权威的中心（沃格林所谓的"心灵秩序"），这为二元权威（dual authority）的出现提供了契机。

在两希文明世界，由此而产生独立的政治社会权威中心思想，经过中世纪基督教会，在制度化上造成了西方的政教分离与二元结构。而在印度，宇宙王制始终没有发展成为强大的政治权威体制，一直有一个宗教传统凌驾于上。中国枢轴时代的儒家和道家思想都出现了心灵秩序的意识。在原始儒家那里，天命和心灵逐渐

[①] 张灏：《重访轴心时代的思想突破：从史华慈教授的超越观念谈起》，第31页。
[②] 张灏：《重访轴心时代的思想突破：从史华慈教授的超越观念谈起》，第12页。

结合，也产生了二元权威的思想契机，只是在后世传统里发展并不稳定，没有得到畅发和确立。此外，作为独立社群的知识精英作为超越的代言人出现，与政治领袖有分庭抗礼的趋势，尤以先知型知识人能发挥超越意识生发的批判精神。张灏还特别补充一点，就是超越原人意识蕴涵的群体自我转化的乌托邦取向，相信人的生命拥有彻底的自我转化能力，在入世取向配合下可以指向完美秩序理想。现代西方与中国之所以出现三次社会大革命（法、俄、中），思想种因就是在此。超越意识、超越的原人意识为我们透视现代性催生的各种政治宗教提供了俯瞰并观的视野，对于政治宗教哺育养成的心灵易于产生祛魅效应，重开理性反思之慧眼。

从上述视野观察张先生对于民主这一政治理性化的理解，可以看到在他所区分的高调民主观与低调民主观中，现代共和主义、雅各宾主义、新黑格尔主义、社会主义和无政府主义等意识形态思潮以卢梭和马克思为显著代表，把作为民主支柱的自由观念建立在人的道德精神理想之上，往往带有集体主义和乌托邦思想的倾向。从这一点，可以看到枢轴时代先知型知识精英、群体自我转化的乌托邦取向对于现代民主观的远程影响，这是高调民主观从超越的原人意识里面汲取过来的文明资源。

在这个意义上，我们如何理解张灏所主张的以传统批判现代化？他并没有系统化、条理化的论述。一个基本方向是指出超越意识在西方现代文化中的逐渐隐退，精神德性伦理的信念日趋动摇，超越的理性主义转变为世俗化的理性主义。枢轴时代的人极意识基本上认为人与宇宙是一种契合认同关系，人在超越意识支配下对于自我限制有自知之明，而现代人本中心观念凭借理性化对于神取而代之，相信自己有能力宰制和征服世界。失去了超越意识规范的理性化凭借科学和民主释放出现代的普罗米修斯－浮士德精神，导向各种理想主义的梦想或梦魇。而另一方面，人对自我的理解偏于科学功利支配下的干枯扁平，对于宇宙天地只知道无尽攫取，对于历史发展不知反思而迷信进步，精神和道德上的相对主义、虚无主义映射出终极价值信念的荒芜，个体自由在物化、客观化下也失去内在道德和精神根基的支撑。

三

认识幽暗意识，也需要把它放在以传统批判现代化的两个指向中来。我们的已有认知，多是看到张先生在政治理性化的民主语境中来阐释其含义，这一层面需要再辨析确认，同时我们还要在枢轴时代超越意识的观念语境中来审视其广阔含义。

幽暗意识与低调民主之间的亲和性，张先生已多有阐发。如果说高调民主显示出超越的原人意识中理性主义的世俗政治转化，幽暗意识可以说从反向视角进行了凸显和发扬。这一点我们稍后再谈。就西方现代民主的成就来说，需要辨析确认的是，幽暗意识指向的更多是西方现代国家立国基石中的立宪主义（Constitutionalism）面向。民主（尤其是高调民主）强调的是以政治参与为核心的自由理念，而立宪则指向民主政体确立的相关政制条件及其文化资源。

张先生指出，幽暗意识在现代自由主义中提供了一种充满"戒慎恐惧"的希望，而把对人类的希望和幽暗意识结合起来是自由主义最有意义、最经得起历史考验的一面。①

幽暗意识出自于双面性、居间性的人性观，后者从古希伯来宗教传承到基督教，与西方英美式自由主义的形成演进密不可分。学界一般注重的是来自基督教传统的自然法与启蒙自由主义的因缘亲和，而张先生呼吁我们关注基督教人性论在其间的重要性，尤其是其拒绝承认人的至善可能，批评人的神化而否定圣王和哲人王的理念，重视客观的法律制度。

张先生在这方面的论证资源，除了我们知晓的莱茵霍尔德·尼布尔的辩证神学（Dialectical theology），还包括美国政治思想史权威卡尔·弗里德里希（Carl J. Friedrich）教授、英国史家和政治学家詹姆斯·布莱士（James Bryce），另外注重印度教文明传统。弗里德里希教授的《超验正义：宪政的宗教之维》（*Transcendent Justice: The Religious Dimension of Constitutionalism*）于1964年出版，与尼布尔一起构成了张灏在哈佛学习西方政治思想的两个重要管道。其中文译著于1997年面世，是晚近中国关于这一主题引进的代表作品，对于我们理解现代立宪主义的文化传统条件具有重要点拨价值。而关于布莱士，中文学界目前仍缺乏了解，其柔性/刚性宪法区分与英美政制论关系紧要，张先生引用的 *The American Commonwealth* 早在晚清民初就曾出现中译本，当前坊间只有《历史与法理学研究》的中译本。②

---

① 参见张灏：《幽暗意识与民主传统》，张灏著，任锋编校：《转型时代与幽暗意识》，上海：上海人民出版社，2018年，第43页。
② 关于布莱斯著作的中土传播，参见孙宏云：《布赖斯政治学著作在近代中国之译介》，《政治思想史》2016年第3期，第168—181页；詹姆斯·布莱斯：《历史与法理学研究》，褚蓥译，上海：华东师范大学出版社，2019年。

张先生在80年代初的幽暗意识论里,十分倚重他们的作品,可谓领风气之先。

而考之他的引用,主要是侧重17、18世纪现代西方民主国家形成之际(建国之初)幽暗意识作为文化思想资源的作用(如清教徒互约论"puritan covenantal theology"),聚焦于分权制衡原则、立国宪法精神的架构功用。相比把主要解决路径放在人格的修养和完善上,这个传统强调的是透过外在客观制度去防范人的罪恶性、堕落性。衡之英美等现代早发国家的政治发展,诸如人权和公民权扩展、选举民主等直接彰显民主价值的面向的确更为晚出,虽然对当代人的民主理解影响相对直接,却不能遮蔽这些国家在立国根基层面的宪制条件。这些条件不仅是历史发展意义上的先行因素,更是立国宪制结构意义上需要把握到的要件。张先生对这一立国宪制要件的钩沉,提醒我们在历史和思想的脉络中对这一段发展有切实了解,才能把握到现代民主立国的复杂性和幽暗意识的宪制价值,不能用简单的逻辑推理将其轻轻打发过去。①

在现代政治理性化的视野中,超越原人意识的世俗转化形成了以德性自由为内核的民主理想,其激化形式是集体主义和乌托邦主义的,而幽暗意识的强调,意在提醒民主的立宪要件,避免人的堕落及更为高调的激化跃进。这好比在超越意识的世俗理性化阳光沐浴下,提醒行人们提防热射病的致命危险,并非是要隐遁、没入黑暗,而是做好防护、稳健前行。这与枢轴时代的文明资源有深刻联系。

在关于枢轴时代超越意识的论述里,张先生对于幽暗意识的定位显示出相对于现代理性化更为超脱升华的透视。这主要出现在《重访轴心时代的思想突破:从史华慈教授的超越观念谈起》一文中。这篇早于另一篇讨论枢轴时代的代表作《世界人文传统中的轴心时代》,包含了一些更能凸显作者思考张力的灵感火花,值得我们关注。

张先生指出,引发超越意识的动力常常是人的生命中不可避免的一些问题和困境,如对生老病死的困惑恐惧和人生对意义的需要。换言之,超越意识直接或间接植根于对生存基本境况(human condition)的感受,是源自人境的基本感受。在超越原人意识里面出现的人的生命道路观念,把它视为一条从现实生命通向生命

---

① 张先生还向笔者推荐过保罗·利科的《恶的象征》,这本书对其思想史研究的影响值得关注。另外,我们从他的参考文献中还可发现印度教等宗教和神话资源,如 Wendy D. O'Flaherty, *The Origins of Evil in Hindu Mythology*, Berkeley: University of California Press, 1976。

本质的道路。张先生特别指出其意义结构有三点特征,其中前两点强调将超越意识与幽暗意识相结合来理解。首先,超越意识之所以不是玄思冥想,正是因为它是根基于对生命困境和幽暗的感受,从而寻求超脱和解救。"超越理想凝聚了人在困境与阴暗中所渴求的希望。"[①]这里的解说不仅仅在经验世界的相对义上定位超越,更强调经验世界中的困境和幽暗。其次,幽暗意识说明了生命道路的观念代表一个"解恶"的意义系统。正是超越意识使得困境中的人们仍有希望,仍有出路,由此化解了幽暗和困境对生命意义的威胁。借用西方护神论(theodicy),张先生指出解恶的意义结构乃是针对人世和人生的困境阴暗,以超越或其他类型的理念,去克服因此产生的怀疑、失望和幻灭而做的对生命意义的肯定和维护。这个解释理路,在生命借内在衔接超越存在这个管道里,更强调了解恶的重要性,同时彰显后者由于指向超越存在而不至于沦为现实主义。

张先生稍作概括,"轴心时代的生命道路意识,以三段结构把超越意识与幽暗意识或理想主义与现实主义结合起来,形成我所谓的超越的人文主义,它是传统文化中有关生命意义最重要的一股思想资源,影响深广"[②]。超越意识和幽暗意识在枢轴时代各文明中都有表达,如后者在印度和西方文化中特别深厚,只是它们的表达形态在定向和定型上各自不同。张先生在这个意义上搭建了枢轴时代生命观的基本架构,由此出发去理解各地区在道德和政治文化上的后继发展。他对儒家超越意识和幽暗意识的梳理,就是在这个架构下运作的。他批评韦伯式理性化没有了解儒家的天人性命之学,对于其中的超越意识没有察觉,表现出一种现代化的傲慢和偏狭。他在现代意识潮流中比较幽暗意识与忧患意识、异化观,相对忧患意识显示出对于政治理性化成就的重视,相对异化观显示出对于原始生命观之人性论洞见的坚守,分别侧重了不同的批判轨道。他多次辨析,幽暗意识不同于韩非子、马基雅维利、霍布斯的现实主义,对于人性恶在价值上并不认可,似乎与尼布尔的基督教现实主义也不完全同调,强调把幽暗意识与超越意识结合起来并观,在幽暗中并不否定希望。超越意识与幽暗意识的结合,是热望和戒慎恐惧的并存融汇,是思想者的冰与火之歌。

---

① 参见张灏:《重访轴心时代的思想突破:从史华慈教授的超越观念谈起》,第38页。
② 参见张灏:《重访轴心时代的思想突破:从史华慈教授的超越观念谈起》,第39页。

四

张灏先生晚年在香港时期接连发表了关于转型时代、革命思想道路与枢轴时代等几篇总结性论文，标志着萦绕他头脑三十多年的几个大问题在世纪之交基本形成了较为成熟的看法。这几个大问题之间有着深远的呼应关系，他对转型时代的观察不同于流行的现代化理论（如民主化、国家构建）及其各种反题，而是从枢轴文明的长程视野来理解大转型、大革命的发生与演进，展望这些文明地区的未来前景。思绪从公元前800年跨越到20世纪，梳理漫长的传统文明演化，生成了张先生思想史考察的诸命题，涵括儒家经世传统及其现代转型，从而显示出系统性文明关切。这里围绕超越意识与幽暗意识扼要谈几点认知。

首先，张先生的转型时代论说强调中西不同因素的交汇发用。对于中国现代大革命，他梳理出转型主趋乃是从历史理想主义到激进理想主义的激化现象，进而从中西枢轴文明一些共同因素的现代交汇去着手解释。中国传统尤其是儒家、近世儒学中的人极意识、圣王理想、政教合一与乌托邦倾向，与来自西方的现代启蒙人本主义、演化进步史观，逐渐产生复杂的互动交汇，推动了现代转型期个人和群体观念的激化，形成了个体人格的志士精神和勘世精神、群体意识中激化的民族主义、乌托邦主义和全民政治理念。一方面，张先生指出甲午后30年政治和文化危机的逐步加重，尤其是伦理、认同和精神危机的愈趋沉痛；另一方面，他强调转型既见证了新思想因素的涌入和更迭，也显示出传统天人合一思维模式的强韧生命力。君主制、家族制度及其伦理规范体系被推翻打倒，原先在传统中居于边缘的富强、实功理念逐渐占据中心，文化精英在滔天巨浪中既经历边缘化又释放出巨大影响力。

在这个过程中，超越原人意识的超越维度被解构掉了，代之以历史客观规律等现代真理，然而超越内化精神仍然透过人的主体精神意志在历史进步中扮演关键角色，宇宙观与价值观的统一在转型时代很大程度上延续了传统的天人合一思维。这一点在激化机制中个人和群体观念的构成中处于核心位置，尤其在群体观念的三个层面即民族主义、乌托邦主义和全民政治中特别显示出超越原人意识的世俗化幽灵，强调直接民主、民主精神大于民主制度，强调个人精神的自由至善追求。这个过程不只是西学启蒙的洗礼，更要注意到传统在断裂和延续中如何与西学因子相结合。至于传统和西学谁更重要，张灏的评价趋于持平，如其所言"制度重建之新的概念性资源既可以由从西方而来的新模型来充当,同时也可以通过儒家遗产内部平衡性之转换而获得,两者平分秋色"①。

其次,从超越意识与幽暗意识来解释枢轴文明的现代转型,张先生的思想史评价更多体现出变革和抗争意义指向上的价值关切。是否在既有政治秩序和权威之外能够产生二元秩序、二元权威,进而为民主代表的政治理性化提供必要的文化背景,在其思想史分析中发挥着支配性的标尺作用。宋明儒学中复性观念包含的生命道路观念、二元史观,是转型时代历史理想主义的直接渊源,"回向三代"自晚清以降在向西方学习的时代潮流中以一种历史进步论的方式变相继承下来,其间的超越内化观念引导康有为、谭嗣同这类思想家接引西方宗教理念和自由平等思想,进一步在激进理想主义中产生新思想形式。

这种变革和抗争导向的支配标尺在对于传统儒家思想的剖析中也发挥功能,然而也因对象不同而生成张力性的另类尺度。因为转型时代之前的中国政治传统并未形成巨大突破,对此做出解释必然要关注其间保守性格如何形成、为何政治保守与乌托邦倾向可以兼容。可以看到,在对儒家经世传统、政教关系的长篇论述中,张先生相对更重视贴合历史脉络,注重思想的历史面向,这使得摆脱转型时代的后视之见得以可能。比如运用传统已有的治道和治法范畴来解释经世,可以更为系统地还原儒家治体论的历史复杂性,帮助我们反省现代港台新儒家在民主主义成见下提出的治道/政道区分,而后者曾经影响了他早年的幽暗意识论述。他对经世义理体系的卓越剖析已经预示出传统资源在文明-政治理论上相对现代性话语的替代性潜能,但仍未清晰透出。政教关系论认为现代新儒家的政教二元论陷入形式主义,主张传统内部存在一种不稳定的均衡,以政教合一或相维为主导,同时伴有超越内化激荡出来的二元权威潜能。在政治的基本原则和礼法体系上,传统漫长演进自是有常亦有变,如何更妥帖而深邃地提出兼顾两端的系统解释,是衡量思想史家范畴和标尺的关键。

第三,超越意识与此在世界的关系展现出了几种进路和形式,它们之间的互动是张灏先生思想史解释的动力机制。这里值得注重的是超越的实化(immanentization)问题。张先生强调超越意识的动力常常是人的生命中不可避免的

---

① 参见张灏:《儒家经世理念的思想传统》,张灏著,任锋编校:《转型时代与幽暗意识》,上海:上海人民出版社,2018年,第103页。

问题和困境,他紧接着指出,"内在于超越意识有一个吊诡的'回向'趋势,那就是回向人生而落实于人的生存境况,这就产生了'实化'"①。他在讨论史华慈教授超越观念的文章中谈到回向人境这一颇具吊诡意味的超越意识取向,并认为"这个实化在轴心时代的几个主要文明里可以不同的形式出现。这不同的实化方式与超越意识如何发挥它的价值重估与思想转化的功能有密切的关系"②。

在这篇文章里,张先生列举了三种实化形式,分别是有机式的(如中国阴阳五行的思想)、乌托邦式的与超越内化。他认为超越内化是其中最重要的形式。在更晚期的文章中,他只将有机式称为实化,并聚焦到实化与内化的互动来讨论传统演变。总体上,在他看来,超越实化形式里的超越与宇宙万物趋于形成全体与部分相互涵摄和融合的关系,对于超越存在常有冲淡和消解。他会把这个结果称为超越的某种架空。中国思想传统中来自超越内化的二元权威契机,往往被宇宙王制支配的礼法纲常抵消掉对于秩序权威的反思深度,他对朱子人极意识和皇极观的论断就体现出这个思路。

这一立场的底部仍是笔者指出标识着西方政治理性化的变革和斗争导向。可以追问的是:如何更健全地理解超越实化及其中国经验?作为超越意识回向人境的主要路径,超越内化在引入斗争变革的同时,如何避免滑入灵知主义,这里难道不需要超越实化搭建一个维系内外世界关联的基盘,以提防虚无幻灭的历史之异化、人境之异化?对于秩序凝定和持续发展的关切相对于变革斗争有多大正当性?相对幽暗意识的解恶,礼乐是否也代表了一个超越实化的对治思路?在超越与世界的分裂对峙之外,礼和仁的文明体系是否演示出二者一体化的替代思路?"超越意识与幽暗意识"是否根本上仍囿于政治理性化的现代化导向,对于批判现代化的传统资源开发造成一种无形牵制,从而使得"他者"文明传统的返观限于一种防御性的、回应式的辩解?张先生对于天人合一的现代价值,已经预示他对变革斗争的文明基调有所反思,只是还未回灌于思想史的析解耕耘中。笔者曾与张先生讨论,我们是否可以修正关于礼的那种消极看法,重估它在古典宪制及超越意识中的意义。张先生对此表示,讨论的大门是开放的,可惜我们无法再看到他在这个路向上的思考智慧。

---

① 参见张灏:《重访轴心时代的思想突破:从史华慈教授的超越观念谈起》,第33页。
② 参见张灏:《重访轴心时代的思想突破:从史华慈教授的超越观念谈起》,第33页。

自80年代起被引入大陆学界,张灏先生以其卓越的深邃洞见和智识融会力影响了几代学人。他的知识结构自有其长短优劣,我们需要体察的是,他在学思旷野中的独行开拓之志、沉潜涵泳之功。鉴于我们对其倚重的学识资源(如尼布尔、沃格林、布莱士等)尚在拾读咀嚼之中,更深入的评价还有待未来。他那一代见证了大时代风暴的雷火洪水,被理想激荡过也灼伤过,经历过理想被背叛后的幻灭,而他以幸存者、守夜人的余勇为人性珍护着一息悲悯和尊严。

(作者单位:中国人民大学)

探索多元现代性的东亚思想史根基

——理解张灏先生学术发展与贡献的一条线索

翁贺凯

关于先师张灏教授的主要学术贡献,丘为君先生曾做出三点概括:一是近现代中国的"转型时代",二是以"经世思想"为核心的儒学义理结构,三是儒学与自由民主之间的关系问题。[①]其他论者也有不同角度的阐发。我以为,从张先生早年对梁启超与中国思想转型的博士论文研究,再到对中国知识分子的危机意识与转型时代的研究,最后回溯到对轴心时代以降中国思想的研究,贯穿张灏先生毕生思想史研究的一个重要旨趣,或可从"探索多元现代性的东亚思想史根基"这一视角来加以理解。所谓"多元现代性",其核心是假定存在着由不同的文化传统和社会政治状况所塑造的不同文化形式的现代性,这些不同形式的现代性在价值体系、各种制度及其他方面将来也依然会存在着差异。艾森斯塔德更直接地认为:多元现代性最重要的含义就是现代性不等于西化,现代性的西方模式并非唯一真正的现代性。现代性并未使传统解体,相反,这些传统反而是现代性建构与重构的永远的源泉,我们理解当代世界和现代性的历史的最佳方法,就是将它视为多元变化的、常常相互竞争相互对抗的现代性不断发展形成、不断构建和重建的过程。[②]诚然,我无意用"探索多元现代性的东亚思想史根基"这一论题涵盖张灏先生的全部探求与贡献,但我认为它确实是我们理解张灏先生学术思想发展的一条重要线索。

---

① 丘为君:《转型时代——理念的形成、意义与时间定限》,王汎森主编:《中国近代思想史的转型时代:张灏院士七秩祝寿论文集》,台北:联经出版事业公司,2007年,第507页。
② 多明尼克·萨赫森迈尔等著:《多元现代性的反思:欧洲、中国及其他的阐释》,郭少棠、王为理译,北京:商务印书馆,2017年,第9—35页。

一、挑战"列文森典范":早年研究与《梁启超与中国思想的转型,1890—1907》

张灏先生公开发表的第一篇学术文章,是发表于1960年12月《中国论文》(第14辑)的《倭仁的排外主义角色,1804—1871》。[1]这篇文章应该是写于张灏先生留学哈佛大学东亚研究所的初期。在文章第一部分关于"排外主义的性质"的讨论中,张灏先生提出:要充分理解排外主义,就必须对一些因素加以拆解进行单独研究,最后再以史家的视角加以综合;排外主义绝不能仅仅被看作是偶然的个人的态度,而是一种包括了个人的文化传承、职业地位和社会环境在内更广义的社会文化因素作用的产物,在现代中国的情形之下,19世纪中叶之后不断增强的西方压力的影响,也必须纳入考量。张灏先生坦陈自己未使用西方学界更为习用的"保守主义"而使用"排外主义"一词的两点缘由:一则是"保守主义"运用于西方历史文献中产生的许多含义并不适用于中国历史;二则是鉴于中国人在总体上便以性格保守而著称,再使用"保守主义"来刻画一个特定人物的精神状态,很大程度上缺乏说服力。[2]张灏先生主要从倭仁的哲学观点——程朱新儒学、其事功实践经验、其制度化的大环境——翰林院和御史台、情感与心理动因四个方面入手分析倭仁排外主义倾向的形成。张灏指出:19世纪中叶以来,无论是知识上还是情感上,中国儒家士人集团越来越难和西方的文化挑战妥协和解,倭仁就是其中的一位代表性人物。因为1842年鸦片战争结束之后,现代中国越来越经常地面临西方的军事入侵——此前中国虽然也曾遭遇"蛮族"的军事入侵、政治征服,但是中国的文化优越性从未被质疑、挑战,遑论超越;而西方的入侵则预示,中国人在文化上都不得不向"仁慈的野蛮人"学习,这对传统中国人而言简直是无法想象的。而作为儒家正统哲学的坚定信仰者,倭仁比一般中国人有更为强烈的族性-文化优越感,更不愿意接受外来的影响,洋务实际经验的缺乏则进一步强化了倭仁的排外主义偏见。因此到19世纪60年代,倭仁已经成为以中国正统意识形态的名义力图阻遏西方影响的中国文人集团的领袖。他代表了反对同治朝开始的"自强运动"的历史潜流,

---

[1] Hao Chang, "The Anti-Foreignist Role of Wo-Jen (1804–1871)," *Paper on China* (Vol. 14), pp. 1–29.
[2] Hao Chang, "The Anti-Foreignist Role of Wo-Jen (1804–1871)," p. 2.

这也是中国现代化运动在起始阶段就举步维艰、步履蹒跚的重要原因。① 从《倭仁的排外主义角色，1804—1871》这篇稍显青涩的作品看，张灏先生已经展露出日后的一些研究取向：他对将西方概念运用中国思想史研究持一种审慎的态度，而且对中国历史发展内在的因素保有相当的关注。

1971 年出版的张灏先生的首部英文专著《梁启超与中国思想的转型，1890—1907》，是在其哈佛大学东亚系博士论文（1966）基础之上修订而成。这部著作主要是酝酿、写作、形成于 20 世纪 60 年代。当时的美国中国研究学界，列文森（Joseph R. Levenson）名重一时，影响极大。列文森在其 20 世纪 50 年代的成名之作《梁启超与中国近代思想》中提出其关于近现代中国研究的一个著名的论旨——所谓"历史与价值的张力"。列文森在全书"导言"就指出：

> 每个人对历史都有一种情感上的义务，对于价值都有一种理智上的义务，并且每个人都力求使这两种义务相一致。一个稳定的社会，是一个大家在普遍原则上选择他们所继承的独特文化的社会。在很长一段时间里，中华帝国就是这样一个社会。中国人热爱他们的文明，不仅因为他们生在这种文明之中，而且因为他们认为它是美好的。然而，在十九世纪，历史和价值在许多中国人心灵中被撕裂。梁启超（1873—1929 年）在十九世纪九十年代作为这样一个人登上文坛：由于看到其他国度的价值，在理智上疏远了本国的文化传统；由于受历史制约，在感情上仍然与本国传统相联系。②

显然，列文森是从一种"理智－情感"二分、"历史－价值"二分的逻辑出发点立论的，他预设传统与现代之间有很强的断裂性。列文森在 20 世纪 60 年代的三卷本著作《儒教中国及其现代命运》中也反复重申了这一预设。列文森的研究论旨明显构成了张灏写作《梁启超与中国思想的转型，1890—1907》时在学术上所要挑战的主要对象。张灏在分析梁启超 1896—1898 年间改良思想的形成时，便对列文森在《梁启超与中国近代思想》一书中反复提及的梁启超"在理智上疏离而在情感上依恋传统"（intellectually alienated and emotionally tied to his tradition）这一重要论

---

① Hao Chang, "The Anti-Foreignist Role of Wo-Jen (1804–1871)," pp. 15–26.
② 约瑟夫·阿·勒文森：《梁启超与中国近代思想》，刘伟、刘丽、姜铁军译，成都：四川人民出版社，1986 年，第 3—4 页。

点提出质疑。张灏认为：列文森的看法太过简单化了。西方的价值观固然在相当程度上改变了梁启超的人格理想，但是梁启超并没有失去对儒家道德价值观的基本信仰，尤其是那些以家庭伦理为核心的价值观，他仍然深深地认同人生必须以道德和政治为主要方向的儒家理想。张灏认为，列文森对于梁启超的论断，常常是基于一个想当然的预设——即中国传统是一个铁板一块的整体，要么全盘接受，要么全盘否定——这是五四运动一代的看待传统的思维方式。而很难设想，像梁启超这样在19世纪90年代心智即已经成熟的一代人，会接受这样一种传统观。梁启超这代人主要还是在传统文化之内成长起来的，他们接受了一整套传统文化的教育，并且充分地了解传统文化的复杂性、多面性。对于梁启超而言，中国传统文化绝不只等于儒家思想，他自从在广州学海堂跟随康有为学习起，就已经接受了在晚清开始复兴的诸子学的影响，并对之产生了浓厚的基于理智的兴趣，比如法家的富强思想、墨家的"兼爱"思想，与西方的一些理想一样都具有普遍的价值与现实的意义。即便对于儒家传统，梁启超也绝非完全否定的，他非常熟悉儒家思想内部各个派别之间的对话与争论，这些问题对他仍然有着深刻的意义——尽管他在一些地方对于汉学和程朱理学有所批评，但是在另外一些地方他也流露出对于陆王心学、大乘佛学理论的欣赏。张灏批评列文森既忽视了梁启超思想的辨别力，也忽视了中华文化遗产的复杂性。①

列文森在《梁启超与中国近代思想》一书中认为，梁启超在《新民说》中提出的所谓"道德革命"已经完全疏离甚至摒弃了中国的道德传统，而将所有人类的价值观都看做是来自西方的。张灏则认为，梁启超的"道德革命"不同于五四时期那些反传统主义者的主张，它既不是全盘接受西方的道德价值观，也不是全盘排斥传统的道德价值观，而不过是传统和西方文化价值观的一个选择性的综合而已。尽管在《新民说》中梁启超更加侧重将西方文明的"公德"介绍到中国来，较少在"私德"问题上表态，但是在其这一时期的信件与其他流传的文章中，他在许多重要的私德问题上依然确定无疑地表达出了对于儒家、大乘佛学这些中国传统思想的信仰。总之，综合起来看，梁启超绝不是如其在一些较为浮夸的言论中所揭示的那种激进文化革命者，"正如中国文化传统在他看来是复杂和多样化的一样，他对中国

---

① 张灏：《梁启超与中国思想的过渡（1890—1907）》，崔志海、葛夫平译，北京：新星出版社，2006年，第75—76页。

文化传统的态度也是复杂和多样化的,有时由真实的理智判断来决定,有时则为一些说教因素所支配,有时还不知不觉受他保留文化认同的愿望的影响"①。

二、论述框架成形:《晚清思想发展试论》和《剑桥中国晚清史》维新运动章

通过对梁启超与中国思想转型的深入的个案研究,张灏先生在挑战以列文森为典范的"传统-现代""情感-理智"的二分式化约主义的同时,已经在许多地方展现了他对中国传统思想的复杂性、发展性及其近现代转型影响的理解。不过,将这些重要观点提炼为自觉的理论论述框架,则是在张灏先生20世纪70年代后期差不多同时写作的两篇文章——《晚清思想发展试论——几个基本论点的提出与检讨》和为《剑桥中国晚清史》下卷撰写的章节"Intellectual change and the reform movement, 1890–1898"——也正是在这两篇文章中,张灏先生关于中国近代思想转型的论述框架基本形成。②

在《梁启超与中国思想的转型,1890—1907》一书的"前言"中,张灏先生其实已对理论论述框架有所涉及:他先是承认在梁启超思想形成过程中"西方的冲击"是一个主要因素,这种论述无疑是以费正清为首的所谓"哈佛学派"观察中国近现代历史的一个重要视角。但紧接着,张灏先生又援引史华慈在《寻求富强:严复与西方》一书中提出的重要警告——把西方看作是一种完全的已知数是一种过于自负的假定,强调对"西方的冲击"概念框架要谨慎使用。张灏先生认为,更为有害的看法是将中国传统视为是僵死的、无活力的,只有在外部的刺激下才具有回应的能力——在这种论述框架之下的"西方的冲击"的概念,极易落入忽视文化传

---

① 张灏:《梁启超与中国思想的过渡(1890—1907)》,第153—162页,引文见第162页。
② 张灏:《晚清思想发展试论——几个基本论点的提出与检讨》,《近代史研究所集刊》第7期(1978),第475—484页;Hao Chang, "Intellectual change and the reform movement, 1890–1898," in John K. Fairbank, Kwang-Ching Liu ed., *The Cambridge History of China, Vol. 11: Late Ch'ing, 1800–1911, Part 2*, Cambridge: Cambridge University Press, 1980, pp. 274–338. 尽管后一篇文献的正式出版时间要晚两年,但是张灏在《晚清思想发展试论》一文的注解11已经提及自己为《剑桥中国晚清史》下卷所撰的章节并加以援引补证,所以我们把它们视为张灏同一时期撰作的两篇文章是合理的,事实上两篇文章在内容上也有不少交叠、相通之处,只是前者是中文,后者是英文,前者更侧重方法、更凝练,后者则有不少展开的史实细节勾陈。

统内涵深度,对传统文化的复杂性与发展性估计不足的陷阱。① 不过,在为费正清、刘广京主编的《剑桥中国晚清史》下卷所撰写的"Intellectual change and the reform movement, 1890-1898"一章中,张灏先生论述的重点似乎有所反转,这章采用的第一个节标题就是"背景:西方冲击",开篇就说道:

> 中国在19世纪90年代发生了一个思想变动,这变动不只引起了政治上的改革,也开启了一个社会文化的新时代。当然,这一变动有极大部分来自19世纪末期中国传统本身的内部发展。当时,中国学者仍继续反对自清中叶以来鼎盛一时的汉学而研究佛学和先秦诸子之学的兴趣也重新复苏。然而,这些发展或多或少却是19世纪前叶便已开始的思想变迁的产物。但是,什么使中国固有文化内部本身的发展演变成为一个思想变动呢?是西方武力的扩张和文化的刺激所造成的。
>
> 这次变动有两个主要因素。其显著的一面是西方国家强制加于中国的压迫和剥削——帝国主义。另一方面是转化性的变迁,是与西方接触后带到中国来的各种变迁。在19世纪90年代,这两方面都有新的发展。②

强调"西方的冲击"既有"帝国主义"的一面,又有给中国带来全新的政治、经济、社会、文化刺激的"转化性变迁"的一面,这显然是费正清学派的典范性的表述。

在《晚清思想发展试论——几个基本论点的提出与检讨》一文中,张灏先生指出:历来中国学者讨论晚清思想(如徐世昌主编的《清儒学案》,梁启超的《清代学术概论》,梁启超、钱穆分别撰著的《中国近三百年学术史》等著作)都是从中国传统学术演变的角度去看,自20世纪30年代蒋廷黻率先以"西力东渐"来解释中国近代史以来,情形有极大的改变——"西方的冲击"开始成为研究的主题。但是张灏强调:任何一种范式都有其限度,不可用得太过粗放随便。一般喜欢谈"近代化"(现代化)的学者,容易以现代化的发展来概括西方的近现代文明。但是,一般意义上的现代化只是西方近现代文明里一种以工具理性为手段,而以控制自然和

---

① 张灏:《梁启超与中国思想的过渡(1890—1907)》,第1—5页。
② 中译文采自张灏著,任锋编校:《转型时代与幽暗意识》,上海:上海人民出版社,2018年,第4—5页。

社会为主要目的的特有趋势。在西方近现代丰富的文化大潮中,现代化仅是其中一支主流,并非全部,所以我们在谈西方的冲击时如果过分地专注于现代化这一主题,便很容易忽略西方近现代文化对于晚清思想、近现代中国多方面的影响。①

张灏先生指出:"西方的冲击"这一观念更为严重的流弊,是很容易将冲击的对象——传统,想当然地视为是一种没有生命的、被动的、静态的构造,五四以来中国知识分子中所流行的反传统态度,以及美国社会科学对于非西方的文化传统了解的缺乏,都是造成这种认识的原因。在这种认识支配之下,传统不是被简化为农业社会的意识形态,就是被简化为统治阶级的意识形态,抑或被简化为士绅阶层的意识形态,或专制政体的意识形态;而文化传统最大的特征——复杂性和发展性,则自然就被忽略了。张灏指出:

> 所谓复杂性,是指传统的多层构造。就以传统中的儒家思想为例,它有道德价值的层面,但这层面不是一个单纯的系统;我们在这个层面上至少应该分别,以纲常名教为核心的社会约束性道德和以仁、诚为核心的精神超越性道德。儒家思想里也有宇宙观这一层面,但儒家的"天人合一"宇宙观,在西汉儒学里发展成为充满"非常异议可怪"之论的"天人相应"之说;而在宋明理学里则演为以身心性命为主的存在意识。此外不可忽略的是,儒家传统中这些不同的思想层面都有其发展性,它们都是环绕着人类的个人生命与群体生命所产生的一些基本问题而展开。这些基本问题不但在不同的时代产生不同的思想,而且在同一时代也常常产生分歧的学说。传统的复杂性是和他的发展性相伴而来的。②

张灏先生进而指出:在晚清,传统思想的复杂性与发展性还不仅限于儒家,还有大乘佛学的复苏、诸子学的复兴等等。而且,晚清的这些思想发展已不纯然是中国传统内部的演变,已有西方思想的刺激介入,但是中国思想传统内在演化的作用依然是难以否认的,"中国的思想传统也许谈不上有什么创造性,但其发展性与复杂性是不容忽视的"。张灏先生总结到:

---

① 张灏:《晚清思想发展试论——几个基本论点的提出与检讨》,第475—476页。
② 张灏:《晚清思想发展试论——几个基本论点的提出与检讨》,第476页。

> 晚清思想不仅受"西方的冲击",也受"传统的冲击",因此研究晚清思想史的一个极为重要课题就是探讨这两种冲击之间的关系,看它们如何"化合"成新的观念,新的思潮。①

将上述结论中的"晚清思想"替换为"中国近现代思想"应该也是恰当的。因为张灏先生紧接着就澄清当时学界很流行的那种关于中国传统思想与现代化所代表的西方在精神上是对立的看法。许多人是从中国近现代化运动在晚清失败这一历史事实得出了中国文化传统违反现代化精神的结论。张灏先生指出,晚清现代化运动("自强运动")失败的原因很多很复杂,"不可完全归咎于思想传统这一因素";中国传统文化内容复杂,与现代化的关系不可一概而论。张灏先生着重考察了"经世"和"修身"这两个儒家的社会道德观中最重要的观念与西方近现代化思想之间的复杂关系。②

张灏先生认为,从西方的冲击和传统思想的交互影响入手研究晚清思想也有明显的限制。特别是1895年之前,大多数的中国士绅阶级仍然生活在传统的思想世界里,所以我们不能轻易地假定,从五口通商开始,晚清的士大夫都普遍地受到西方的冲击。而1895年之后,确实发生了急剧的变化。士大夫阶层开始对西学有了普遍的反应。这种反应在量上的变化体现在三种新的传播媒介(新式学堂、学会、报纸)的出现使得西学、新思想开始在内陆城市逐渐散布。这种思想变化又不仅是量的,而且是质的——思想内容上起了激烈的变化,这种情形在张之洞的《劝学篇》中最清楚地透露出来——儒家的纲常名教思想已经受到了严重的挑战,这种激进思想则在甲午以后愈演愈烈,逐渐成为当时思想界的一股洪流,不断地冲击和

---

① 张灏:《晚清思想发展试论——几个基本论点的提出与检讨》,第477页。张灏先生也特别指出:晚清诸子学的复兴,本身就代表清朝中叶以来儒家传统内一个曲折的发展,因为儒家经典的发展到乾嘉汉学之际已有山穷水尽之势,很多学者自然便将学术兴趣扩展到先秦儒家以外的先秦诸子之学。
② 张灏先生认为:一方面,经世观念的济世精神和近代化精神有颇多可沟通之处;另一方面,经世精神承续了儒家的道德精神,强调政治离不开道德,这种道德意识就是强调工具理性的西方近代化精神中所缺乏的(西方近代化的精神与西方传统含有浓厚的道德意识、讲究价值或目的理性的精神是颇为不同的)。儒家的修身思想也很难说与近代化精神是否相融,因为儒家的修身思想含有三个成分——宇宙观、道德价值和锻炼身心的工夫论,前两者与近代化精神有所隔阂,但是就工夫论而言,梁启超就曾从近代精神的观点发现宋明儒学中工夫论的价值。张灏:《晚清思想发展试论——几个基本论点的提出与检讨》,第478页。

撼动着儒家社会伦理的基础,也充分反映当时思想变化之深剧。①

张灏先生指出,这空前深剧的思想变化是由于当时两种形态的新思想在激荡。一种是以救亡图存的群体意识为中心思想而展开——中国知识分子在这种意识之下开始大规模地接受来源驳杂的西方思想,对于儒家的纲常名教思想产生了很大的冲击。另一种思想形态对于纲常名教的冲击摇撼不亚于前者,这种思想的特征难以名状,张灏先生姑且称之为"超越意识"。它是指一种超越一切狭隘的群体意识和界域观念而放眼观察人类、追求理想的一种思想倾向。在晚清,"超越意识"在流布的普遍性上不如"群体意识",但是对于改良派和革命派的知识领袖都有重要的影响,如康有为破除九界的大同思想、谭嗣同以仁为中心的杂糅各家思想的世界观、章太炎由佛家唯识思想而推演出的虚无主义、刘师培混合道家思想和西方思想的无政府主义等等。"超越意识"既有源自西方的基督教和自由主义的成分,更有受到传统思想影响的轨迹(老庄、大乘佛教、先秦墨家以及儒家思想中都有超越意识),"晚清思想的一大特征就是来自中国传统里面的超越意识与源自西方思想中的超越意识相结合,进而突破纲常名教的思想藩篱"②。

三、寻求秩序与意义:从《新儒家与当代中国的思想危机》到 《中国近代思想史的转型时代》

张灏先生在形成中国近代思想转型的基本论述框架的同时,也在继续深化对于"列文森典范"的反思。在1976年的《新儒家与当代中国的思想危机》一文中,张灏先生明确指出:列文森所谓"文化认同危机"不足以解释五四以来新儒学的复兴,文化认同的观念作为诠释的概念框架,既太宽泛又太狭隘——言其太泛,是因为所有的中国知识分子都感受到文化认同的危机,文化认同的观念无法解释为什么会出现新儒家这种特殊的形式;言其太狭,是因为这种解释忽略了中国知识分子也可能从普遍主义的立场将自身关联于过去的文化。张灏提出,"意义危机"是

---

① 张灏:《晚清思想发展试论——几个基本论点的提出与检讨》,第482页。
② 张灏先生认为,以超越意识为出发点的思想类型和以群体意识为出发点的思想类型有着显著不同的地方——后者是以来自西方的思想为主要内容,而前者则是西方文化和传统思想相糅合的产物。参见《晚清思想发展试论——几个基本论点的提出与检讨》,第483页。

现代中国思想危机的一个并未获得足够注意的层面。所谓意义危机，是指儒家思想原本自成一个"意义世界"（the universe of meaning），当新的世界观和价值系统涌入中国，并且打破了一向借以安身立命的传统世界观、人生观时，传统价值取向的象征日益衰落，中国人陷入严重的"精神迷失"的境地。这种精神迷失包含三个并存而融合的不同层次：道德政治价值的迷失、存在的迷失（生存境遇的困境和焦虑）、形上的（宗教、世界观的）迷失。"意义的危机"在近现代中国的出现，部分地是由于输入了现代西方之价值和观念的错综结果，但还有其它的影响因素，比如基督教的传播、诸子学的复兴，尤其是大乘佛学的复兴等等——这些影响因素都不能笼统归于现代化思想危机之下，因此"意义的危机"是一种精神危机，这种精神危机是有别于现代化思想危机的，尽管它们二者关系十分密切。①

在1987年出版的英文著作《中国知识分子的危机意识：寻求秩序与意义》中，张先生指出：中国知识分子在晚清最后20年间（1890—1911）试图重新考察中国社会政治的制度基础，这是自晚周轴心时代以来前所未有的。对于许多中国知识分子而言，这种秩序的危机不仅是一种政治秩序的危机，还是更深层的、意义更为深远的意识领域的危机，亦即"取向危机"（orientation crisis）。②

在90年代的总结性论文《中国近代思想史的转型时代》中，张灏先生的相关论述更趋整全和圆融。他指出，转型时代（1895—1924）是一个充满危机的时代。表面上看，最显著的危机自然是中国传统的政治秩序开始动摇以至最终崩溃。不过，由于中国传统的政治秩序（"普世王权"，Universal kinship）是与中国人对于宇宙的基本观念紧密勾连在一起的——因此其动摇崩溃，同时也意味着中国人宇宙观念的摇撼和坍塌。而非常重要的是：与中国传统宇宙观结合在一起的主导中国思想两千余年的儒家基本价值和意义世界，也在转型时代逐渐开始解纽、崩陷，从而形成了一种更深刻、更广泛的"文化取向危机"。错综复杂的"文化取向

---

① 张灏：《新儒家与当代中国的思想危机》，张灏著，任锋编校：《转型时代与幽暗意识》，第105—124页。
② Hao Chang, *Chinese Intellectuals in Crisis: Search for Order and Meaning, 1890-1911*, Berkeley: University of California Press, 1987, pp. 6-8. 书中一个重要概念"orientation crisis"，高力克、王跃翻译的中译本《危机中的中国知识分子》（太原：山西人民出版社，1989年；北京：中央编译出版社，2016年）翻译成"东方秩序危机"。orientation既有"朝东""东向"的意思，也有"取向""定向"的意思，张灏先生本人后来在多篇相关中文论文使用的都是"取向危机"一词。中译本将"orientation crisis"翻译为"东方秩序危机"显然是不准确的，中译本相关的"东方符号""东方象征"，也应该改为"取向符号""取向象征"，才是准确的。我曾与张灏先生谈过这个翻译的问题，张先生也认为应将中译本的误译改订过来。

危机"可析分为价值取向危机、文化认同危机、精神取向危机三重面相：首先且最为基本的，是儒家道德与社会价值的动摇，中国传统的价值核心受到严重的侵蚀，以致中国知识分子失去了社会发展与个人发展的罗盘针和方向感；其次是在传统的价值核心动摇的同时，中国进入了一个全新的以西方为主导的国际体系，中国几千年固有的文化自信和自尊大受损伤，中国人应该如何重新进行文化上的自我定位，这个问题也在转型时代产生了普遍的焦虑和困惑；最后，不太为人所注意但绝非不重要的，是一种"精神取向危机"，即由于传统儒家的宇宙观和价值观在西学挑战下逐渐解纽而造成中国文化的"意义世界"的动摇乃至坍塌，这使得中国人面临一些前所未有的关于生命和宇宙的基本意义这些根本性问题的困惑和焦虑。① 在此，张灏先生不仅将列文森强调的"文化认同危机"作为"取向危机"的面相之一予以包纳，而且也在相当程度上将白鲁恂（Lucian Pye）、汤森（James Townsend）等所强调的"政治权威危机"吸纳在内。② 张灏先生还对这种危机意识的三段结构——对现实日益沉重的沉沦感与疏离感、对理想未来的强烈的前瞻意识、由沉沦的现实通向理想未来的途径，以及这种三段结构反映的历史理想主义心态进行了剖析，揭示出传统儒家的道德理想主义、西方近代启蒙运动的理想主义世界观、传统儒家以政治为本位的淑世精神、西方近代以来的演进史观，都在其中发挥着深刻的影响。③

余　论

由于时间与篇幅所限，本文尚未对张灏先生晚年回溯探索轴心时代的理论缘起与内涵进行充分的揭示。张灏先生2008年接受陈建华先生访谈时的一段夫子自况颇能揭示其间的关联，特征引如下：

---

① 张灏：《中国近代思想的转型时代》，《二十一世纪》1999年4月号（总第52期），第29—39页，特别是第32—36页。
② 白鲁恂和汤森都对列文森强调的"文化认同危机"提出批评，认为列文森假设了一个由文化主义向民族主义的认同转换的创伤而造成的长期的危机——这夸大了近现代中国的认同危机，而忽视了更为重要的长期存在的政治权威危机。参见James Townsend, "Chinese Nationalism," in Jonathan Unger ed., *Chinese Nationalism*, Armonk, N.Y.: M.E. Sharpe, 1996, pp.1-30。
③ 张灏：《中国近代思想的转型时代》，第37—39页。

要了解现代必须了解传统,近代是从传统转变过来的,这些方面班老师、墨子刻对我都有影响。班老师对中国古代文化作专门研究,就是从"轴心时代"的观念出发,不仅把中国放在世界文化的大传统里去看,而且强调中国和西方一样,要了解近现代都得往前追,都得以传统文明为背景去认识。因此我也写一篇文章,把有关"轴心时代"这个观念的来龙去脉大致梳理了一下。[①]

人类社会的多元文明之间应该平等对话、交流互鉴,已是现时代的共识。然而要真正做到这一点并不容易。正如张灏先生所揭示的:马克斯·韦伯以降的西方社会科学界的主流,长期以所谓理性主义的视角去看待世界历史的发展。韦伯的美国传人帕森斯径直将"两希"(希腊与希伯来)视为世界文明演化的"苗床社会",形形色色的现代化理论由此而滥觞。沃格林在其多卷本巨著《秩序与历史》中虽然对"轴心时代"的中国与印度文化给予很高的评价,但仍不认为它们在精神深度上堪与同时代的"两希"思想突破相比拟——他试图超越黑格尔-韦伯的理性主义的主流,却依然无法跳出西方文化中心的大传统。[②]其实,从本民族的文化传统出发去探寻本国现代化道路的内在理路,本就是世界各国所普遍遵循的认知轨迹。韦伯等西方学者对于现代化源自西方社会种种因素的归因,本质亦是如此;但特别是帕森斯以降的美国现代化理论的主脉,试图将西方现代化进程的超前性视为唯一性,将原本不同文明积淀下的多元发展道路收敛于单一的发展模式,则背离了文明多元性、多元现代性的初衷。此后诸如森岛通夫、滨下武志、罗荣渠等东亚学者关于本国现代化道路与现代化理论的整体探索,则构成了对经典"西方中心论"的重要丰富与超越。[③]从这个理论视角去透视,张灏先生的毕生学术研究与思想探索的一个宏旨与贡献,就是打破西方现代性中心论的迷思,超越传统与现代的两极化约主义,在东亚思想史研究领域中探索多元现代性的根基。

(作者单位:中央社会主义学院)

[①] 陈建华:《张灏教授访谈录》,《书屋》2008年第10期,第16—22页,引文见第19页。"班老师"就是指本杰明·史华慈。
[②] 张灏:《世界人文传统中的轴心时代》,张灏著,任锋编校:《转型时代与幽暗意识》,第4—5页。
[③] 董志勇、毕悦:《中国式现代化的发生逻辑、基本内涵与时代价值——基于文明新形态的视角》,《政治经济学评论》第12卷第5期(2021年9月),第25页。

张灏先生的"幽暗意识"与
新儒学之未来展开[*]

徐 波

一、"幽暗意识"的问题意识缘起

"幽暗意识"的提法进入公共视域,进而成为思想界耳熟能详的概念,其功首推张灏先生。这一问题提出的最初缘起,可以追溯到自20世纪五六十年代以来,中国自由主义者与当代新儒家们有关儒家传统与民主政治的漫长辩论。双方阵营第二代的杰出人物如殷海光先生、张佛泉先生,以及徐复观、唐君毅、牟宗三等先生均参与其中。张灏往往被认为是自由主义阵营的第三代代表人物之一,而作为第三代当代新儒家的李明辉也曾直接针对幽暗意识有专文评论。这些学者们讨论的议题中心,如果用另一种方式表述,其实正是所谓"内圣"开出"新外王"的问题。

超越于双方阵营早期代表人物多少执着于非黑即白的价值判断,张灏并不简单认为儒家传统是阻碍民主在中国发展的绊脚石。相反,他认为幽暗意识是西方诞生民主传统的一个重要思想资源,而儒家思想从一开始就并不缺乏这种能够开出民主的积极因素。儒学发展到宋明理学,以刘蕺山《人谱》为代表的儒家学者对人性晦暗面的重视和深入分析已经丝毫不逊色于西方。传统中国最终未能开出——"新外王"民主宪政的原因,是由于幽暗意识这样的思想资源被实际政治生活和儒家自身思想中混杂的权威主义和乌托邦主义等制约。张灏这一系列观点的提出早在20世纪80年代,而学界有关内圣外王问题的讨论一直持续。近年来余英

---

[*] 本文一个侧重于刘蕺山《人谱》梳理和分析的版本(繁体字版)曾发表于我国台湾地区《哲学与文化》(月刊)2018年第4期,此次简体字版针对不同的侧重进行了较大幅度的修改,特此说明。

时先生在《朱熹的历史世界》及《明代理学与政治文化发微》等论著中有较详细的论述。通过对宋明儒学发展历史及文献的细致考察，余英时对内圣外王问题做出了许多具有创见的结论，特别是宋明儒学家们视"外王"为第一序、"内圣"为第二序，由"得君行道"向"觉民行道"的转变但最终走不通，以及所谓"内圣外王连续体"的讲法更是引起了学界诸多反响与讨论。①张灏是由幽暗意识和超越意识两方面入手对宋明儒学的内圣外王进行梳理，他在另文中还特别强调，儒家经世致用的外王之学须要放回到其天道宇宙观下、超越现实政治生活的"心灵秩序"，亦即内圣之学中一并思考。②

如果将张灏的讲法和余英时对宋明儒学内圣外王的观点相对比，我们不难发现，他们虽然广义上同属自由主义派，但二人的结论之间存在着较大不同。虽然表面上而言，"幽暗意识"与西学，特别是和基督宗教"原罪说"的渊源朗然可见，而诸如"得君行道"与"觉民行道"的语汇似乎更多地来自中国传统学问。余英时也曾因其众多与儒学有关的著作，被诸多研究者视之为广义现代新儒学中的一员，而他本人生前对此称呼似乎颇为不安。在钱穆先生去世后不久，他即撰写了《钱穆与新儒家》一文。通过此文，余英时不但替其早年恩师与现当代新儒学划清了界限，更以章学诚论"浙东学术"曾说过的"学者不可无宗主，而必不可有门户"这句名言，来区分自己与新儒学的学术脉络的异途。而在笔者看来，张灏先生则是新儒学的同盟军和诤友，这不仅是因为他早年受徐复观影响而对中国学问有切身之体验，更因其念兹在兹的终极学术关怀依然聚焦于中国这片土地，也正是因为他的努力，最终促成了中国自由主义者与当代新儒家们论战的两位主将——殷海光和徐复观先生，这对故居相距不到百里的湖北老乡在晚年的某种和解，张灏关于殷海光先生最后时日的回忆《一条没有走完的路》中对此有极为动情的回忆。一方面，张灏熟稔西方的问题意识和学术背景，这让他更好地以一个"他者"的身份对中国传统思想中的问题有冷静清醒而客观的认识，而在另一方面，他浓

---

① 笔者对《朱熹的历史世界》的评论可参见拙文《历史世界是如何可能的——环绕余英时〈朱熹的历史世界〉之思考》，《清华大学学报（哲学社会科学版）》2015年第3期，第174—185页。
② 参见张灏：《幽暗意识与民主传统》，北京：新星出版社，2010年，第74、85页。需要澄清的是，虽然张灏先生也提及儒家的入世精神是"第一义的"，但这一用词主要是针对入世精神在基督宗教传统中相对理想天国世界的"第二义"而言，而与余英时先生强调外王、内圣的"第一序""第二序"的内涵有着显著不同。

烈的传统意识及对吾乡吾土的体认更让他以一个传统读书人的形象,在其行文的字里行间充满了对传统文化的关怀与热诚。就现代新儒家的一个口号"内圣开出新外王"而言,徐复观、唐君毅和牟宗三等学者对此的叙述非常多,但在学术论证的严密性和客观性上,有时候多少有一点自问自答,在已有答案的前提下去倒推。而如果按照张灏先生的分析,像民主、科学这些"新外王",靠"老内圣"是开不出来的。

之所以把张灏先生称为新儒学的同盟军,是因为张灏先生的幽暗意识,其实是给整个新儒学指明了一个方向:"内圣"也是需要大幅更新的,也需要借鉴像《人谱》中的性恶,去探究恶之来源的问题。借鉴张灏先生所讲的幽暗意识,以"新内圣"去开出"新外王",这是张灏先生对于中国哲学和思想史领域,对于新儒学未来可能的一个非常大的贡献,相当于扭转乾坤一般,试图把整个新儒学思想注重"开出新外王"的倾向扭转到"内圣外王"的整体更新。张灏因为其论著的侧重不同并未详细展开《人谱》中的幽暗意识之于明代心学乃至整个宋明儒学的重要地位,而本文正是试图以幽暗意识为引子,对先贤为我们提出、并业已呈现其理论复杂性的问题进行探索与再思考。

二、儒学中"幽暗意识"的渊源及张灏对《人谱》的重新发现

"幽暗意识"是张灏强调并加以理论化的一个概念,他首先定义幽暗意识是一种"发自对人性中与宇宙中与始俱来的种种黑暗势力的正视和省悟"[1]。之所以对这一意识格外关注,是因为在张灏看来,只有对人性内部这种与生俱来的阴暗面、根深蒂固的堕落性有深切的体认,才能够产生对权力进行制衡的一整套体制建构。张灏提出这一概念背后的问题意识更多地来自西方,尤其是基督宗教背景下的罪恶观及其对于现代民主制度建立所起到的思想准备工作。不过需要指出的是,张灏并不是韦伯式文化决定论的拥趸,他的问题虽然多少类似于《新教伦理与资本主义精神》《儒教与道教》等著作中所处理的课题,但他并没有沿袭韦伯那种至今

---

[1] 张灏:《幽暗意识与民主传统》,第23页。

依然影响很大的以宗教或意识形态解释社会发展的进路展开。与之相反，张灏完全不认同只有在西方基督宗教的特殊语境下才能产生幽暗意识，他同样也并不认为产生现代民主制度的必备管道和前置条件就是西方背景下幽暗意识。他多次指出，许多古代文明，诸如中国和印度，对幽暗意识同样有着极深的体认，中国先秦时期"戒慎恐惧"的"忧患意识"已经是幽暗意识的前身，他更进一步认为，孔子及其《论语》一书标志着周初以来的忧患意识已经转化为幽暗意识。①

张灏先生在《幽暗意识与民主传统》一书对刘蕺山《人谱》的重视是较为特别的和值得关注的一个现象。在牟宗三撰写《从陆象山到刘蕺山》之前刘蕺山并不是学界的热点，其关注程度甚至要远低于其弟子黄宗羲。牟宗三对宋明理学进行了三系的重新划分，将刘蕺山列为单独一系，独立于传统程朱、陆王二系，引起了学界对刘蕺山及整个宋明理学分系的大讨论。不同于牟宗三通过思想史的传统进路切入刘蕺山，张灏则以"幽暗意识"为切入点，着重强调了在《人谱》中对于"过、恶"剖析的深层次意义，进而认为《人谱》里的幽暗意识可以和同时代西方清教徒的罪恶观相提并论。幽暗意识在宋明儒学中发展到这一步，"已变成正面的彰显和直接的透视了"②。在张灏看来，由于儒家思想中权威主义和乌托邦主义等因素的掣肘，幽暗意识本身在权力制衡方面的价值始终未能充分发挥出来。但这种在中国传统思想中自先秦以降逐渐凸显出来的幽暗意识，经历宋明儒学的洗礼与深化，在理论架构和思想深度上比之西方基督宗教背景下的罪恶观并无逊色。③

儒家思想中对人性中负面因素的关注并不少见，比如先秦儒家就开始重视过的概念，但将过分为微过、隐过、显过、大过、丛过等五类，每一类又再细分为若干过的形式，且有一套具体计分系统的，蕺山可以说是首创。《人谱》是刘蕺山最为重要的著作之一，它集中呈现了刘蕺山对儒家人性论及传统修身观念的反思。不同于传统儒学著作大多正面论述性善，《人谱》直接讨论人性中恶的来源，并主要就恶的具体表现形式而展开。蕺山在书中用大量篇幅探讨了诸如过、恶、妄等人性晦暗面的生成、变化与发展，对人表现在具体道德实践中的行为进行了细致

---

① 张灏：《幽暗意识与民主传统》，第33页。
② 张灏：《幽暗意识与民主传统》，第68页。
③ 参见张灏：《幽暗意识与民主传统》，第41、70页。

入微的考察。通过对人性晦暗的揭示，进行针对性的实践，并利用诸如静坐、讼过等修行方法，蕺山试图对王学末流之流弊，以及由"功过格"而来的儒学功利化倾向进行纠正。然而，这种首创并非是截断众流式的另起炉灶，而是在传统中不断积累发展起来的。蕺山对人性中负面因素的重视并不影响他对性善论传统的坚持。

《人谱》中对过、恶等概念的详细梳理，诚如张灏所言，是宋明儒学重视幽暗意识的一个集中体现，也是儒学思想自先秦发展到宋明，自身不断发展和调整理论重心的产物。这种对幽暗意识的重视，与先秦以来的忧患意识一脉相承，但又有所区别。幽暗意识与忧患意识的差别在于，忧患意识较多地注重外在环境的影响，如对自然天道的敬畏，以及根据吉凶悔吝的现实经验去调整自己为人处世的方法。徐复观先生曾指出，周初反映在诸如《大诰》《君奭》《康诰》等篇章中的忧患意识是对"殷人尚鬼"幽暗世界的超越，通过反思吉凶悔吝的现实结果，进而将天道与人道进行紧密相连，从而摆脱了殷商诉诸鬼神世界的绝望与恐怖。在张灏看来，忧患意识是人类精神开始直接对事物发生责任感的表现，也是精神上开始有人之自觉的表现。而且这种忧患意识同时也体现了周初先民在对外在幽暗世界的不断思考中所发生的"内转"，他们不再将吉凶悔吝的现实结果完全归因于不可捉摸的鬼神与天道，而是将它们与自己的行为，特别是道德实践相联系，进而在面对天命之时以一种坚强和奋发的精神取代了绝望与恐怖。这种内转在徐复观看来之后就发展为中国哲学中非常重要的概念——"敬"，成为孔子奠定中华文明特性的重要基石。张灏基本上接受了徐复观对于忧患意识的看法，并且也同意孔子在先秦思想中由侧重外在忧患逐步内转为内在人格过程中所起到的决定性作用。但张灏不同于徐复观之处在于，徐复观强调的"敬"虽然已经有了极大的"内转"，但在表现形式上还是以"敬天法祖"继而再"反求诸己"的进路展开，也就是说，这种内转依然需要通过外在世界的某种中介。而张灏则更多关注由对人性自身的幽暗面反思所直接体现出来的一种彻底的内转，将在殷人那里对外在幽暗世界的绝望与恐怖替代为对人自身内在幽暗意识的观照与省察。张灏自陈幽暗意识正是受到徐复观的启发，徐复观对忧患意识重视让张灏意识到，儒家道德理想主义的另一面正是对现实世界深深的遗憾、疏离与隐忧，这个向度张灏的幽暗意识可以说直接继承了徐复观对忧患意识的阐发。但与此同时，张灏也指出了忧患意识与幽暗意识的本质不同在于，持有强烈忧患意识的儒家往往又同时乐观地认为通过道德修行实践，人性的阴暗面是可以得到根除的，而幽暗意识则认为这一阴暗面无法根除永远潜伏。[①]

张灏对于传统儒家思想的这一独特视角，使得他不仅对荀子所谓"性恶"有所重视，更在一般被认为是乐观主义的孟子性善论中发掘出由"人之异于禽兽者几希"所显现的幽暗意识。以此视角观之，孟子思想中与笃信人性本善的乐观相辅相成的，是通过人禽之辨，以及大体、小体之别所体现的对人性晦暗处的清醒认识。这可以称之为传统儒家思想中最早成型的幽暗意识，而孟子养心、养气也正是对这种幽暗意识"戒慎恐惧"而来的实践工夫。在张灏看来，宋明儒学中的幽暗意识，虽然经历了道教和佛教——尤其是大乘佛教的冲击和影响，但其根源正是接续了先秦儒家由忧患意识发展而来的、与性善论互为表里的那种对人性的反思。整个宋明儒学特别重视"人心惟危，道心惟微，惟精惟一，允执厥中"这十六字心传中有关"人心"与"道心"联系与差别，以及可以上溯到唐代开始对于"复性"的追问，也意在于此。

三、"幽暗意识"在宋明理学中的不同体现

"幽暗意识"并不是一种狭义韦伯式的文化决定论，张灏强调它在西方、中国和印度都有类似的形态。我们从张灏对徐复观先生的致敬与回应也可以看出这一思想也植根于对传统儒学的反思。在《张灏自选集》的序中，张灏对"幽暗意识"的三个来源有一个概括：一是徐复观先生的忧患意识，二是尼布尔的神学，最后一个是马克思主义的异化理论。本文更侧重于对徐复观先生的致敬与回应。张灏特别强调宋明儒学当中一直以来对"幽暗意识"有一以贯之的发展。这一点延续了包括刘子健先生、余英时等一批学者对"中国转向内在"现象的观察，这在宋明理学里面是有很直接的体现，特别是受到大乘佛学的影响，而《人谱》就是其中之前不

[①] 徐复观先生在讨论忧患意识的过程中曾讲到外在的"幽暗世界"，而从《幽暗意识与民主传统》的具体征引中可以发现张灏先生对徐先生的这一讨论较为关注。由对外在的幽暗世界反思所产生的忧患意识，再由忧患意识彻底内转而来的幽暗意识，张灏先生提出幽暗意识的思想背景不仅是基督宗教传统下的原罪观等西方概念，同时也受到了徐复观先生对先秦人性论解读的很大影响，对此张灏先生自己也毫不讳言。参见张灏：《幽暗意识与民主传统》，第312页。

为人所特别注意的一个集中体现。

如果从更宽泛的视角去看待这一种"转向内在"在传统中国哲学尤其是儒家哲学范式中的地位,我们会发现,一大批晚明和明清之际的学者,如袁黄、高攀龙、刘宗周、方以智、黄道周等人,他们著作中夹杂的种种释道思想,乃至于基督宗教影响下的蛛丝马迹,都容易让我们会对他们儒学思想的正统性产生自然而然的疑问。黄宗羲在《明儒学案》中以醇儒之名称赞其师刘宗周,认为只有其师才真正继承了孔孟程朱以来的儒学大统,其中一个关键论点就在于批评当时名望胜于其师的高攀龙时而夹杂佛语。考虑到黄宗羲的政治立场,以及《明儒学案》所奠定的叙事传统,我们不得不反思这样一种研究中国哲学习以为常的正统性叙事是否合理。陈寅恪先生曾言:"自晋至今言中国之思想,可以儒释道三教代表之。此虽通俗之谈,然稽之旧史之事实,验以今世之人情,则三教之说,要为不易之论。"因此,张灏在《人谱》中所发现的这样一种"幽暗意识",如果放置在儒释道三教关系,乃至儒、释、道、耶四教关系入手,或许也可以对宋明儒学,尤其是明清之际学术多元思想的融汇有一个新的思考。

宋明儒学在佛老二家,特别是佛教无明观的外部刺激下,儒者们开始更多地关注恶之来源问题,其中一个具有普遍性的解释框架就是将恶之来源归咎于后天气质的影响,所谓天地之性与气质之性的区分也应运而生。《人谱》中对过、恶的重视与宋明儒学天地之性与气质之性的提出有着密切的联系。宋明儒学对于人性论问题的回答,非常重要的一步即是以性气二元论统摄了宋代以前各种有关人性论的学说。虽然后世对其中若干概念的具体定义有一些改动,但总体而言宋明儒学基本上按照这一框架对恶的问题进行了解释,而幽暗意识也正是在此背景下得到了进一步的彰显。程朱一系以较为浑浊气质的后天掺杂来解释人性中根深蒂固的晦暗面,因此在论学中特别重视公与私,天理与人欲之间的判分。这一方面是继承了先秦孟子那里所谓大体、小体的分别,而在另一方面,从朱子引用"以手指月""月印万川"等佛经中的比喻,以及他对于天地之性清净无碍的坚持,我们也可以看出佛教心性论的若干影响。这其中与幽暗意识相关的,体现在程朱一系主要是对于天理的极端重视,以及对人欲的极度警惕。换言之,宋明儒学程朱一系之所以发展出类似"存天理、灭人欲"的格言,正是因为他们对人性当中的晦暗之处有着切身的体会。陆王一系对这一问题的追问则更为直接,透过"有善有恶意之动",将恶之来源归因为人应接万物时的起心动念。因此程朱与陆王在这个问题上可谓殊途同归，无论是以性为理还是以心为理，天地之性和良知本体都是一种理想的存有，人之所以会有恶行，是因为在后天夹杂了污浊的气质，或者是因为在后天被遮蔽了良知。因此，宋明儒者对于幽暗意识的观照，也大部分集中体现在对后天起心动念，思虑已发状态的反省。这种向内的反省反映在实践工夫上，加之受到佛教影响，最终发展出了一套儒家静坐法。《人谱》中记载的"一炷香，一盂水，置之净几，布一蒲团座子于下"正是当时儒家借鉴佛教打坐和禅定法门的形式修改而成的一种儒家式的静坐。佛教通过禅定的方法来除无明，而儒家则透过静坐，对起心动念处的幽暗意识有一正视。

《人谱》得到张灏的重视也正是在这种幽暗意识在宋明儒学内部进一步发展的思想史背景下展开。《人谱》一书专门针对人性中恶之来源及其具体表现而展开，从讨论"恶"所占篇幅比例来讲，在儒家著作中是比较少见的。① 从根本上来讲，无论是孟子还是荀子，他们都不是直接从恶的具体表现对人性之恶的来源进行考察。《人谱》的特殊性就在于直接从过、恶入手，这是幽暗意识的进一步发展，同时也是宋明儒学整体"内转"的一种体现。

除了儒家本身的思想资源和来自佛教的因素之外，身处晚明的刘蕺山在撰写《人谱》时是否受到当时在士人间已经开始流行的天主教思想影响，也是一个值得关注的问题。蕺山当时面临的，不仅有来自佛教和功利化儒家的冲击，也有以利玛窦为代表的早期传教士们所带来的中西碰撞。从已有的史料来看，蕺山对天主教的评论主要集中在器物层面，但在义理上也不乏论述。比如他在《辟左道以正人心疏》中，不仅从天文、历法、火器运用等多个角度对天主教进行了较大篇幅的批评，同时还认为天主教从根本上而言会让人不识祖宗、父母，因此其教义危害甚大。所以，我们可以宽泛地认为蕺山对天主教确实有所接触和了解。然而，一些更为精妙的义理问题，比如和幽暗意识直接相关的蕺山对基督宗教"原罪"等概念是否有所直接接触等，目前只有较为间接的一些资料。近年来，一些学者敏锐地注意到了《人谱》与庞迪我（Diego de Pantoja）的《七克》这两部几乎是同时期著作之间的联系。② 庞迪我是一位来自西班牙的传教士，在当时与

---

① 需要指出的是，这种"少"是相对而言，儒家思想本身浩如烟海的典籍中有着大量散落在各处的有关"恶"的讨论，从其绝对数量上来讲亦是相当丰富。
② 可参见何俊:《西学与晚明思想的裂变》，上海：上海人民出版社，1998年，以及韩思艺、陈春文:《从罪过之辩到克罪改过之道：以〈七克〉与〈人谱〉为中心》，北京：中国社会科学出版社，2013年。

利玛窦一样享有较高的知名度。《七克》一书完成后由徐光启润色并撰写《克罪七德箴赞》以和之,该书以如何战胜基督宗教中所谓"七宗罪"为主题,结合晚明流行的劝善书,教导人要去恶为善以实现灵性的修养。这部以"罪"为中心的著作和以"过"为中心的《人谱》不但在主题上非常类似,而且在体例上也不约而同使用了围绕特定主题搜集材料的裒纂文体。[①]因此如果仅仅将《人谱》和《七克》两本书单独进行对比,很容易会得出二者相似甚至《七克》有可能直接影响《人谱》的结论。然而,如果将这两部著作放回到历史语境下,我们就不难发现二者虽有相似,但程度上并不突出。因为《七克》一书本来就是庞迪我遵循利玛窦"合儒""通儒"路线的产物,在体例上模仿当时儒家劝善书流行的裒纂文体是很容易理解的。至于二者主题"罪"与"过"的相似,这一方面是由于这个问题为古今中西人类所共同关心,而在另一方面,如果我们根据蕺山在《人谱》序言中所明言针对袁了凡功过格"言过不言功,以远利也"的话语,蕺山专言"过"的原因恐怕也主要是针对功利化的儒家,而非《七克》所言的"罪"。因此,宋明儒学发展到晚明,在佛老之外还面临着基督宗教的全新挑战,这固然是一个不争的事实,蕺山一定程度上也的确接触到了天主教的教义。然审慎言之,《人谱》中的幽暗意识是否受到基督宗教的原罪观念的影响,虽然已有一些间接的材料,但还需要有更多的材料方能定论。

根据已有的材料,张灏提及《人谱》中的幽暗意识时并未着墨其与基督宗教的联系。事实上,宋明儒学,尤其是《人谱》中对于过、恶的重视,固然有着外部的诱因,但根本上而言,更多的还是儒家自身内在理路的发展。如何在保证意之至善的情况下对现实层面的恶之来源问题——亦即幽暗意识有所交代、有所对治是蕺山亟待解决的问题。蕺山严格区分"意"与"念",以及"诚意""慎独"等治学精要的展开也需要置于这一背景下才能得到更为完整的理解。蕺山的这一解决方案实际上将宋明儒学那里一直是以侧面、间接形态出现的幽暗意识直接彰显了出来。特别是通过"意"与"念"的详细划分,将超越层面的至善无恶与在现实层面的恶之来源问题交代清楚。虽然着重于对格物致知的正面反省,与

[①] 裒纂文体,又称裒辑,是根据特定的主题,辑录经传等各类经典中互为表里之逸文遗典以方便阅读。早年《刘子全书》收录刘宗周著作时,将《人谱》列入"语类",而将《人谱类记》列入"裒纂"。现今通用的由吴光等人编校的《刘宗周全集》则取消了"裒纂",将《人谱》和《人谱类记》都归入"语类"。

对心性的晦暗面重视往往是一体两面，但在蕺山之学正因为对后者的着重强调而凸显了其特色。如果说朱子和阳明是以一种正面强攻的态势强调"为善"，那么蕺山则是将主攻方向放在了在朱子和阳明那里侧面迂回的"去恶"上，也正是因为这一点，张灏的确有理由认为蕺山之学在整个宋明儒学中将幽暗意识进行了空前的发展。

四、幽暗意识与超越意识

当一个哲学或是思想概念进入公共视域之后，它的意涵发展就远非作者或首创者所能完全掌控，"幽暗意识"的概念也不例外。我们在理解"幽暗意识"的时候，需要澄清其中特别容易被误解的地方。一些读者和部分研究者只注重《幽暗意识与民主传统》中的个别文章，而对其他文章包括《超越意识与幽暗意识》《儒家经世理念的思想传统》等则重视不够，特别是没有足够重视《超越意识与幽暗意识》一文中对儒学的分析。如果我们把这些文章结合在一起来看的话，就会发现张灏先生不仅对现代新儒学有同情的理解——因此笔者称他为新儒学的同盟军，而且他还跟宋明理学的思路有着直接的联系。比如张灏先生对《人谱》这本书的重视，认为这是宋明理学发展到对恶的重视的一个巅峰。但是四库馆臣在编《四库》的时候认为《人谱》这本书只是对中人以下说的，评价并不高。包括黄宗羲编《明儒学案》时，没把这本书放到《学案》里面，可见对《人谱》一书其实是一直存在着很大的分歧。张灏在这方面的洞见，超越了黄宗羲《明儒学案》、四库馆臣及其他大部分的宋明理学研究者，因为他们都忽略了刘蕺山一方面特别重视《人谱》当中的恶，另一方面在超越层面也有一个立论的基础，即一个"立人极"的基础。这跟张灏先生所强调的"幽暗意识"必须结合"超越意识"来看，其实是有异曲同工之妙。如果从这个角度去看，现代新儒学内部对于张灏先生的一些批评其实也是多少有失公允。现代新儒学中不少学者对"幽暗意识"的印象，大都和李明辉老师对张灏先生的批评类似："幽暗意识"太注重"性恶"，跟儒学的"性善论"传统有所违背。而在笔者看来，如果站在张灏先生的立场上，对类似批评是可以回应的，正如康德的"根本恶"思想并不影响康德本身与性善论传统之间的融合。

《人谱》是蕺山哲学中将幽暗意识最为清楚彰显出来的一部著作,其中极具特色的"纪过格"等形式是对袁黄等人功利性"功过格"的批判性超越,这种批判的思想史背景如王汎森先生所指出的,是明末清初出现的"儒门功过格运动",其背后是一种儒学宗教化的现象。[1]在此背景下,《人谱》的诞生有着多个面向的意义:一方面,这反映了蕺山对"功过格"功利性和因果报应思想的警惕;另一方面,蕺山也承认了这种具体而微的道德实践方法有着相当的教化作用。但也正因为这种多重目的,导致后世对此书的认识有所分歧。但我们如果横向对比袁黄在《了凡四训》中所宣扬的善恶因果报应说,不难发现《人谱》中被指摘的所谓"福善祸淫"之说,不过是诸如《周易》"积善之家,必有余庆;积不善之家,必有余殃",以及《大学》"言悖而出者,亦悖而入;货悖而入者,亦悖而出"等先秦儒家世界观和道德学说的自然延续,与当时掺杂佛道、诉诸因果业报的各种劝善书、功过格有着泾渭分明的差别。之所以对《人谱》的价值和定位容易产生误解,固然是因为《人谱》自身,尤其是《人谱类记》中的某些"芜杂"因素,但一个更为根本的原因则在于对《人谱正篇》中的超越层面的苦心建构重视不足。《人谱》在表面上显得"芜杂"的背后,固然是蕺山对幽暗意识的极度重视,但在这种幽暗意识的背后,实则又有一种超越意识的观照。

超越意识是张灏在提出幽暗意识之后,借由对儒家传统之内圣外王观念的反思而得出的一个概念。在他看来,超越意识代表了自"天人之际"而来儒家以"知天""事天"为基础所追寻的道德源泉,蕴含了权威二元化的批判精神。超越意识与幽暗意识结合,共同构成了内圣外王的基本特质。由于篇幅和主题等原因,张灏并未将超越意识付诸他对《人谱》的分析中,但在笔者看来,引入超越意识不仅能够澄清许多有关《人谱》的误解,更能回应学界对于幽暗意识的部分质疑。

例如,李明辉先生在对幽暗意识的评论中曾指出他与张灏的根本分歧在于:

(1)幽暗意识的观点是来自西方,特别是基督宗教传统下的问题意识,而与儒家,特别是孟子以来的性善论传统有较大出入。

(2)儒家应从性善论出发,还是从更注重人性之恶的幽暗意识出发去建立民主政治。[2]

---

[1] 王汎森:《晚明清初思想十论》,上海:复旦大学出版社,2004年,第122—123页。
[2] 李明辉:《孟子重探》,台北:联经出版事业公司,2001年,第137、150页。

李明辉的质疑颇具代表性，近年来对幽暗意识的批评大多也集中于此。但张灏曾多次强调，幽暗意识本身并不足以成为制约权力进而实现民主的独立资源，幽暗意识必须在超越意识的指引关照下才得以实现。这种超越意识在基督宗教那里，是上帝；在中国，则可以是"对越在天"的天理抑或良知。其实正如李明辉在为康德伦理学与儒家传统的融合辩护时已经指出的那样，在超越层面，康德的"根本恶"与孟子性善论并不矛盾，"所同远胜于所异"[1]，既然同样来自西方背景下的"根本恶"都可以成为儒者的同盟军，幽暗意识也同样可以作为一个独特角度去观察儒家传统内圣之学的发展。这种由超越层面直贯而来对内圣涵养中"幽暗意识"的正面彰显与直接透视，最终强化了外王实践的必要性和重要性。在张灏那里，儒家的"内圣外王"之道是由超越意识和幽暗意识所共同构成，因此，幽暗意识在现实层面对实践中根深蒂固、无法完全去除之恶的反省思考并不影响儒家在超越层面对性善论的坚持。在此框架下，传统中国之所以未能开出民主政治就并不仅仅是外王单方面的原因，儒家在内圣面同样需要重新反思。超越意识保证了儒家独特的批判意识与抗议精神，而只有对幽暗意识有一充分正视，尤其是了解历史上旧内圣之学对幽暗意识的诸多限制，才能真正掌握儒家内圣外王之道的全貌。[2] 从这个意义上讲，张灏的真正用意并不在于反对"内圣开出新外王"，更不在于反对儒家，而是试图从幽暗意识与超越意识出发，以"新内圣"与"新外王"的结合为儒家在现今社会的发展提供一个可能的方向。

附识：2019年笔者出版了小书《由湍水之喻到幽暗意识：理学视域下的人性善恶论新探》（上海三联书店），该书从哲学的角度，希望把孟子的性善论和张灏先生"幽暗意识"的洞见，放置到整个儒家哲学的思想当中，从而对儒学史中人性善恶的讨论进行一个梳理。关于张灏先生一章，就在书的第六章"刘蕺山《人谱》中的'幽暗意识'与'超越意识'"。之前张灏先生在《幽暗意识与民主传统》里面讲蕺山大概只有寥寥数语却颇显功力，而笔者对宋明理学较为感兴趣，读博期间跟随香港科技大学的导师黄敏浩老师也接触过不少蕺山学。所以笔者

---

[1] 李明辉：《孟子重探》，第147—148页。李明辉先生在《康德的"根本恶"说——兼与孟子的性善说相比较》一文中有更为详细的讨论，参见氏著：《康德伦理学与孟子道德思考之重建》，台北："中研院"中国文哲研究所，1994年。

[2] 参见张灏：《幽暗意识与民主传统》，第44、71页。

把耳濡目染所学到的一些内容,融合起来,同时把牟宗三"五峰-蕺山系"重新划分了"三系论"的一些背景知识也纳入了其中进行了一个综合,并回应了一些常见质疑。

谨以此文再次致敬张灏先生,一位多少被低估却不孤独的思想者,一位新儒学的同盟军和诤友。

(作者单位:复旦大学)

张灏先生谈"幽暗意识"

范广欣

张先生80年代发表《幽暗意识与民主传统》一文，深受中国知识分子瞩目，但一直以来对幽暗意识的探讨尚不能深入。最近因缘际会，张先生向我讲述了他思考幽暗意识的一些心得，涉及儒家思想的不足、自由主义的道德关怀和他本人"突发"幽暗意识的缘起等。我做了一些记录和整理，与诸君共享，希望能够促进对这个问题的研究。

整理者范广欣
2015年2月

幽暗意识是我这些年思考的核心问题之一。中国人素有"感时忧国"的传统，但是20世纪却经历了亘古未有的浩劫和人祸，我想什么时候中国知识分子才能超越"感时忧国"而变得"感时忧人"呢？ 20世纪重大的问题是对人的（阴暗面的）反省，而中国思想史，尤其是宋明以来特别推崇的《大学》模式，却充满道德理想主义，希圣希贤，一往情深，对这个问题重视不够。[①]什么是生命的基本问题？生命中充满了苦难和罪恶，我们应该如何应对？印度、基督教和自由主义的传统对人生的苦难都有充分的认识。自由主义从这个认识出发，便希望在生命中，尤其在普通人的日常生活（everyday life）中，减少苦难和罪恶，使他们安家立业，生命获得保护。用悲天悯人的态度，考虑一般人的生活，才真正进入生命的阴暗面。从比较文化的角度看，儒家思想过于乐观和高调，不能真正进入生命，面对现实中的各种问题。

自由主义的发展有两个重要的方向。一个是以哈耶克为代表的市场自由主义

---

① 希圣希贤的说法源自周敦颐《通书》："圣希天，贤希圣，士希贤。"

(market liberalism),其主要依据是理性主义。另一个是源自基督教的对生命中罪恶和问题的洞察,认识到人生中最重要的事业不是超凡入圣,而是提防种种危险,尤其要防范来自权力的威胁,因此要求发展民主、保障人权,减少大众所受的苦难。这种民主观念不是高调的,而是低调的,基于对人性的防范和对人权的保障。罗尔斯(John Rawls)提倡的福利国家自由主义(welfare state liberalism)也是循这一思路发展而来,希望老百姓在安居乐业的过程中保障人的尊严。儒家传统希圣希贤的思路和自由主义为芸芸大众避免痛苦、保护生命、保障尊严的思路有相当大的差别。后者蕴含一种悲天悯人的道德情怀,体现于对老百姓日常生活的同情,是自由主义最有价值的地方,绝非市场理性可以涵盖。其最基本的问题是:为什么古往今来大多数人承受那么多的痛苦、侵害和压迫?怎样的安排可以保护他们的生命和利益不受侵犯?自由主义对工作伦理(ethics of work)的思考,同样离不开对众生苦难的同情,归根结底是正视罪恶的根源,不仅从政治上,而且从经济上保障人权,而不完全是功利主义(utilitarianism)或理性主义(rationalism)的。简言之,如果不进入生命的各种问题,不意识到一般人的生命经常是充满痛苦,便不能为人的基本生命和其他权益提供切实的保护。

我大半生生活在20世纪,到20世纪结束时已经64岁。在我有限的生命中,时常感受到生命的痛苦和人世间的黑暗。对人性(human nature)和人的境况(human condition,包含生命中的阴影和痛苦的根源)的思考使我深深觉得,和少数人成圣成贤相比,更重要的是保护大众,为大多数人减少痛苦,保障他们在日常生活中的道德尊严(moral dignity of everyday life)。自由主义的权利学说(theory of rights)最重要的价值就是着眼为大多数人提供保障,让他们过好生活。20世纪充满苦难,最重要的根源是帝国主义和大革命。我对帝国主义和大革命对中国人的伤害都有一些生命的体验。我才四五岁的时候(大概1941年),日本人便烧了我的家,这是我人生记忆的开始。那时候,我们住在重庆,有一天回去,发现家没了,被日本飞机炸掉了,连床都没了,全家只剩下父母结婚时的一个纪念花瓶和一口钟,好在轰炸时家里没有人。这是帝国主义留在我记忆中的痕迹。我的家人也受到共产党革命的影响。我年轻时在台湾是同情共产党的,觉得他们是梁山好汉,但在家里不能说,因为是国民党家庭。后来到美国读书,受到海外中国人民族主义情绪的影响,读到"祁连山的雪水,灌溉中国的土地"这样的诗便觉得很感动,向往毛泽东的革命。可是,50年代末,我们和留在皖北农村的外婆失去了联系,从此再无消息。小时候是外婆照顾我，父亲很严厉，外婆却给我许多疼爱。这样我在60年代中便开始反思"左倾"的风潮。思考20世纪的苦难，使我突发幽暗意识，并对自由主义产生了新的了解：自由主义的一整套设计，都是考虑普通人如何在日常生活中避免苦痛。

学问来自生命的感受，学术问题是人的问题。我们必须面对生命的考验，才能反思各种思想潮流，进而反思人生的种种苦难。20世纪的历史是人类的苦痛史，我对幽暗意识发生兴趣离不开对这段历史的生活体验。

（作者单位：南开大学）

海外中国哲学研究

决疑法与《孟子》中的人格个性*

伊若泊 著 韩振华 译

《孟子》一书为我们提供了一种清晰而独特的道德认知理论，它相信人性内在而普遍的结构是道德的，并且确认正是"四端"使人的本性与众不同。《孟子》文本在提出这些理论时表现得很有说服力，这就促使我们依据这些理论及这些理论所采用的修正过的直觉论来看一看孟子道德论述的核心到底是什么。①然而，《孟子》中大量的伦理学讨论看上去却跟这些理论没有多少明确的联系。我们当然可以从《孟子》的篇章中建构一个道德理念体系（这一体系在整体上为文本提供了一种隐含的理论基础），但文本自身的道德论述却似乎常常跟这一体系化目标格格不入，以至于我们会想，这样做可能是对《孟子》伦理事业的一种歪曲。

这里我意在检视《孟子》伦理学论述之"混乱无序性"（disorderliness）的某些特征。这些特征的重要性暗示着，对于《孟子》的作者和早期读者来说，伦理学兴趣并没有促使他们将注意力集中于理论的连贯表达，尽管理论创新显然也是孟子所参与的活动之一。孟子伦理学论述更根本的目标似乎是：为孟子学派中的成员们提供探视伦理权威——通过理论传承中至关紧要的榜样人物来表现，尤其是孟子本人——人格的敏锐洞见。我将这一论述的方法论看作主要是文学性的，这能吸引读者进行个体人格的解释学探究，借助想象性的领会（verstehen）抵达权威的

---

* 本文原题为 Casuistry and Character in the *Mencius*，收录于陈金樑（Alan K. L. Chan）所编《孟子：语境与诠释》（*Mencius: Contexts and Interpretations*），火奴鲁鲁：夏威夷大学出版社，2002年，第189—215页。

① 尽管关于内在道德情感的理论基本上是直觉主义式的，但《孟子》描绘的这些情感却跟那些被环境和习性放大的非道德的内在倾向针锋相对，这样做时，我们对于道德冲动的敏感性便作为代价而被牺牲掉了。不过，孟子的直觉主义将道德准则和道德楷模置于非常重要的地位，而这些道德准则和楷模有助于陶养我们，并让我们重新获得对自己道德倾向的敏感性。

圣人所拥有的心胸(perspective)。①

接下来围绕《孟子》我要集中探讨的是我称之为决疑性(casuistic)章节的那些内容,之所以称其为"决疑性"的,在于它们是依据具体个案(case-specific examples)来讨论道德价值的。我想试图表明,一个章节之所以是孟子式的决疑法,原因包括三个方面:它可以防御性地调动道德律令,以使孟子学派中历史模范人物或其他关联人的行为合理化(rationalize);它可以通过检视权威性榜样人物的特定行为来探索其难以捉摸的智慧眼光;它也可以表达一个观点:全部道德智慧都是随机而具体的(case-specific)。这些章节揭示出,尽管《孟子》对规则和美德进行了详细讨论,但它在最根本上却无意于表明一种亚里士多德意义上的规则伦理学(rule ethics)或美德伦理学(virtue ethics)。②恰恰相反,它提倡一种通过个人领悟圣人人格而获得的伦理认知观念;这些圣人人格可以通过体验或文学再创造而获得理解,它们在那些真实而个性化的、具备权威性的"非凡人物"身上得到了例证。我想宣称,通过这种方式,《孟子》所致力的似乎是一种我称之为"人格伦理学"(ethics of character)的东西;我用"人格伦理学"来指那种建基于"领会"方法——通过对历史叙事的解释学探究,而养成的对德性胸怀的同情了解——之上的美德伦理学。在文章后面,我想提出,《孟子》所致力的这一事业正是将早期儒家与其敌对学派伦理论述区分开来的一个重要方面。

《孟子》决疑法的模式

孟子学派关联到的榜样人物违反了伦理原则,《孟子》中的决疑章节会将其合

---

① 在本文中,我使用的verstehen(领会)这一术语在技术层面上跟狄尔泰(Wilhelm Dilthey)的用法一致,指的是对历史中个体生命经验的人文主义式的同情理解,它源自对社会环境和个人传记的大量研究。关于verstehen的这一层含义,参见狄尔泰:《历史的形式和意义》(*Pattern and Meaning in History*),纽约:哈珀出版社,1962年,特别是里克曼(H. P. Rickman)所写的导论,第37—43页。
② 我这样说,是想挑战关于《孟子》的两项重要研究成果:信广来(Kwong-Loi Shun)对《孟子》伦理观念体系的分析(《孟子与早期中国思想》,斯坦福:斯坦福大学出版社,1997年),毫无疑问,在使《孟子》伦理学条理化方面,信广来的尝试是最复杂精致的;李亦理(Lee Yearley)借助亚里士多德的美德伦理学概念对《孟子》展开的诠释(《孟子和阿奎那》,奥尔巴尼:纽约州立大学出版社,1990年),它照亮了《孟子》道德论述的一些重要面向。我无意于否认这两项研究的重要性;我的主张是,《孟子》的主要层面将关注点引人注目地偏向了析论措辞本身(lines of analysis)。

理化；或者，它会通过考察榜样人物对道德困境的回应来获取理解他们权威道德的途径。我将这两种模式称为"合理化"决疑法和"解释性"决疑法。下面一段跟孟子的朋友——齐国的匡章——有关，其中我们可以同时看到这两种模式。

> 公都子曰："匡章，通国皆称不孝焉。夫子与之游，又从而礼貌之，敢问何也？"
> 孟子曰："世俗所谓不孝者五：惰其四支，不顾父母之养，一不孝也；博弈好饮酒，不顾父母之养，二不孝也；好货财，私妻子，不顾父母之养，三不孝也；从耳目之欲，以为父母戮，四不孝也；好勇斗狠，以危父母，五不孝也。章子有一于是乎？夫章子，子父责善而不相遇也。责善，朋友之道也；父子责善，贼恩之大者。夫章子，岂不欲有夫妻子母之属哉？为得罪于父，不得近。出妻，屏子，终身不养焉。其设心以为不若是，是则罪之大者，是①则章子已矣。"（《孟子·离娄下》第30章）

通篇孟子都被描绘为非常重视孝德，而匡章确确实实违反了孝德。②不过孟子仍然从两个方面为匡章辩护：其一，匡章并没有违反五个与孝相关准则的任何一个。其二，匡章努力赎罪，这一态度证明了他的为人——匡章已表现出一种道德人格力量，这种力量可以证明，那种依据匡章的不孝行为来责其不孝的做法是错误的。

对于第一个方面，我想苛刻一些，说孟子热衷于合理化诡辩。③他故意曲解伦理情境的严肃性，在虚假法则基础上为匡章开脱：如果一个人没有违反涉及不孝的五种流行而公式化的罪行，那么我们就不能认为他不孝。匡章是孟子的朋友，《孟子》好几次提及他，为他辩护，要为他除去行为不当的恶名。孟子的论证削弱了孝

---

① "是"字在本章收束时表现出一种加重的感染力。译文是由我完成的，不过我的翻译特别受惠于刘殿爵所译《孟子》（哈芒斯沃斯：企鹅图书，1979年）和杨伯峻《孟子译注》（北京：中华书局，2005年）。本文所有《孟子》和《论语》中的引文皆依据哈佛燕京引得的索引号。

② 关于匡章与其父亲之间冲突的细节，我们可以在《战国策》中看到一些端倪：匡章的父亲杀死了匡章的母亲，并将其埋在马厩之下（刘殿爵注意到这一细节，并把它跟孟子的解释关联起来，见刘殿爵译《孟子》，第212—213页）。父子之间的正确行为会引发一些不恰当的争论，孟子在别的地方也对此有过评说（《孟子·离娄上》第19章）。

③ 编译者按：在英语中，casuistry意指"决疑法""诡辩术"。前一翻译比较中性化，而后一翻译则多少带有一些贬义色彩。本译文大部分时候取前者，不过此处根据上下文应译为"诡辩"。

的道德严肃性(他在别的地方赞美过"孝",特别是他极力维护榜样人物舜的孝子形象),这样便在某种程度上破坏了理论的一致性。学派传承意图支配着决疑性论证,却削弱了伦理理论,这是一个例证。我还认为,我们应该注意到,文本忠诚于某些跟孟子或孟子学派相关的个体(特别是孟子本人,下文将要论述这一点),致使规则被临时操纵或篡改,这破坏了文本的哲学连贯性。

不过,除此之外,本段还包含一个更有意义的方面。孟子超越了合理化诡辩,他对匡章所处的困境给出一种饱含情感的描述,其中特别突出了三个方面:匡章的不孝过错是太执着于道德信念的产物;匡章已经承认他的不孝是过错;为了减轻他的过错,他主动让自己承受终生的惩戒。孟子断定,正是这三个方面——而不是匡章的不孝行为——揭示出了匡章的真正人格。末句的修辞感染力显示出,正是着眼于这种人格——而不是狭隘地满足于说明匡章并没有违反孝的五种准则——孟子才愿意独排众议地跟匡章交往,并支持他。

推测起来,齐国所有人都明白匡章的根本情境,他们未能正确理解的只是匡章的人格。孟子本人能够鉴别匡章处境中哪些因素可以揭示出匡章的为人;他紧紧地把握住他面对的人所是,而不是在当事人之外孤立地看待行为本身,这样,跟那些只注意行为本身的人不一样,孟子采取一种不同的态度来对待匡章。在这一段后半部分,文本运用了解释性决疑法,其作用表现在两个层面:其一,文本描绘匡章作为道德楷模在复杂而具备道德挑战性的环境中如何表现。其二,文本揭示出孟子——他自身便是一个道德楷模——如何运用其道德能力来处理那些关系到语境和人格的微妙而敏感的话题,而不是只关注那些用规则界定出来的行为本身,由此他便能发现榜样人格,而其他人在这里只看到了道德过错。

道德完美者的不逾矩(rule-free)人格

通过对真人或传奇人物(被认定为真实存在)的行为进行细致的决疑性分析,《孟子》致力于寻求道德人格。对道德准则的描述,以及对与之相左主张的考虑,它们交织纠缠,共同出现在对圣人榜样的复杂叙述中,并常常支配着决疑性分析。然而,一方面《孟子》中很多地方道德准则讲得明晰清楚;另一方面同样重要的是,道德准则也被明确地看作只具有暂时的意义。《孟子》明确地将超越规则的道德倾向视为圣人人格——这是文本要赞颂的——的终极形式。这种类型的章节跟孟子式的决疑法相关,使得那种具体而随机的道德认知类型成为孟子伦理学的一个重要原则。最明显的一个例子莫过于《孟子·万章下》第1章中对于圣人模式的冗长讨论,它属于我称之为推理决疑法(theoretical casuistry)的系列章节之一;这些章节借助不受规则限制的敏感个例将道德智慧理想化了。

《孟子·万章下》第1章开始便描绘伯夷、伊尹和柳下惠三位圣人。这些人各自经历的本质特征借一系列准则得到了简要的描述。例如,对伯夷的描述是:"伯夷,目不视恶色,耳不听恶声。非其君不事,非其民不使。治则进,乱则退……"他的行为在后面被冠以一个道德描述词:"圣之清者。"相应地,伊尹和柳下惠则分别被界定为"圣之任者""圣之和者"。对于伯夷和柳下惠,孟子特别说明他们作为榜样能够对某些社会阶层施以有益影响:"故闻伯夷之风者,顽夫廉,懦夫有立志。……故闻柳下惠之风者,鄙夫宽,薄夫敦。"①

《孟子·万章下》第1章以简化的准则来描述那三个榜样人物(或者说,以简单准则可以把握的、限定的德性来指称他们),这些准则在主题上可以作为某些道德缺陷类型的矫正剂,但是,此章却以一个非常不同的道德维度来收束——孔子被称为"圣之时者",他的那些明显矛盾的行为不能以某种简化的准则来描述,因为那些行为总是针对十分复杂的情境而做出的直接反应:"可以速而速,可以久而久,可以处而处,可以仕而仕……孔子,圣之时者也。孔子之谓集大成。集大成也者,金声而玉振之也。"

圣人的不可测知性(inscrutability)

圣人的行动取决于语境而非规则,以至于无法为一般由规则主导的道德推理所理解。要想深入了解圣人这样行动时的心胸,我们需要重建语境,以便感知那些触发道德反应的众多因素。那些复杂的语境特质远比规则更微妙,只有它们偶尔

---

① 在别的章节中,如《孟子·公孙丑上》第9章和《孟子·尽心下》第15章,伯夷和柳下惠仍然作为一个组合同时出现,但伊尹则缺席了。此处使用的短语也出现在这两章中,可能是后期编写时才将这些短语加到《孟子·万章下》第1章中的——这可以解释为何伊尹会在上面两章的并列出场模式中缺席。《论语·微子》第8章与《孟子·万章下》第1章类似。

才能解释圣人那些不为世人理解的行为。《孟子》在讨论其学派中曾子和子思的明显不一致的行动时,这一点得到了阐明。

> 曾子居武城,有越寇。或曰:"寇至,盍去诸?"曰:"无寓人于我室,毁伤其薪木。"寇退,则曰:"修我墙屋,我将反。"寇退,曾子反。左右曰:"待先生,如此其忠且敬也。寇至则先去以为民望,寇退则反,殆于不可。"沈犹行曰:"是非汝所知也。昔沈犹有负刍之祸,从先生者七十人,未有与焉。"①
> 子思居于卫,有齐寇。或曰:"寇至,盍去诸?"子思曰:"如急去,君谁与守?"
> 孟子曰:"曾子、子思同道。曾子,师也,父兄②也;子思,臣也,微③也。曾子、子思易地则皆然。④"(《孟子·离娄下》第31章)

曾子的行动看上去是自私而不道德的,某些追随者的质疑道出了我们伦理的直觉反应。沈犹行从一个更大的语境来看待曾子的行为,他更清楚地看到曾子现在的行为表现出的其实是一贯的道德立场(尽管文本没有将这层意思明确地告诉我们)。而且,两位圣人行为的明显抵触也通过参照关乎角色律令——角色律令为他们的伦理视域设定了范围——的第二级准则而变得调和一致。他们在复杂的角色语境中表现出对于道德律令的最完美敏感度,但对于那些仅仅关注情境特征并运用一般规则的人来说,曾子的道德心胸是无法读懂的。然而,正是这种在具体语

---

① 对于这一节中最难解的方面而言,注释是无益的。关于这一节最后的结论,我的理解是:沈犹行的故事显示出,既然曾子的追随者们没有参与救援,那么曾子参与了,由此履行了一个教师的角色——作为一位教师,他是学生的替代性家属(surrogate family)。曾子这两种对比鲜明的行为让知晓这两件事的沈犹行明白,曾子并没有遵循那种只求脱身的一般原则,而是遵循了一种依个人角色而转移的行为原则。另一种理解可能是:曾子和他的追随者都没有参与救援,鉴于在前一个事例中曾子更重视他的家庭角色(因此不关心他的行动会产生何种政治影响),那么曾子和弟子们在第二个事例中之所以那样做,是因为他们都不是沈犹行的家庭成员。
② 我把"父兄"看作一个大家庭中年长者的角色,并把曾子开始时所说的话视为他身处这一角色而说的话。
③ 我怀疑,因为这里曾子和子思的故事采用了平行结构(parallelism),所以子思故事中那个与现有事例鲜明不同、强调子思之"微"的事例可能在通行本中佚失了。如果这一推论成立,那么这句话应该理解为:"子思一为臣,一为微。"(Zisi was an officer [in the one instance] and possessed no status [in the other])——作者原注。编译者按:此处涉及曾子两个事例,因此伊若泊将"曾子,师也,父兄也"译为 Zengzi was a teacher [in the one instance] and a clan leader [in the other],故有"平行结构"一说云云。
④ 最后这句话也出现在《孟子·离娄下》第29章,这大概说明,《孟子·离娄下》第29—31章是专心于决疑性细致分析(这也是《孟子·离娄》全篇的一个主题)的一个文本单元。

境中共有的道德敏感揭示出两位榜样人物所遵循之"道"的一致性。①

在这类章节中,道德认知的神秘化使得当事人避免了基于准则的批评,或者像在上面例子中那样免于被指责为自相矛盾。在此意义上,上面一章似乎是合理化决疑的例子;因为只要任何一个地方诉诸"是非汝所知也"这句话(这句话也出现在《孟子·万章上》第1章,那里孟子关于舜的行为的理解被赋予了特权),我们便可以冠之以"合理化决疑"的标签。不过,沈犹行在挡开别人的质问之外,还就他的肯定性论断的缘由给出了另一个情节,而孟子在结束本章时的评论也意在帮助我们借助切实地把握语境(thicker contextualization)来重新想象两位榜样权威的举止行为。这样,圣人明显的不可测知性便可被视为合理化决疑和解释性决疑所共有的特征因素。

人格在主题上的一致性——"志"

在《孟子·离娄下》第30、31章中,我们已经考查了两个蕴含解释性决疑法的段落。在每个事例中,好像都包含了这样一个观点:榜样人物的行动必须被理解为表现了一致的伦理心胸,这一心胸在根本上整体性地体现了这一人物的人格。文本中"志"有时用来指榜样个体之人格的这种一致性或道德主题。

> 公孙丑曰:"伊尹曰:'予不狎于不顺。'放太甲于桐,民大悦。太甲贤。又反之,民大悦。贤者之为人臣也,其君不贤,则固可放与?"
> 孟子曰:"有伊尹之志,则可;无伊尹之志,则篡也。"(《孟子·尽心上》第31章)

文本对待孔子的态度似乎反映出对于孔子之"志"的先验理解的自信;这一自信揭示出,对于文本中的主人公及文本的作者来说,当以孔子为榜样来表现圣人人格时,那些跟孔子行为相关的事实问题其实被置于次要地位了。

---

① 尽管不同圣人由于语境和角色差异而表现得大相径庭,但他们仍被视为具有同一个"道"立场。这也是《孟子·离娄下》第29章的一个主题。

例如，在《孟子·万章上》第8章中，孟子被要求说明，孔子在卫国和齐国为何要接受那些佞臣的庇护。孟子否认这一故事的真实性，他提到孔子在卫国另有庇护人，认为孔子对其他为他提供庇护的人的回应已经证明：当孔子这样做时，他的注意力从没有偏离过礼、义这些德性力量，也从没有偏离过"命"（demands of necessity）。有的人为孔子的不义行为开脱，说那些行为是对特殊语境适时而随机的反应；但孟子并不接纳这种观点，恰恰相反，他对自己对于孔子人格的理解很有自信，并宣称，如果孔子真的像那些故事所说的那样做了，"何以为孔子？"由此孟子驳斥了那些观点。①

合理化决疑法的颠覆性（subversiveness）

就像文本在分析真实个体时呈现出的那样，解释性决疑法拥有传达权威道德知识的权力，但它拒绝将这种权力给予那些可普遍化的准则或道德描述。如前所述，作为一种人格伦理学，孟子的道德论述便具有这一在理智上可进行自我辩护的特征。但是，孟子在为学派中的权威人物（是他们启发了文本中的合理化决疑法）进行辩护时，他的这一信念却在更根本上因不太站得住脚而损害了自身的连贯性。前面我们已经看到，在考虑为匡章进行辩护时，孟子声称愿意跟他的这位朋友站在一起，他最初采用了一种公式化的文饰，但维持这种文饰却在某种程度上损害了文本对孝的必要性的坚定信念。而在另一处，《孟子》辩护心切，却使得事实的一致性被置于次要地位了。

下面我们将进一步考察：文本描绘了一幅孟子政治生涯的肖像画，其中突出了孟子备受争议的行为，而孟子也得以为自己的行为辩护。在孟子要反驳的质疑之中，有人责备他：他曾有实现其道德目标的机会——他在齐国已成了一名臣子，但他却不作为，并在没有受到强迫的时候辞职，由此浪费这次机会。在《孟子·告子下》第6章中，孟子引用孔子的行为作为先例，借此来回应这种指责。

---

① 《孟子·万章上》第7至9章曾提到一些关于榜样人物的恶意传言，而孟子通过调用榜样人物身上体现出的、可泛化的人格品质，或者通过设想一条他们不会妥协掉的界线，最终消除了这些传言。

> 孔子为鲁司寇,不用,从而祭,燔肉不至,不税冕而行。不知者以为为肉也。其知者以为为无礼也。乃孔子则欲以微罪行,不欲为苟去。君子之所为,众人固不识也。①

现在,《孟子·万章下》第1章将"圣之时者"的冠冕加之于孔子,正是着眼于以下互相矛盾的行为选择:"孔子之去齐,接淅而行;去鲁,曰:'迟迟吾行也。'"②不过,在《孟子·告子下》第6章,孔子在鲁国的事实改变了,这明显是为了贴合孟子本人的例子,如果我们认同这种解释,那么《孟子·万章下》第1章为孔子的圣化所提供的基础便崩塌了。③在《孟子·离娄下》第30章,我们看到伦理教条要服从于合理化决疑法的需要;在《孟子·告子下》第6章我们看到事实的一致性被牺牲掉了。在这类章节中,看起来很清楚,为孟子以及与其传统相关的榜样人物进行辩护的兴趣要胜过事实问题,也胜过了作者的理论建构需要——当文本要描绘统辖《孟子》全书的一致结构时,这就是问题得以产生的主要来源。

我们还要注意,《孟子》中的决疑性论述跟《孟子》得以闻名的直觉主义理论有着一种模糊的关联。理论决疑法要达至这一效果——将道德智慧完美化的信条暗含了超出规则之外的、对实例的敏感性,而这与那种道德反应的内在自发论主张很相符合,解释性决疑法一般会与理论决疑法和直觉主义理论密切合作。然而,那些包含合理化决疑法的章节却似乎常常与此无涉。例如:

> 齐饥。陈臻曰:"国人皆以夫子将复为发棠,殆不可复。"孟子曰:"是为冯妇也。晋人有冯妇者,善搏虎,卒为善士。则之野,有众逐虎。虎负嵎,莫之敢撄。望见冯妇,趋而迎之。冯妇攘臂下车。众皆悦之,其为士者笑之。"(《孟子·尽心下》第23章)

---

① 孟子之所以会辞职去齐,是因为齐国入侵了燕国。即便在一个战乱时代,孟子也认为这种入侵并不恰当,但他并没有马上辞职。孟子最终找了一个借口辞职,尽管文本对此没有详细说明,不过《孟子·告子下》第6章以孔子的例子作为回应的一部分,这已暗示出事实即是如此。
② 在《孟子·尽心下》第17章中有与此极为一致的话,并将孔子离开齐国解释为"去他国之道"。
③ 借助合理化决疑法,《孟子·万章下》第1章对合时性(timeliness)的赞美似乎本身便是部分地用来为孟子的政治行为进行合法化论证的。儒家准则不赞成在不道德的统治者底下任职,而孟子在齐国的行为违背了这一准则。孟子在合时性基础上将其行为合理化了。

这一章暗示了孟子的文学巧辩才能及其对廷臣角色的复杂理解，其中自然暗含了一种"合时性"——即察觉到在朝廷这一语境下个人所能实现目标的有限性，不过，在饥民对道德英雄望眼欲穿的背景下，圣人应该响应道德情感的命令，孟子的这一冷酷智慧却似乎跟一个圣人应有的道德宇宙相去甚远。

借由文学想象理解圣人——关于舜的论述

《孟子》一书中孟子运用解释性决疑法最具延伸性的一个例子是他对传奇君主舜的讨论。在《孟子》讨论的众多道德楷模中，舜作为一个独一无二的圣人，得到了详细描绘：他从未偏离过他的道德情感，在一个非常真实的意义上，他从来"不失其赤子之心"。如果将文本视为表现了历史上孟子本人的思想，那么舜看来占据了孟子自己伦理想象的核心地位。我们将以舜的例子来对《孟子》一书人格伦理学的领会方法展开进一步说明。

在《孟子·万章》篇的前四章中，我们可以看到一系列跟传奇人物舜相关的难题。每个例子都提出一个难题，而这一难题则关乎舜的行为与合宜准则之间的明显矛盾。孟子一次又一次地证明：每次我们发现舜的行动与我们期待的圣人模式相左，原因都在于我们没有强有力地想象到那颗心灵的纯洁本质。

在《孟子·万章上》第1章，学生万章问，像舜这样的圣人怎么会因为父母的不道德和敌意而向上天"号泣"呢？万章引用了一个道德准则"父母恶之，劳而不怨"，然后追问道："然则舜怨乎？"孟子没有争议事实究竟为何，他的回应挑战了以规则来诠释舜的行为的恰当性。显著的事实是舜对父母的爱之深，这种爱是舜的一个人格特征。尽管他在事实上已经获得了世人能想到的所有好处（财富、欢娱和尊敬），但他不能向父母献上自己不求回报的爱，没有什么东西能补救由此带来的根本伤痛。万章对舜的质疑是在平常人的普通准则之层面上提出来的，而孟子的回应则阐明了舜在道德上是如何的超凡脱俗。

在《孟子·万章上》第2章，万章首先指出，舜有孝名，但传说他未征得父母允许便结婚了，这是一个矛盾。孟子回应道，舜正是那么做的，因为他知道父母因为恨他所以永远不会同意他结婚，他认识到，如果他遵循孝则，那么他对父母的爱就会为怨恨所害。因此，他出于保持对父母之爱的纯粹性的目的，便那样做了。在这个不寻常的回应中,我想强调的是其呈现出的思考方式。如果此时不是真的存在一个能确证舜的这个动机的传说,那么,孟子(或者本章的作者)认可了对舜心理的想象性重建,以检视这位圣人人格面具中的诸种动机;这些动机能够说明舜的行动跟他传奇人格的基本面是一致的——尽管遇到超乎寻常的挑战,但在全心爱父母的意识方面他从未丧失丝毫热情。①

究竟是什么特许《孟子》这样来详尽阐发舜的想法呢?很明显,文本将孟子描绘成具有洞察舜真实所是的能力,而其他人则不具备这种能力。接下来,《孟子·万章上》第2章又提出一个问题:传说舜的弟弟象企图暗杀舜,之后舜却让象来帮助自己治理国家,根据这一说法,难道舜不了解象的企图吗?孟子并不认可这一点,但他转而宣称:舜遵循完美的兄弟之爱,这使他自己的喜与忧跟象的喜忧变得一致。跟孝心的例子一样,舜的这一情感是天生固有的,它不会因世事的纷扰而改变。万章不能理解这种一致化的情感在这种情形下居然也可以胜出,于是问:舜站在弟弟这一边并突出喜乐的情感,实际上是不是假装的?孟子又一次读解了舜的心思,并且确认在这个例子中关键的事实是,尽管象看到舜依然活着而忸怩失措,但他还是以兄弟般的方式来称呼舜,正是这一点使得舜本能地以跟象共享国家来回应。

接下来的两章都讨论了舜解决家庭感情跟政治责任之间冲突的方式。这两章的策略是相同的:为舜这位传奇人物编造一种心理状态,这种心理状态可使他与道德完美者保持一致。最典型的一个例子并不在《孟子·万章》篇中。

> 桃应问曰:"舜为天子,皋陶为士,瞽瞍杀人,则如之何?"
> 孟子曰:"执之而已矣。"
> "然则舜不禁与?"
> 曰:"夫舜恶得而禁之?夫有所受之也。"
> "然则舜如之何?"
> 曰:"舜视弃天下,犹弃敝蹝也。窃负而逃,遵海滨而处,终身欣然,乐而忘天下。"(《孟子·尽心上》第35章)

---

① 在《孟子·离娄上》第26章我们注意到,舜不告而娶的原因很不一样:孟子告诉我们,舜关心的是,他的父母不允许其结婚,那么就将其推到"无后"的最不孝的境地中了。比起《孟子·万章上》第2章所提供的解释,《孟子·离娄上》第26章中舜的慎重盘算有点更功利,因而也就不太有趣。

毫无疑问，这里孟子不仅有权传达舜的传说，而且可以再创造它。本章中的推理超越于对忠于责任与忠于家庭之间冲突的权衡之上，最终成了一种文学创作的行为。由这些涉及舜的章节中的决疑方式我们只能推论出，孟子在各个事例中借以提出主张的"事实"并不是他提出的事件的独特语境，而是想象出的舜的独特人格；对于舜的"志"或其内心深处的意图方向来说，孟子作为对舜进行再创造的人，拥有独一无二的进入权。

如果我们将舜视为"学派始祖"，《孟子》一书在他身上押了一些赌注，那么，文本对待舜的许多方式可视为合理化决疑法——当然，由于舜将孝提升到一个绝对标准，文本对他的解释中也存在事实的不一致和某种程度的学说扭曲。不过，设身处地的想象使得这些章节活泼生动，也使得以下观点更加令人信服：在这些章节中，孟子或文本作者真诚地努力理解舜那传说中的道德极端主义（ethical extremism）。① 决疑动机的错综杂糅成为对待道德楷模方式的特征，而文本最核心的关切其实是孟子自己。

孟 子 的 人 格

《孟子》中关于舜的决疑讨论反映出一种寻求理解圣人人格的努力，而圣人人格是在美学层面——已经跟伦理学理论脱离关系——发挥作用的。这种论证模式的重要性和复杂性都完美地体现在文本对孟子本人的描述中了——在中国上古文献中，这一描述是最细致入微的传记性人物描写。我们从文本看到的是，孟子其人位于中心，在叙事描写中得到了多方面表现，不过，孟子运用决疑法将自己常常存在疑问的行为合理化，这一层面却比叙事描写更为重要。这些辩护性的合理化论证有很多只是服务于自我（self-serving），且非常缺乏说服力，以致我们会疑惑：是否对于文本的作者来说，孟子犯错绝非可能，以至于他们无法设想他们对于孟子言行的描述有任何修裁的必要。

---

① 在之前的分析中，我将孔子的决疑分析看作同样受支配于解释性的动机。但是，考虑到孔子在孟子和政治行为之间充当了一个实际代理人角色，我最后认为，与其说对孔子人格的考察是虚构性的，不如说文本将孔子看作一个用来进行合法性证明的榜样角色。

但我却要主张,文本的叙事形态暗示着,文本的作者希望突出孟子行为的疑难而不同寻常的特征,原因就在于这些特征恰恰表现了孟子作为一个个体的独特性,它们是了解孟子人格的进路。对于文本作者来说,孟子的人格是在人们现存的记忆(《孟子》一书本身即致力于保持对圣人的记忆)中最贴近完美圣人的一种。

在《孟子·公孙丑上》第2章这一最具抒情性的章节中,文本为我们详细描述了孟子的心理,其中很明显的是,孟子属于一种罕见类型的人:他们能够控制并专注于他们的"志"。孟子被描绘为一个为义而战的斗士,在他那里,气的力量坚定地听命于"志",而"志"则跟"义"之"道"一致匹配。对道德罗盘的这种牢固把握源于长期的修养,已使孟子的心在面对环境的潜在滋扰时仍然不为所动。这种与"义"保持一致的"不动心"借由孟子式的话语得到了表达:"大人者,言不必信,行不必果,惟义所在。"(《孟子·离娄下》第11章,与《论语·里仁》第10章相呼应)因之,《孟子》对孟子的描述非常类似于模范人物孔子。我们可以期待孟子会成为孔子那样的无固定法则的圣人,他只需要借助他的朝向其复原的、天生的"义"的"不动心"便可以自然应对真实生活的各种特殊情形。

在成书阶段,《孟子》对孟子公共活动生涯的赞美大概跟对他思想的赞美同样多。文本中相当一部分热衷于描写孟子那不寻常的事业生涯,有好多时候孟子被吁请解释他自己的行动。每当这样的时刻,孟子本人最有可能做的是——为理智和道德上变动不居的品质进行自我申辩。我想提出,《孟子》一书著者的部分意图就是留存孟子这些在政治和理智上的传记性的时刻,而不太特别留意它们在哲学或伦理学上的一致性。在《孟子》的这些面向中,孟子本人是全书的重点所在,是寻求认识"大人"人格的读者们的询问对象。

此点这里无法完全展开,因为我们还要讨论其他与孟子有关的决疑材料。我在这里仅聚焦于两个较长的章节,以说明文本如何探讨这些问题。这两章都关系到孟子如何为他早期生涯所采取的立场进行合法化辩护,这一立场是:君子并不主动去见那些潜在的雇主(诸侯),除非那些诸侯表示承认君子的贤德并主动来见君子。

跟孟子"不见诸侯"策略相关的决疑法

在很多章节中,孟子被要求解释他为什么要严守"不见诸侯"的策略,因为如果他能借助参与政务而占据一个权势地位，那么他会获得很多好处。其中最长的一章是《孟子·万章下》第7章，我将逐段来考察。

> 万章曰："敢问不见诸侯，何义也？"孟子曰："在国曰市井之臣，在野曰草莽之臣，皆谓庶人。庶人不传质为臣，不敢见于诸侯，礼也。"万章曰："庶人，召之役，则往役；君欲见之，召之，则不往见之，何也？"曰："往役，义也；往见，不义也。……"

此段后半部分表明，这里的问题情境不仅仅是孟子遵循"不见诸侯"的规条，而且还包括：即便君王要召见他，他仍固守这一规条。万章质疑孟子这一显而易见抗命的根据，孟子则回答说，去见诸侯将会触犯"礼"，因为他并没有递交必需的表示效忠的凭证。他没有这样做的原因出现在接下来的一段中。（接续上文孟子的回答）

> "……且君之欲见之也，何为也哉？"曰："为其多闻也，为其贤也。"曰："为其多闻也，则天子不召师，而况诸侯乎？为其贤也，则吾未闻欲见贤而召之也。"

我们在这里了解到，孟子最初对拒绝诸侯召见的解释——孟子没有做一个庶人所优先需要考虑的"礼"——是一个借口。实际的原因是，诸侯已然违反了"礼"，因为他面对的这个人被敬为老师或值得尊敬。这后一个拒绝理由才是孟子的根本立场，无论这个问题出现在书中何处，事实总是如此。这里，在引述了权威人物子思的例子（君主未能行使统治者与"大人"之间的正确礼节，所以子思断然拒绝了君主）之后，孟子继续引述传说中孔子的例子来回答。

> 齐景公田，招虞人以旌，不至，将杀之。志士不忘在沟壑，勇士不忘丧其元。孔子奚取焉？取非其招不往也。[①]

[①] 这一段话也出现在《孟子·滕文公下》第1章。"虞人"的故事见于《左传·昭公二十年》，附有孔子的评论。应该注意的是，孟子对这个故事的诠释并没有留意两个例子（"虞人"的和他自己的）中涉及相对地位问题的差别：虞人并没有擅自作为，而孟子并没有屈尊俯就。

孟子继而指出，君主对待虞人的不恰当行为远没有他本人（作为一个值得尊敬的人物）所遭受到的不恰当行为更严重，由此他强化了对自己执意恪守不见诸侯规条的合法性。最后，他通过诉诸一般伦理价值来总结自己的回答。

> 欲见贤人而不以其道，犹欲其入而闭之门也。夫义，路也；礼，门也。惟君子能由是路，出入是门也。

这一观点实质上规定，任何一个孟子认为尚可见面的君主本人也必须先成为君子，成为一个很好地依循成圣之道的人。为了达到这一点，孟子同时援引了权威规则和权威榜样的例子。他将这些诠释为属于最普遍层面的道德直觉的表现，"礼"和"义"即位列四德之中。本章以下列对话收束：

> 万章曰："孔子，君命召，不俟驾而行。然则孔子非与？"曰："孔子当仕有官职，而以其官召之也。"

这里孟子避开了一个权威性的反例，他断定，这一例子适用于孔子一生中的特定时期，其语境跟孟子现在遇到的情形完全是两样。①

《孟子·万章下》第7章最吸引人的是恪守规则的严苛性。我们会想，根据《孟子·公孙丑上》第2章，像孟子那样充满自信之"志"的人会认为，这条特定规则（"不见诸侯"）也可以变通——毕竟，孟子的立场似乎要求的是，君主在跟他见面之前要承认他本人的道德权威性。然而，孟子却坚定不移。在与此密切相关的《孟子·滕文公下》第1章中，另一个学生建议孟子采用权宜手段来吸引统治者的注意，孟子明确拒绝了这一建议。这个学生用了一个比喻，"枉尺以直寻"，而孟子则回应道："枉己者，未有能直人者也。"②

---

① 这跟《论语·乡党》第14章中的记载并不矛盾，这一性格描述也出现在后者中。这里的推理关注角色相称性，跟前文讨论过的内容相仿。
② 在《孟子·万章上》第7—9章中，孟子驳斥了那些关于伊尹、孔子和百里奚的诽谤流言，而这里我们可以听到孟子彼时教诲的回响。如果这些人愿意辱没自己，那么他们就根本不可能是圣人（"何以为孔子？"），因此他们的道德权威性及转化能力就会丧失。这里孟子似乎通过指出他不会跨越的底线来建立起自己的威信，尽管这里的赌注要比《孟子·万章上》中低多了。

对于统治者来说,这里孟子已将问题提升到一个决定性考验的层面:在孟子的声名面前,统治者要主动降低自己的身份。只有这样的人才可以成为一个君子,他才有资格任用孟子,并真正为天下做一些好事。就我的分析来说,孟子固执地坚持将这一准则作为揭示那些他可以结交之人的"志"的钥匙,假如他一定要冒险参政的话。①除非我们为这些话同时导入一种诠释,否则我们很难为孟子辩护,并反驳那种批评孟子是基于规则而行动的极端主义者的指责。某种意义上可以说,孟子将道德行动的负担从自己身上抛给了统治者;只有统治者遵循对待贤者的合乎礼义的规则,孟子才会应答。

我要细致考察的第二个章节是《孟子·公孙丑下》第2章。我们发现,这次孟子因为没有详细点出的原因,已经预先断定跟齐王见面是合适的,并且他已经好多次这样做了。②本章以叙述开始。

> 孟子将朝王,王使人来曰:"寡人如就见者也,有寒疾,不可以风。朝将视朝,不识可使寡人得见乎?"对曰:"不幸而有疾,不能造朝。"

在本章后面,事实变得很清楚:孟子将齐王的传话看作一个命令(summons)。尽管他本人正在准备去见齐王,但这里他最终拒绝了。他拒绝的其实是这个命令本身——诸侯决不可对老师或值得尊敬的人发号施令,即便是假以抱歉的措辞来做(就像本例中齐王做的那样)。由此,尽管本章并没有一个不首先见诸侯的语境,但最终仍然因为拒绝不合礼的命令而牵涉到了"不见诸侯"的规则。

孟子被描写成故意说谎,我们该如何评价这一事实?我想,一般的解释策略会将孟子看作运用了一个外交辞令,一个"美丽的谎言",以戏拟影射齐王的做法,由此在抵制破坏规则的同时避免恶语伤人。然而,故事发展的方式表明,我们要对孟子的说谎行为给予不寻常的重视才行。

---

① 在《孟子》中,我们确实看到有几位统治者以不寻常(尽管也并不骇闻)的姿态离开宫殿来见孟子(如《孟子·梁惠王上》第1章中的梁惠王,《孟子·公孙丑下》第10章中的齐宣王),但很难说《孟子》一书中记载的这些事件可以证明这些人拥有了孟子信以为这种姿态能够揭示的道德品质。滕文公作为太子去见孟子,似乎可看作是另一类型。
② 注家赵岐认为孟子已在齐国担任公职,但同样有可能的是,孟子只是作为一个说客,就像他在梁国做的那样。

明日,出吊于东郭氏。公孙丑曰:"昔者辞以病,今日吊,或者不可乎?"曰:"昔者疾,今日愈,如之何不吊?"

王使人问疾,医来。孟仲子对曰:"昔者有王命,有采薪之忧,不能造朝。今病小愈,趋造于朝,我不识能至否乎?"

使数人要于路,曰:"请必无归,而造于朝!"不得已而之景丑氏宿焉。

在我看来,这里最关键的对话是公孙丑和孟子之间的对话。没有这一对话——我们可以略去它而不影响叙事——对孟子不幸遭遇的有趣解释就是要把错误按到规则头上,因为学生孟仲子编造了一个多余的谎话,以及不完全清楚的原因,孟子被迫到一个当地贵族家里寻求庇护。而孟子对公孙丑的答复开启了一个非常不同的"窗口"。孟子展现给公孙丑和我们的是,他的话是反讽式的,对齐王表现出明显的不敬。孟子和公孙丑都知道,孟子并未真的生病,孟子在这里故意说谎,要看一看谎言到底可以编多大,直至他的行为败露。如孟仲子的行为表明的,公孙丑的话所涉及的并非是孟子是否可以一天就恢复健康的问题,它实际上关涉到外出活动的妥当性,因为如果外出活动,就与齐王最初传信时表面上的彬彬有礼背道而驰了。孟子的回答其实也就等于说:"齐王能要求我履行什么礼仪呢?"

不敬的问题成为后面叙事的焦点。孟子此时的主人景丑批评孟子的行为,他说:"丑见王之敬子也,未见所以敬王也。"孟子最初以一个诡辩式的论证来回答,大意是他本人以礼待王,因为他本人视齐王为能够倾听道德教诲的值得尊敬的人。景丑看出孟子曲解了他的意思。

"否,非此之谓也。《礼》曰:'父召,无诺;君命召,不俟驾。'固将朝也,闻王命而遂不果,宜与夫《礼》若不相似然。"

本章的作者用了大量篇幅将孟子置于紧要关头,他无缘无故地揭示了孟子对于齐王的傲慢态度。景丑最初指责孟子在进行利己的说教,而本章作者未能让孟子避免这一指责。作者恰恰将话题聚焦于万章在《孟子·万章下》第7章末尾提出的伦理律令,聚焦于孟子如何把道德秀的"包袱"从自己那里迅速而机敏地转移到他的君主身上。

在那段冗长的结束词中,孟子回转在好几个可能的回答之间。最初他援引曾子的权威,曾子把自己的"仁""义"看作比统治者的财富和官爵更有价值——"夫岂不义而曾言之?"接着,孟子继续论证说,天下有三项值得尊敬的东西:官爵、年龄和美德。按照这种说法,他拥有两项,而齐王只有一项,他胜过了齐王,因此齐王没有任何理由不敬重孟子。最后,他重新回到那项规则:有德之君不会以传令的方式来跟有德之人见面。

> 故将大有为之君,必有所不召之臣。欲有谋焉,则就之。其尊德乐道,不如是不足与有为也。……今天下地丑德齐,莫能相尚。无他,好臣其所教,而不好臣其所受教。汤之于伊尹,桓公之于管仲,则不敢召。管仲且犹不可召,而况不为管仲者乎?

又一次,孟子将行动的负担从自己肩头卸下,放到统治者身上。孟子对整个事件的解释是,他不需要承担任何义务,除非统治者已证明自己是个有德之君。不过,这里比其他章节更清楚的是,文本叙述被设计成强调所有那些妨碍我们相信孟子论证的方面,以及所有那些促使我们形成如下观点的方面:在孟子贯穿整个故事的各种回应中我们看到的其实就是"合理化决疑"——试图掩藏最初动机,以把行动合理化,通过牵强的论证,且是一个又一个的牵强论证来为自己开脱。如果说这一叙事可以轻松地设计成另一种方式,或者干脆全部省略,那么我们似乎就有理由问:为什么一定要这样写?

最简单的答案(我认为也是正确的答案)是,这样写的原因在于,文本目的不是要推进孟子提供的论证,而只是要讲这个故事——这是《孟子》全书中最栩栩如生的故事之一。像《孟子》中的很多叙事性段落一样,文本作者的主要兴趣很明显是孟子这个人而非孟子提供的权威性说教。[①]文本在描绘孟子的行动和他的合理化决疑时,常常并不奉承贴金,有时会模棱两可;文本似乎为我们描绘的是孟子的多侧面肖像,它们可以向我们揭示出孟子其人究竟如何,也就是说,向我们揭示孟

[①] 在一篇讨论《孟子·公孙丑上》第2章的文章中,王安国(Jeffrey Riegel)注意到公孙丑在文本中质疑孟子时的严厉和辛辣,王安国提出,这是因为公孙丑并非孟子门徒。而我认为,王安国点出的情形其实是《孟子》文本的一个主要特征——文本似乎乐意通过各种方式来考察孟子。如果作者的意图是将文本经典化,而非进行解释性的传记创作,那么,某些考察孟子的方式将是不恰当的。

子的"志"。从这个角度来说,《孟子》一书的总目标基本是文学性的,只有通过敏感于其文学品质——文学品质为文本叙述塑形——的阅读,我们才能获得更好的理解。

这种理解进路更适用于那些叙事性的章节,而不太适用于那些格言警句式的章节,因此我并不想将其视为理解文本所有方面的关键。我也不想否认道德理论和儒家政治学说于孟子其人其书的重要性。不过,我希望提出:这些理论兴趣一般从属于文学兴趣,而于文学兴趣而言,文本的传记性因素得到了重视;如果认为这类章节(文本的相当多部分都是此类章节)中孟子的话是为了理论一致性的意图而说出、而记录或创作,那将是根本错误的。这并非说孟子这些话很多情况下在理论上是无趣的,或者说它们在道德和社会方面缺乏反思性洞见;我们在文本中遇到的孟子是一个丰富的个体,认识他,我们受益良多。不过,我们从他那里听到的决疑陈述一般适用于回应具体个例,而不适用于建构系统的伦理学理论。

理论决疑作为孟子传记的一个主题

如前所述,孟子所从事的事业不合于正统,他是带有成见地做的。他屡屡纠缠于公共事务,这导致了大量针对他的行为和人格的攻击,本文限于篇幅,无法对此做出全面的考察。除了跟见诸侯相关的决疑回应(除上面分析过的章节以外,此类章节还有《孟子·滕文公下》第1、7章,以及《孟子·离娄上》第17章)之外,还有两个话题也与孟子从事的事业相关,而且也是硕果累累——它们都借助对明确或含蓄的批评进行回应这一形式而阐发出很多道德理念。其中,第一个话题关乎接受并合乎道德地利用官职(包括《孟子·公孙丑上》第1章,《孟子·公孙丑下》第8、12、14章,《孟子·告子下》第6章,《孟子·尽心下》第17、23章),第二个话题关乎在不担任公职的情况下接受或拒绝馈赠礼物(包括《孟子·公孙丑下》第3章、《孟子·滕文公下》第4章、《孟子·万章下》第6章、《孟子·告子下》第5章)。①

---

① 有趣的是,在这些对话中反复出现的这两个话题——在劝告统治者方面,它们缺少能动主义(activism)主张;而就收受礼物而论,前后不一的行为也不多——跟《墨子·非儒》篇中对孔子的人格攻击有着密切的关联。

此外，还有一些仅遭遇一两次的质疑，以及其他对孟子私下行为及其对待学生方式的质疑。

文本如此频繁地将孟子描绘成面对不解的听众为自己的行动辩护，以致他似乎成了一个不易理解的圣人形象，成了一个已然修得道德常识无法企及的道德心胸的人。就这一点而言，我们会想到，孟子自我辩解式的决疑之所以要援引孔子的例子，为的就是将孟子的思想跟那种用来形容极致圣人的超规则合时性联系起来。① 相应地，孟子对自身行为的辩护就将他的合理化决疑法和理论决疑法以一种使他免于负面评价的方式结合起来了。

对人格的探求具有优先性

在上古文献中，《孟子》可能是最引人注目的体现我所谓"人格伦理学"的文本。不过，在这方面《孟子》似乎只是大量或多或少共享这一普遍想法（common enterprise）的儒家文献之一。这些文献共有一个核心兴趣：通过叙事来重建个体言行的语境，以此来考查他们的"志"。

其中最明显的例子可能是《论语》，它似乎对孔子的复杂人格和他的显白教诲有同样多兴趣。一个更自觉地程式化的例子则可能是注释《春秋》的公羊学派，他们试图从《春秋》这部鲁国宫廷编年史中提取出他们认定的孔子用词的蛛丝马迹——如何辨别和评价其中隐现着的孔子之"志"和孔子之行动。② 《诗经》的各个

---

① 这一点在《孟子·告子下》第6章中得到了讨论。淳于髡批评孟子在齐国任职时没做出多少成就（反讽的是，在《孟子·离娄上》第17章中，淳于髡却在同一个话题上以一个语言圈套来设陷孟子，批评恪守不见诸侯规则的孟子缺乏灵活性）。孟子的不妥协态度跟他自己描述的"权"（即，当具体语境中不同的准则相冲突时，运用自己敏锐的道德判断力来辩明更必要而紧迫的责任）形成了鲜明对照。

② 对公羊学派而言，"志"与规则描述的行动之间有着重要差别。关乎此，以及公羊学说在汉代政治中的应用，桂思卓（Sarah Queen）在近著 *From Chronicle to Canon: The Hermeneutics of the Spring and Autumn according to Tung Chung-shu*（剑桥：剑桥大学出版社，1997年；中译本题为《从编年史到经典：董仲舒的春秋诠释学》，朱腾译，北京：中国政法大学出版社，2010年）中做了考察。这种普遍兴趣在《左传》中的某些叙事部分以及左丘明插进去的评论部分（"君子曰"）中表现得同样明显。值得注意的是，《孟子》和《公羊春秋》还有另一层关联：它们都以"权"——违背规则的行为——为措辞来赋予道德行动以特征（可见《公羊春秋·桓公十一年》）。

注疏学派——他们在诗序中将自己跟孔子的学生子夏联系起来——也专注于揭示诗人之志的诠释学策略,他们把诗人之志看作诗歌文本中道德含义的终极层面。① 使用这些文本来进行自我道德修养和理解,需要一种特殊的读解策略:绕开文字,揭示这些圣人作家的"志"。

我们是在《孟子》中首次遇到这一"两种文本"的论说的。《孟子》中有两次(《孟子·滕文公下》第9章、《孟子·离娄下》第21章)提到,孔子在《春秋》一书中嵌入了一套指导读者越过纯粹言语而抵达道德真理的密码。孟子还在别的地方提醒一个学生读《诗经》时不要拘泥于字面解释:"故说诗者,不以文害辞,不以辞害志。以意逆志,是为得之。"(《孟子·万章上》第4章)

这种文本诠释学断定,如果我们能让自己的注意力超出言辞层面之上,我们便能越过言辞而抵达文本作者之心。孟子的解人之道与此相仿。孟子告诉我们,与其相信对方的话,不如"观其眸子":"存乎人者,莫良于眸子。……听其言也,观其眸子,人焉廋哉?"(《孟子·离娄上》第15章,比较《论语·为政》第10章)在别的地方,孟子也断定他不仅能够不受缺陷之言而迷惑,而且能够越过言辞并通过言辞来诊断说话者的缺点:"诐辞知其所蔽,淫辞知其所陷,邪辞知其所离,遁辞知其所穷。"②(《孟子·公孙丑上》第2章)这一伦理探究层面似乎最终服务于培养圣人般的洞察力,这一洞察力能够从一个人的言行中读出他的人格,即便他的言行原本为了隐藏自我,或者即便其言行的明显表现掩饰了产生它们的意图。正是这种圣人般的洞察力让孟子理解了"不孝"匡章的人格,也正是这种洞察力让《孟子》的那些细心读者得以发现文本主人公的人格。③

---

① 这一点在范佐仁(Steven Van Zoeren)的《诗歌与人格》(*Poetry and Personality*),斯坦福:斯坦福大学出版社,1991年,一书中得到了详细考察。
② 我把重复出现的代词"其"视为指的是说话者。跟信广来(信广来:《孟子与早期中国思想》,第116页)不同,我把"辞"解释为"言辞(words)"而不是"学说(teachings)",因为我注意到,《孟子·离娄上》第15章呼应了这一主张,而后者使用了与"辞"互补的"言"("言"可能真的意指"学说")。不过,在《孟子·公孙丑上》第2章中"学说"是一个可行的解读,在这一点上信广来是正确的。
③ 很明显,并非所有的儒家文献都致力于这一兴趣。例如,《荀子》就完全致力于系统化的学说,没有向读者提供荀子或任何其他楷模人物作为同情之"领会"的对象。最近在郭店出土的早期儒家文献也是如此。这说明,即使在孟子的时代,探究人格伦理学的文本仍然只能代表儒家若干进路中的一个而已。

无根据的决疑与孟子的个性

在本文结束之前,我想再简略地讨论一个章节(它是两个章节中的一个),其中决疑法被反讽地用作一个特别精妙的阐明孟子人格的方式。在《孟子·离娄下》第6章,孟子说了一句格言:"非礼之礼,非义之义,大人弗为。"这样,孟子就使自己远远胜过了那些运用表面的正当性来达到曲解"礼""义"道德意义之目的的人。[①] 然而,就在与此不远的一章中,我们读到了对孟子行为的以下解释。

> 公行子有子之丧,右师往吊,入门,有进而与右师言者,有就右师之位而与右师言者。孟子不与右师言,右师不悦曰:"诸君子皆与驩言,孟子独不与驩言,是简驩也。"孟子闻之,曰:"礼,朝廷不历位而相与言,不逾阶而相揖也。我欲行礼,子敖以我为简,不亦异乎?"(《孟子·离娄下》第27章)

从表面上看,孟子的回答是有问题的。从别的章节(《孟子·离娄上》第25章)我们已经知道孟子不赞成右师王驩(子敖)——甚至还有一个章节,其中孟子以相似的方式来严厉斥责王驩[②]——那么这里孟子为何会惊异于王驩的话呢?而且,孟子依据宫廷之礼来为自己辩护,但上述事件并非发生于宫廷,而是一次私人聚会。我们能相信,孟子鉴于他跟王驩的关系,会愚蠢到不明白在这种不合宫廷准则的语境中恪守宫廷礼节准则的行为将冒犯王驩吗?

那些对文学之奥妙非常敏感的读者才不会这样想呢!显而易见,孟子运用了合理化决疑法,孟子假装出惊异就是明白无误的迹象。我们的意思是,不要对孟子的决疑法太当真,这是对王驩的挖苦嘲笑,跟《孟子·公孙丑下》第2章中——其中孟子猛地打断了公孙丑关于他拒见齐王的追问——孟子的口吻一样。[③] 孟子故意违反了他在《孟子·离娄下》第6章中所说的规则,故意自相矛盾地曲解

---

① 这里采用了李亦理的术语(参见李亦理:《孟子和阿奎那》,第67—72页)。
② 《孟子·公孙丑下》第6章。似乎不可能有两次这样的事件,两次事件都有葬礼这一共同要素,这显示出,它们是不同文本作者呈现同一事件的不同版本。
③ 朱熹对《孟子·离娄下》第27章的解读没有注意到文学维度。他的注释致力于考察《周礼》中记载的相关宫廷礼仪,并解释为何那些礼仪适用于这一例子,而不管这次场合的私下性质。朱子在这里把非系统的合理化决疑当成系统化的学说了。

"礼""义",为的就是向小丑似的王驩表示蔑视。不过,本章的兴趣恰恰在于揭示孟子是有意如此——他狡黠地运用了一个颠覆性把戏,目的便是幽默地表达道德判断。正是此类章节传达给我们这样一个信息:孟子这位亚圣是多么有趣!他的鲜明个性——或者也许是作者对孟子人格的鲜明再造——瓦解了《孟子》伦理学的理论一致性,却在同时创造了新的文学经验的途径,而后者也许同样适切(germane)于儒家的伦理事业。如果此言不虚,那么,《孟子》一书作者的编书原则就跟公羊学派所理解的孔子的著书原则紧密地联系起来了——据说孔子曾就他编纂《春秋》一事说过一句话,"孔子曰:'吾因其行事而加乎王心焉。'以为见之空言,不如行事博深切明"[1]。

(作者单位:印第安纳大学伯明顿分校)

---

[1] 董仲舒:《春秋繁露·俞序》6.4/17,香港中文大学中国文化研究所:《先秦两汉古籍逐字索引丛刊》,香港:商务印书馆,1994年;比较司马迁:《史记》卷130,北京:中华书局,1975年,第3297页。

郭象《庄子注》中的玄学和能动性

方克涛 著 苏 杭 译

一、绪 论

仅从郭象对他注的三十三篇中前七篇——《庄子·内篇》标题的简注来看，就能发现关于郭象（卒于公元312年）的哲学，有一个耐人寻味、富有启发性的谜题。对于不熟悉郭象的读者来说，从这些简短的注释中，可以看出他的思想核心似乎有一种基本的张力。

我们仅能从郭象的《庄子》注中窥见他的哲学。[①]他似乎认为《庄子·内篇》代表了他所认同的"庄子式"世界观的核心，并在此基础上构建了自己的思想体系。只有这几篇的主旨性标题反映了其内容，在标题的启发下他首先对每一篇给出了总结性评述。他对第一篇《逍遥游》的总评指出："物任其性，事称其能，各当其分，逍遥一也。"[②]郭象将这种自由称为"自我实现的境界"。自我实现似乎意味着成功、出色地发挥能动性，追求和实现我们"心"（通常被理解为认知、情感和意动功能的所在）中的价值观、理想和梦想。人们在未经指导的情况下可能会将"逍遥游"理解为随心做事的自由。自由还能是什么？仅凭本能或反射来行动似乎并不自由，或者说这种自由很牵强。

但郭象对其他三篇《内篇》篇章的总结性评注强调了一个观点，似乎与这些明

[①] 史料中曾提及郭象对《道德经》和《论语》作注，但已失传。本章中为了便于讨论，本人假设郭象的注形成了一篇连贯的文章，旨在呈现一致的哲学立场。
[②] 参见郭庆藩：《庄子集释》，北京：中华书局，1961年，第1页。郭注引用皆为《庄子集释》中的页码。郭注的所有翻译都由我本人完成。在整章中，我将"性"解释为任何时候事物固有的、个性特征（the inherent, dispositional character），避免将"性"翻译为"自然"。以区别于"天"，我将"天"翻译为"nature"或"natural"。

显是常识性的假设相冲突。①根据这些评论,适当行动的关键是"无心","心"在这里显然指的是动机、目标、欲望和价值观等积极的态度。②"无心"听起来像是鼓励放弃能动性——独立、自主思考和行动的能力——以及放弃我们重视、追求或争取的一切。对于刚接触郭象思想的读者来说,提倡"无心"似乎与"逍遥"行事的理想相冲突,在后者中我们秉承了与生俱来的本性、发挥与生俱来的能力和天生的潜力。与"逍遥游"相关的自我实现如果不是指实现以及自发地追求我们心中确认的价值观、意图和目标,那又是什么呢?我们可通过能动性来践行郭象所推崇的逍遥作风,而"无心"如何与这种能动性的概念相适应?

为了解答这些问题及相关问题,本章阐释了郭象的思想。下面我会探讨郭象观点的起源,也就是其对"道"的玄学解释,以及人类活动的场域和内在能动性的理念。一旦理解了他对这些点的看法,我们就能知道他对自我和能动性有着独特的观念,相应地,对规范性的适当行动也持有一种独特的观念。因此自我实现和逍遥与他的"无心"说是一致的,而无心实际上是前者的先决条件。我要说的是,郭象对"自""心""知"和"性"等关键词的使用很独特也很专业,既不同于这些词在汉语中的常见用法,也不同于当代哲学心理学中人们熟悉的范畴,但依然是连贯的、可理解的、有正当理由的。其《庄子》注中对能动性和美好生活的标准观念乍一看似乎很令人费解,而且有违直觉。但我认为它是合理的,其对人类能动性的本质和规范性的来源有着引人入胜、深刻的见解,而这种见解很可能是正确的。

二、视道为"独化"

在魏晋哲学辩论的背景下,郭象对道的论述可能是其思想的最突出特点。最著名的是,他驳斥了何晏(196—249)[③]和王弼(226—249)[④]影响甚广的"贵无

[①] 郭庆藩:《庄子集释》,第131、224、287页。
[②] 因为"心"这个词也指身体层面的心,而"心"的概念包括认知、情感和意动功能,所以通常被解释为"heart-mind"。为简洁起见,我将其称为"mind",但前提是此处的"心"涵盖了所有三个心理活动领域。
[③] 欲了解更多信息,请参见德安博(Paul D'Ambrosio)的章节(译者注:此注指 *Dao Companion to Xuanxue* 一书中 HE Yan's "Essay on Dao" and "Essay on the Nameless" 一章)。
[④] 欲了解更多信息,请参见埃里克·纳尔逊(Eric Nelson)的章节(译者注:此注指 *Dao Companion to Xuanxue* 一书中 Language and Nothingness in WANG Bi 一章)。

论",而是将道等同于万物自发的、个体的"自生",该想法是他在向秀(约227—277)的基础上发展而来的。何晏曾主张道是"无也者,开物成务,无往不存者也",并暗示"道"即无,具体而言就是道什么都不是,没有确定的、可辨别的特征,是一种无法命名、不可名状的全,是万物之源。[①] 而对于何晏而言,将道理解为无,不是将其视为完全没有或不存在,而是将其视为"无物"或"无确定之物"。王弼不同意这种描述,认为道实际上只是对无的一种称呼,无是万物之源。对王弼来说,无是一切有的根本或本源。他并没有将这种本源理解为一个无法描述的无差别整体,而是理解为不存在。在王弼看来,如果像何晏那样解释无,就无法解释有的来源;相反,只是指向有的另一个方面。事物的源头一定是在有之外的东西,因此一定无。[②]

郭象对王弼和何晏的观点都持否定态度。不同于何晏,郭象认为无根本就是虚无或不存在,与王弼观点相似。但与王弼不同的是,他认为无不是任何事物的源头。"无则无矣,则不能生有。"[③] 无不能产生事物,也不是"道"。那么事物从何而来?

> 无既无矣,则不能生有;有之未生,又不能为生。然则生生者谁哉?块然而自生耳……自己而然,则谓之天然。天然耳,非为也,故以天言之……故天者,万物之总名也,莫适为天,谁主役物乎?故物各自生而无所出焉,此天道也。[④]

[①] 欲了解讨论内容,请参见 Alan K.L. Chan, "Neo-Daoism," In Bo Mou ed., *History of Chinese Philosophy*, London: Routledge, 2009, pp. 303-323;欲了解相关段落的翻译,请参见 Wing-Tsit Chan, *A Source Book in Chinese Philosophy*, Princeton: Princeton University Press, 1963, pp. 324-325。

[②] 请参见 Alan K.L Chan, "Neo-Daoism," pp. 303-323;也请参见 Wing-Tsit Chan, *A Source Book in Chinese Philosophy*, pp. 321-324。欲了解很多讨论内容,请参见 Brook Ziporyn, "The Self-So and the Repudiation-cum-Reaffirmation of Deliberate Action and Knowledge," In Xiaogan Liu, ed., *Dao Companion to Daoist Philosophy*, Dordrecht: Springer, 2015, pp. 399-401。

[③] 郭象的同辈裴頠(267—300)同样认为:"夫至无者,无以能生。故始生者,自生也,自生而必体有。"参见牟宗三:《才性与玄理》,台北:学生书局,1997年,第368页。另参见汤一介:《郭象与魏晋玄学》,北京:北京大学出版社,2000年,第57页。戴琏璋认为,裴頠的自生概念与郭象的不同,因为裴頠认为事物的生成依赖于外部资源。参见戴琏璋:《郭象的自生说与玄冥论》,《中国文哲研究集刊》1995年第7期,第51—55页;另请参见陈金樑在本书中的章节(译者注:此注指 *Dao Companion to Xuanxue* 一书中 Re-envisioning the Profound Order of Dao: PEI Wei's "Critical Discussion on the Pride of Place of Being" 一章)。

[④] 郭庆藩:《庄子集释》,第50页。

> 故造物者无主,而物各自造,物各自造而无所待焉,此天地之正也。①

事物的产生或形成是由各自内在因素产生的,不受任何"主"的驱使或指示,无论是神、第一源起或源头,还是统一的规律或过程。的确,对于郭象来说,"道"作为一个万物的统一源头——无论是一个实体、一个因果过程,还是一个抽象的规律——这一想法整个都是错误的。"自然之道"只是事物如何自生的标志:

> 道故不能使有,而有者常自然也。②
> 天者,自然也。自然既明,则物得其道也。③

道本身——除了自然万物之外——什么都不做,也没有能力。

> 道,无能也。此言得之于道,乃所以明其自得耳。自得耳,道不能使之得也;我之未得,又不能为得也。然则凡得之者,外不资于道,内不由于己,掘然自得而独化也……故夫为果不足以全生,以其生之不由于己为也,而为之则伤其真生也。④

这段话介绍了郭象玄学和伦理学的几个关键概念。首先,道只是指万物如何"独化",所谓"独化",不是事物之外的实体、力量、过程或规律使它们成为现在的样子,它们也没有利用或遵循外物来成长和发展。相反,它只是万物自身产生、存活或发展的各种方式。可以说,我们根本不应该用单数或以整体来指代道,但在有意义的范围内,道是完全内在于事物之中的。

郭象将事物产生和发展的过程称为"独化"。⑤独化是指在郭象看来,万物

---

① 郭庆藩:《庄子集释》,第112页。
② 郭庆藩:《庄子集释》,第919页。
③ 郭庆藩:《庄子集释》,第471页。
④ 郭庆藩:《庄子集释》,第251页。
⑤ "独化"有时可解释为"独自转化",但"独自"的概念可能有歧义,因为"独化"常常涉及与其他事物的相互作用。参见劳悦强在本书中的章节(译者注:此注指 Dao Companion to Xuanxue 一书中 Lone-Transformation and Intergrowth: Philosophy and Self-Justification in GUO Xiang's Commentary on the Zhuangzi 一章)。

都是自生自足的,没有造物者,也不依赖造物者而存在。郭象将这一基本思想称为自生或自化,与独化一起,是一个重叠概念大集合的一部分,还包括自然、自尔和自得。这段话强调了郭象独化说的一个重要特征。显然,要实现"独"化,事物必须在某些方面独立于外界任何来源而产生和发展。但郭象的观点是,事物也独立于其内部任何控制它们或使其然的任何"己"。道不会驱使我们活动,而我们也不会自觉地驱动它。在郭象口中,"自生"或"自化"指的并非作用于自身而产生、生产或转化的事物。对他而言,"自"这个词的含义不同于"自助""自私"或"自治"等复合词中的"自"。它更类似于"自动/自发"的内涵。自生不意味着某事物以某种方式产生自己,而是该物及出于其内在特性和能力的活动的"自我产生"。①

这段话对比了"自生活动"与"为"。郭象认为,非独化产生的事物,本身就无法通过"为"获得。事实上,他认为实际上"为"可能会阻碍或不利于事物的独立生成。因此,这段话也介绍了郭象伦理立场的基础:独化产生的事物为"真","为"可能会干扰独化,因此应加以避免。

对于郭象来说,自生的本质解释了我们为何无法知晓事物的起源或其是如何产生的。事物及其活动是通过自生或独化产生的,以一种自在的方式发生,没有任何明确的、自知的行动。正因为事物本身如此,所以才"不知其所以然而然"②。其无法被知晓的原因或方式仅在于没什么"所以然"。由于它们是自生的,因此没有任何过程或原因导致其产生,从而解释它们为何所以然。没有什么要知晓、鉴别或明确。要想解释,我们最多只能指出事物确实发生的方式而已。郭象将这一无法解释或明确的领域称为"冥"。③

    无物而物自物耳。物自物耳④,故冥也。⑤

---

① 任博克的评论很贴切,"郭象所说的'自然'不是我所为,也不是任何人或任何事所为"。参见Brook Ziporyn, *The Self-So and the Repudiation-cum-Reaffirmation of Deliberate Action and Knowledge*, p. 404.
② 郭庆藩:《庄子集释》,第61页,另参见第10、55、495、960页。
③ 如任博克所述,此时"冥"是"一个形容事物自生方式不可知性的词"。Brook Ziporyn, *The Penumbra Unbound: The Neo-Taoist Philosophy of Guo Xiang*, Albany: State University of New York Press, 2003, p. 35.
④ 也就是说,无外物使之然;而是事物自然出现而然之。
⑤ 郭庆藩:《庄子集释》,第753页。

否认事物之间存在任何因果关系，或者否认我们至少可知事物为何或如何发生，这种想法是荒谬的。如果郭象持有该立场，那么独化说就站不住脚。但从他对《庄子》的著名段落所作之注中可以看出他并不这么认为，该段落描述了影子与罔两之间关于是什么决定了影子运动的对话。这些评注强调了因果关系的两个要点。首先，所有因果解释都会止于某个点。此时由于事物的本性或特性，这些解释会在描述事物发生的过程中降至最低点。

> 若责其所待而寻其所由，则寻责无极，而至于无待，而独化之理明矣。①

如果我们问为什么物体会投下阴影，回答是它挡住了光；如果问为什么它会挡光，回答可以是它是由不透明材料形成的。但在某些时候，为什么不透明的东西会投下阴影，问题的答案则是它确实如此——有些事物天生就具有这种因果之力，事实就是如此。我提出的这种最起码的解释与郭象的"自尔"的概念相对应。

其次，郭象认为事物之间可能存在因果关系，指的是"相因"或"相使"。②的确，他认为"万物生生不息"③。但他认为这种因果相互作用与独化相容，且确实可以用独化来解释。他认为，对因果关系在根本上的本体论解释在于每个事物个体内部的"宗"。④为简单起见，不考虑罔两、阴影、身体和光源之间的复杂关系，而是考虑一个台球撞击另一个台球并使其滚开的教科书式示例。郭象将第一个台球称为第二个球运动的"近因"。他认为"责此近因而忘其自尔，宗物于外，丧主于内"是错误的⑤，正是由于台球的本性——它们具有一定的质量、弹性、光滑的表面等——方得此因果效应。第二个球的运动不是由第一个球"使然"或"引导"的，而是鉴于第二个球的特征，是对被击中的一种"自尔"反应。⑥可能影响事物的因果关系是由其本性或因果力决定的。在这方面，其转化或发展的道路仍由自己决定，而不由外界事物决定。独化并不意味着事物在无相互作用的情况下产生和发展，而是

---

① 郭庆藩：《庄子集释》，第111页。
② 郭庆藩：《庄子集释》，第112、241、917页。
③ 郭庆藩：《庄子集释》，第943页。
④ 郭庆藩：《庄子集释》，第112页。
⑤ 郭庆藩：《庄子集释》，第112页。
⑥ 郭庆藩：《庄子集释》，第112页。

其相互作用的方式取决于每一件事物的"自尔"。①

在郭象看来,这些源于事物自身本性的日常因果关系,并不同于其他两种他认为确实与自生和独化不一致的关系。一是"待"的关系,由此事物的存在或活动由外物决定。郭象不认同这样一种"待"的关系,他也驳斥了事物之外的"造物主"或第一因使之然的观点。自生和独化显然不符合这种"待"的关系。事物通过上面提到的"为"受到干扰或被操纵,方式有悖于其固有的、自生的特征。在人类能动性范围外,郭象否认存在"待"或"为"的关系,自然作用不待,且自然无为。②正如我们将看到的,在与能动性有关的背景下,他持有规范性立场,即我们应避免依赖于任何外物,同时避免对包括我们自己在内的事物采取行动。

三、无为与本性

郭象将事物依道及独化做出的活动称为"无为"。"为"是指我们根据明确的动机所采取的行动,而不考虑事物的本性或自然规律。因此,它为"强"而非"应"事物的内在趋势或独化。由于"为"是一个人自觉地采取或发起的行动,而不是发现、允许或被引导的行动,我将其称为"有为(采取行动)",将"为"的缺失称为"无为"。

根据中文的习惯用法,"为"泛指行为或行动,而"无为"似乎意味着没有任何活动,或根本什么都不做。但郭象明确表示,在他看来,"无为"并不是真的什么都不做。"无为,非双手合十,无为者,非拱默之谓也。"③相反,它指的是达到与自生、独化等概念相关的某些标准的活动:无为是遵从人的本性和"天机"的活动。

---

① 此处本人的表述与任博克不同,郭象否认事物之间的相互作用是一种因果关系。参见 Brook Ziporyn, *Penumbra Unbound: The Neo-Taoist Philosophy of Guo Xiang*, pp. 103, 105. 本人的观点也不同于汤一介,他认为郭象否认事物有任何力量来相互影响,实际上这使事物的存在变得不可理解。参见汤一介:《郭象与魏晋玄学》,第267、278页。与戴琏璋一样(戴琏璋:《郭象的自生说与玄冥论》,第60—61页),我认为独化说与常见的对因果关系的讨论是相容的。郭象可以坚持表示事物是自生的,同时也认为,通过自生反应,事物当前状态部分是与其他事物因果作用的结果(关于这一复杂的问题,另请参见劳悦强在本书中的章节)。
② 郭庆藩:《庄子集释》,第111、383页。
③ 郭庆藩:《庄子集释》,第369页。

> 夫用天下者，亦有用之为耳。然自得此为，率性而动，故谓之无为也……然各用其性而天机玄发，则古今上下无为。①

无为的例子包括必不可少的活动，例如我们自己吃饭和穿衣。

> 故性之不可去者，衣食也；事之不可废者，耕织也……守斯道者，无为之至也。②

无为符合人的"能"和"分"，从而实现人的本性和完成"命"。这些术语统称为我们随时碰巧拥有的特定性情、能力和局限。③无为的作用在于让它们自然运作，没有自觉的方向。

> 足能行而放之，手能执而任之，听耳之所闻，视目之所见。知止其所不知，能止其所不能。用其自用，为其自为。恣其性内而无纤芥于分外，此无为之至易也。无为而性命不全者，未之有也。④

尽管从符合我们能力的意义上说，无为是"容易的"，但它可能涉及发明、训练和努力。例如，如果正确认识到马匹的能力，驾车或骑马也可被视为无为。

> 夫善御者，将以尽其能也。尽能在于自任……若乃任驽骥之力，适迟疾之分，虽则足迹接乎八荒之表，而众马之性全矣。而惑者闻任马之性，乃谓放而不乘；闻无为之风，遂云行不如卧。⑤

---

① 郭庆藩：《庄子集释》，第466页。
② 郭庆藩：《庄子集释》，第334页。
③ 王德有对此说得很清楚，例如称"性"为"物所具有的各种规定性"。参见王德有：《郭象哲学的基点及相应的几个概念》，《文史哲》1987年第1期，第32页。任博克相应地将"性"解释为"确定性"，认为任何事物的确定性会随时变化。参见 Brook Ziporyn, *The Penumbra Unbound: The Neo-Taoist Philosophy of Guo Xiang*, p. 89。戴琏璋指出，对于郭象而言，"性"实际上是事物的自然禀赋，因此是自为的，无需行动。参见戴琏璋：《郭象的自生说与玄冥论》，第52页。
④ 郭庆藩：《庄子集释》，第184页。
⑤ 郭庆藩：《庄子集释》，第333页。

无为符合事物内在的"理",自生的活动由此进行。这些"理"并非对行动有决定性的某种外部抽象标准或理想——这会与独化说相矛盾——而只是事物实际运作方式的普通"标签"。对于郭象——和大多数中国思想家一样——这些"理"并非纯粹是描述性的,而是具备十足的规范性意义,这为其伦理立场提供了依据。

> 人之生也,理自生矣,直莫之为而任其自生,斯重其身而知务者也。①

因此,"无为"和"为"之间区别的关键在于,"无为"响应并符合塑造我们所处环境的"理",包括事物的本性、"分"及独化,而"为"则予以无视或反对。

四、道德理想:无待

在魏晋时代背景下,郭象对"道"的探讨因其对本体论问题的影响而具有重要意义,但我们此处主要关注其规范性意义。郭象将"道"描述为万物自生或独化,可以直接延伸到美好生活,即在规范性上适合人类行为者的"道"。在他看来,"道"就在于根据我们的天性和事物的规律("理")顺应事物(包括我们自己)的自生。遵循"道",就是修习无为,使我们自己及周围万物都顺从自然。"自然"构成了"天地之正":

> 天地以万物为体,而万物必以自然为正。自然者,不为而自然者也。故大鹏之能高,斥鴳之能下,椿木之能长,朝菌之能短,凡此皆自然之所能,非为之所能也……故乘天地之正者,即是顺万物之性也。②

为了获得美好生活,要遵循天性,让自生自己进行。从《庄子》第一篇起,郭象借用"逍遥"的概念——逍遥游,没有固定的目的地或方向——很好地表达了他对万物"自足其性"的伦理观,没有人为因素或干预。

---

① 郭庆藩:《庄子集释》,第202页。
② 郭庆藩:《庄子集释》,第20页。

自然耳,不为也。此逍遥之大意。①

夫小大虽殊,而放于自得之场,则物任其性,事称其能,各当其分,逍遥一也。②

夫庄子之大意,在乎逍遥游放,无为而自得,故极小大之致,以明性分之适。③

正如每个生物都是"道"的一部分,经历着各自的独化,都可以通过放任其天性自然无为而以自己的方式实现逍遥。对郭象来说,在逍遥游中实现自我,就是根据我们的天性、能力等,去做对我们每个人来说都自然而然的事情。因此,各能动者可以通过各种各样的活动来实现逍遥的生活,而不必优或劣于彼此。大鹏能够翱翔于云端,蜩或学鸠只能在树间低飞,但如果两者都真正地做对自己而言自然的事情,那么两者都可以享受郭象视为逍遥的美好生活。

正如郭象所理解的,自由和满足需要自生活动"无待"于任何外物。我们在前文第二节中看到,这一点在概念上源于他将"道"理解为独化。郭象对"无待"的理解非常具体,因此有了对"无心"的解释。我们从事的任何特定活动确实取决于某些或然条件,譬如圣人列子无论多么轻盈,只有在有风的情况下才能御风而行。④由于环境在不断变化,我们的活动所待的具体条件可能无法再得到。因此,为了做到"无待",我们对任何特定条件的依赖必须是绝对暂时的,从而使自己准备好通过独化来适应新的条件。如果我们被束缚在任何一个方向上,就无法实现"无待"⑤。但要实现这种适应性——即郭象所述的"顺万物之性","游变化之途",就必须"玄同"自我和他者,这样我们就"与物冥"。⑥这一不寻常的表达似乎指的是一种心理状态,此时万物之间各种差异和区别,包括自己和他人的差异,逐渐消失在不确定的黑暗中。⑦在这种模糊、无形的状态下,我们没有固定的身份或事业,因此没有任何负担或纠缠,从而可以通过自生逍遥游而无待。

---

① 郭庆藩:《庄子集释》,第10页。
② 郭庆藩:《庄子集释》,第1页。
③ 郭庆藩:《庄子集释》,第3页。
④ 郭庆藩:《庄子集释》,第20页。
⑤ 郭庆藩:《庄子集释》,第11页。
⑥ 郭庆藩:《庄子集释》,第20页。
⑦ 郭庆藩:《庄子集释》,第11页。

五、冥与无心

"冥"是郭象思想中最鲜明的概念之一,其意指的对象是黑暗、模糊的,因此是不清楚和不确定的。我们在第二节中第一次提到这一词,代指万物的原始自生,是给因果解释画上句号的基石。郭象用"冥"来指代万物不可说明的、持续的实,这在他看来是不可知的,因为是不固定的、不确定的、不断变化的。他将现实这一模糊的面与事物留下的明确而持久的迹(也称为"痕迹")及我们用来识别和指代它们的名称进行对比。[1] 迹和名不是留下痕迹或名称所指的晦涩现实,而是我称之为"明确的"思想和知识的对象。"冥"是不明确的;明确的是"显性的",郭象将其与"伪"联系起来。[2]

"冥"的另一主要用法在上节末尾介绍过,可作为动词,指代一种心理观,此时"异"和"际"暗淡而消逝,自我与他者之间的分歧"被遗忘",能动者与万物在一种晦暗、不确定的冥中结合。[3] 郭象将这种意义上的"冥"视为无待的前提:只有那些"与物冥"的人随波逐流,可以做到逍遥无待。[4]

"冥"的两层意义都与第三种用途交织在一起。"冥"也指不凭"知"而得到的事物。[5] 既然万物模糊的实与其自生为"冥",且因此而超越了知,那么没有知介入的情况下获得的事物也是如此。我认为郭象此处的"知"是一种反思的自觉状态,这一点我将在后面解释。那么,"冥"的三种用途其共同含义是,通过抛开反思的自觉态度,一个能动者可以通过互动与事物接触——"冥合"——双方身份、能力和

---

[1] 郭庆藩:《庄子集释》,第34页。郭象没有说迹只是表象,不是现实。迹与现实的区别,跟表象与现实的区别无关。例如,圣迹是真实的,并且确实记录了过去某个时间圣人走过的路径。问题是静态的、固定的迹和名称不能体现圣人动态的、自生的活动(例如,参见郭庆藩:《庄子集释》,第344页)。因此,不能作为遵循"道"的指南。

[2] 郭庆藩:《庄子集释》,第519页。

[3] 郭庆藩:《庄子集释》,第11页。仅举几个"冥"用法的例子,参见郭庆藩:《庄子集释》,第99、129、185、195、269和754页。王德有强调了"冥"的这一方面,整理了支持将其解释为与事物"和谐相处"有说服力的文字。戴琏璋也提请注意这方面,同时澄清这只是郭象对"冥"复杂定义的一部分。参见戴琏璋:《郭象的自生说与玄冥论》,第62—68页。正如任博克所强调的,黑暗、晦涩、因此不可知的内涵也至关重要。参见 Brook Ziporyn, *The Penumbra Unbound: The Neo-Taoist Philosophy of Guo Xiang*, p. 66.

[4] 郭庆藩:《庄子集释》,第20页。

[5] 郭庆藩:《庄子集释》,第757页。朱汉民探讨了"冥"的这一方面以及与无心的联系,这一点很有帮助,参见朱汉民:《玄学与理学的学术思想理路研究》,台北:台湾大学,2011年,第91—94页。

目的都含糊不清。通过这种方式，能动者保持开放并对自身和其他事物的自生活动做出反应，从而保留了在各方向上实现自化的潜力。郭象也认为来自这种相互作用的活动属于"冥"。①

任何固定的态度——任何以名字明确表示事物的明确思想——只能与万物之迹有关，而非其正在进行的活动。因此，只有通过"冥"，我们才能对事物实际的、持续的自生做出反应，让这种固定的态度消失，并在不确定的晦暗中与事物接触。至关重要的是，这一点不仅适用于我们与其他能动者和事物的关系，也适用于我们自己。唯有达到郭象所说的"玄冥之境"，我们才能完全沉浸在自生之流中，"若夫乘天地之正"。②我们的思想、态度和任何明确的自我意识都会妨碍我们沉浸在这种流动中，所以为了实现郭象的道德理想，我们必须把它们放在一边，做到他所谓的"无心"。"无心者与物冥而未尝有对于天下也"，因为圣人准备好顺于有任何区别的双方。③无心就是没有任何不符合的。④无心是"冥"的先决条件，因此可以逍遥游，因为它能使人"任其至分而无毫铢之加"。⑤通过"冥"，一个人可以"通是以无心玄应，唯感之从，泛乎若不系之舟，东西之非己也"。⑥

按照这些说法，无心——以及与之相关的"无知"状态——对于"冥"和"游"至关重要，因为它有助于对境遇做出反应。它使能动者能够跟随自化，在不被强迫的情况下对不断变化的环境做出适当响应。

---

① 由于我在这里将"冥"解释为一种与事物打交道的规律，最终形成了一种独特的能动性概念（见第6节），我对任博克将"冥"解释为"消失的（进入）事物"持保留意见。参见 Brook Ziporyn, *The Penumbra Unbound: The Neo-Taoist Philosophy of Guo Xiang*, pp. 66–67。可以肯定的是，通过事物达成"冥"的能动者会忘记所有具有反思性的自我意识。尽管如此，能动者仍然是一个独立的实体，正在经历独化，其活动从"性"中自然地出现。郭象的能动性本质上是关系性的，源自能动者的本性与事物之间的相互作用，这一点我会在第6节中解释。但将这种关系描述为参与、加入或合并似乎更贴切，而不是消失。在后来的一篇文章中，任博克将其修改为"消失的融合"，指的是"前反思聚集"或"惬意的未知相遇"，这两种描述在很大程度上与我的一致。参见 Brook Ziporyn, *The Self-So and the Repudiation-cum-Reaffirmation of Deliberate Action and Knowledge*, p. 412。
② 郭庆藩：《庄子集释》，第241页。
③ 郭庆藩：《庄子集释》，第68页。
④ 郭庆藩：《庄子集释》，第96页。
⑤ 郭庆藩：《庄子集释》，第115页。戴琏璋强调了"冥"的这一方面，将其描述为一种达到"无心玄应"的工夫，通过这种工夫，我们忘记了自己，遵循了本性的自我规律，从而与道合而为一，进而实现独化。参见戴琏璋：《郭象的自生说与玄冥论》，第59、67页。
⑥ 郭庆藩：《庄子集释》，第24页。

> 夫无心而应者,任彼耳,不强应也。[1]
> 唯无心而不自用者,为能随变所适而不荷其累也。[2]
> 夫唯无其知而任天下之自为,故驰万物而不穷也。[3]
> 无心于物,故不夺物宜。[4]

相比之下,"有心"则对应着采取行动和束缚了"自然"。[5]它意味着固执地以自己的方式行进,而不是以"自然而然"的方式应对所处的境遇。[6]用心引导行动则与"道"背道而驰:

> 真人知用心则背道,助天则伤生,故不为也。[7]

拒知、赞同无心,郭象到底在宣扬什么？无心或无知与响应性或适应性之间的联系表明,就像"无为"一样,都是(道家)有特定意味的专用术语,具有跟我们与万物相互作用有关的特殊含义。很明显,郭象认为"无为"并不是字面意义上的无为,而是指没有违背道的强加或强迫的行为。同样,我认为"无心"和"无知"并不是字面意义上的根本没有心理属性或意识或认知。郭象通过将"为"与"知"相提并论,明确地表明了这一点:

> 天者,自然之谓也。夫为为者不能为,而为自为耳;为知者不能知,而知自知耳。自知耳,不知也,不知也则知出于不知矣;自为耳,不为也,不为也则为出于不为矣。[8]

正如这段话所明确的,郭象并不排斥所有的"知"。正如他的无为理念肯定了

---

[1] 郭庆藩:《庄子集释》,第149页。
[2] 郭庆藩:《庄子集释》,第131页。
[3] 郭庆藩:《庄子集释》,第97页。
[4] 郭庆藩:《庄子集释》,第232页。
[5] 郭庆藩:《庄子集释》,第407、813页。
[6] 郭庆藩:《庄子集释》,第137页。
[7] 郭庆藩:《庄子集释》,第230页。
[8] 郭庆藩:《庄子集释》,第224页。

"为"的价值,"为"是对情况的自然反应,而非我们强加的东西;他的无知概念肯定了自然发生的"知"的合理性,而不是主动了解的结果。在其他地方,郭象在这种"知"与看之间进行了类比。正如看到事物不需要我们采取任何行动——我们只是睁开眼睛——他所认可的"知"的形式本身就不需要我们采取任何行动。[1]

既然"无知"不是字面上的无知,"无心"也不是字面上的完全无心理态度。在某种程度上适当限定的"自我"意义上,无心也不太可能需要放弃自主能动性的基础。尽管郭象将无心比喻为像小船一样随波逐流,但我们自身的独化和自生与其他事物一样,都是"道"的一部分。因此,可以预期他的"道"观会为我们本性的独化自发产生的行动留有余地。一个可能的假设是,因为它有助于逍遥游并与"有为"对立,所以无心是指无为的心理维度:是指没有导致某人采取行动的心理态度,而非根据一个人的能和分,从固有的"性"出发采取行动。[2]

郭象对模范行为的描述支持着这些猜想。郭象在评论《庄子》中的一句名言,关于有效行动需要"心斋",或清空明确的预定计划时,他将"有心"与"有为"联系起来,并将其与"虚而待物"进行对比:"遗耳目,去心意,而符气性之自得。"[3]这意味着,一旦放下头脑中明确的、反思性的自觉态度,另一个隐含的能动性来源就会出现:一个人的气性。因此,无心不在于放弃能动性或接受被动,而在于我们本性的隐含能力而不是心中的明确态度。郭象一再强调,我们每个人都应该以符合性和分的方式行事——这样做是为了"养生"并符合正确的理。[4]在他看来,遵从本性行事与遵从"知"的行为形成鲜明对比。他表示我们内在天生的是"性动",而来自人为及相关的麻烦在于使用"知"。[5]无心行为只来自我们自身,我们没有自觉地采取行动,也不知道我们究竟是如何做到的。

> 有心于为德,非真德也。夫真德者,忽然自得而不知所以得也。[6]

---

[1] 郭庆藩:《庄子集释》,第152页。
[2] 这一假设与戴琏璋的建议相吻合,即郭象的无心在于抛开偏好、偏见以及对是非、好坏的明确判断。参见戴琏璋:《郭象的自生说与玄冥论》,第68页。
[3] 郭庆藩:《庄子集释》,第147页。
[4] 例如,参见郭庆藩:《庄子集释》,第631、666页。
[5] 郭庆藩:《庄子集释》,第638—639页。
[6] 郭庆藩:《庄子集释》,第1057页。

娴熟的能动者"不主动回应","忘我"并找到"自行"的事物。他们不会一开始就知道某种反应是好的,然后才反应。相反,反应是"在不知道自己如何反应的情况下"自行产生的。这种反应正是"道"。[1]

就这种无知、自然活动本身而言,它最终不在明确的、反思性的控制范围内。自生的事物并非由有自我意识的"我"产生。[2]我们能做或不能做什么来自"天机"及我们所遇事物的理,而非明确采取行动的"我":

> 物之生也,非知生而生也。则生之行也,岂知行而行哉!故足不知所以行,目不知所以见,心不知所以知,俛然而自得矣。迟速之节,聪明之鉴,或能或否,皆非我也。[3]

郭象称我们不知道自己如何走、看或知,我们的"能"不在明确的自我引导下——它们不是"我"所做的——反映了他无心观的一个关键特征。意识到我们如何做自己所做之事,以及使用第一人称代词来指代我们自己的能力和行为是反思性自觉的典型例证——即对自己的自觉状态或行动的明确自觉意识。[4]我认为郭象的无心说主要是主张不要再依赖反思性的自觉态度或状态来指导行动。想想他"足不知所以行"的例子。在正常情况下,我们只是通过郭象口中的"天机"来行走,而不关注我们正在做什么,或者在每一步都意识到"我"正在迈步。要行走,我们必须对自己身体的运动、相对于环境中物体的位置、移动的方向等有一种隐含的、主体反思性意识。[5]这种对行走隐含的、首要的意识本身可以是明确的、次序意识的对象,但不一定如此。例如,在行走时,我们可以注意并因此明确地意识到移

---

[1] 郭庆藩:《庄子集释》,第72页。
[2] 郭庆藩:《庄子集释》,第50页。
[3] 郭庆藩:《庄子集释》,第593页。参见第219页。
[4] 有关讨论,请参见Shaun Gallagher and Dan Zahavi, 2005, "Phenomenological Approaches to Self-Consciousness," Available online: https://plato.stanford.edu/archives/win2016/entries/self-consciousness-phenomenological/part3. 在这种情况下,"反思"是指某些高阶、自我意识状态的属性,以我们的低阶自我意识状态作为对象。
[5] 这种内隐的意识通常被称为前反思的自我意识。请参见Shaun Gallagher and Dan Zahavi, 2005, "Phenomenological Approaches to Self-Consciousness," Available online: https://plato.stanford.edu/archives/win2016/entries/self-consciousness-phenomenological/part1 和Joel Smith, 2017, "Self-Consciousness," Available online: https://plato.stanford.edu/archives/fall2017/entries/self-consciousness/part3.2。

动腿脚的感觉。我们可以借助"我"这个明确的自我参照概念来思考和指导自己迈的每一步。但我们通常都不这么做。正如步行的例子所说明的,我们在日常生活中很多乃至大部分活动都是在没有反思性自我意识的情况下进行的。

当郭象谈到知己心如何知足所以行时,显然他是在暗指我们自身的首要思想或活动的次序反思性意识。他关于无为和让事情自然发生的观点也暗示了一种关于反思性自我意识在"为"中作用的规范性立场,但可能不太明显。"有为"或"有心"去做某事需要一种次序反思性的自觉态度,即采取某种行动并为之努力。① 相比之下,"自己"产生的行动并不需要我们对这些行动方案本身持有次序态度。我们只要行动即可。这种直接行动仍然朝向某个隐含的目的,但不必是反思性自我意识的对象。

我们可以通过两个对比鲜明的例子来阐明这些观点。假设在全神贯注地写这一章时,我口渴了但没有停下来思考,就拿起我桌上的那杯水啜了一口。郭象虽然没有用"意图"这个词,但可以说,我是按照隐含的、自觉的喝水意图行事的。我无须反思性地意识到该意图。现在假设我注意到自己口渴,然后停下来思考喝什么,决定喝牛奶而不是水,并据此形成步行到厨房倒一杯牛奶的明确意图。也许我甚至会明确地告诉自己:"我要一杯牛奶。"二者都是有意行动的例子,但只有在第二种情况下,我才对自己的意图有反思性的自我意识,因为要在思想中形成明确的意图,我们必须意识到该意图本身。

就此作为一个解释性假设,我认为对郭象来说,无心意味着没有明确的、反思性的自觉思想,特别是与引导行动有关的思想。相反,"有心"泛指持有任何明确的、确定的心理态度,我们通过这种态度自觉地引导或声称要引导行动。这种态度可能包括明确的意图、意志、愿望、目标、计划、判断或评价。"有心"类似于英语口语中的"已下定决心"或"想要做某事"的概念。"有心"是在固定态度的基础上行动或思考,我们通过名字等"迹"持有和表达这些态度,而不是让思想和行动根据我们的自生本性和能力动态地与我们的实际情况"冥合"。"有心"之举往往会背"道"而驰,因为固定的、预定的态度往往无法适应不断变化的具体情况。

---

① "为"或"有心"去做某事可能但不必然涉及反思性的自我意识监督和对某人活动的指导,但最起码需要抱有某种首要目的或行动方针的次序态度。

六、郭象关于能动性的规范性概念

郭象由此提出了一个规范性概念，即真正或本性引导的能动性，其源于"道"并与道一致。在规范上适当的能动性通过无为发挥作用，这是由我们本性自发的，响应并适于境遇。这种能动性来自"冥"，因此"无心""无知"，并伴随着模糊自我－他者之间的区别及忘我。这种活动发于独化并因此符合"道"。鉴于郭象的理论框架中不同概念之间的推理关系，这种规范性立场直接源于他对"道"的玄学理解，即"道"蕴含于事物独化中。

郭象强烈反对一种涉及有为的能动性模式，即"有心"和"知"，并将其与这种自生无为对比。在前者中，反思性的自觉思想和态度决定了行动，通常会参考明确的迹，例如传统的道德规范。这种思想和态度将我们的目的强加于环境，因此倾向于反对或强迫事物，而不是随之同流。在郭象看来，这种模式与"道"背道而驰。由于反思性自觉态度会背弃并干扰我们的本性和天机，反思性自我意识本质上往往会阻碍独化的过程。

郭象对这种反面行为模式的描述呼应着一个熟悉的前理论概念，即"能动性"主要在于决定做什么的反思性自我意识过程，通常表现为我们用第一人称代词表达的内心独白。在这个概念上，能动性在于充当一个内在的"我"，根据其欲望、价值观、承诺等给予明确指示。郭象将有为与这种明确的、具有反思性的自我意识决策联系在一起，而非通过独化而自然发生的活动，所以他认为其干涉了"道"和逍遥游。为了遵循"道"，我们不应理会明确的决策，而要根据与我们的环境互动而产生的"无心"、自生的反应行事。

如果我们从明确决策的角度来理解能动性，郭象对无心和无为的言辞似乎无异于否定能动性本身。但事实上我认为他并不否定能动性，而是对在规范上适当的能动性提出了一个独特的概念：能动性是相应背景下的响应式活动，源自我们自生本性。这个概念可能比较陌生，但我认为它很合理也很有见地，阐明了能动性的本质、价值的来源或行动的规范性基础。

很难清楚地确定郭象的观点，与我们更熟悉的行动和能动性概念有何关系，因为他使用的概念和对比——有为对无为、有心对无心、万物实之"冥"对事物明确的迹、思想对本性——这与当代精神和行动哲学中普遍采用的概念并不相符。例如，他对"有为"或"有心"的描述不容易映射到意志、努力、认知、考虑或意图等概念,因此明确将他的立场认定为否定上述内容是不准确的。① 他观点的关键不是否定思想、能动性或自我,而是将它们在规范上适当的表达与自生独化的过程相结合,他认为这在于我们本性隐含的、直接的反应,而不是心中明确的、反思性的自觉态度。实际上,他主张改变我们对适当能动性的理解,从根据行动主体"我"的明确的"有心"而为,转变为不断形成的不确定的、无心的反应,后者同时通过我们本性和境遇之间的相互作用而改变。郭象在明确借鉴《庄子》思想的同时,以一种独特、独创的方式提出了一种观点②,即真正能动性的纽带是本性,而不是心,重塑了该过程中"性"的概念。

因此,对郭象来说,能动性的核心在于我们的本性对境遇的自生反应。在规范上适当运用能动性有两个方面:我们的本性,包括"能"和"分"——我们的才能、局限、外表和精神特征等——以及我们的活动对情况的反应和与情况相"适"。郭象主张抛弃明确的、次序的行动指引态度,理由是其对我们的性格和情况反应不足。但在他看来,我们仍通过本性的自然、对情境做出的反应隐然决定自己的行为。

要理解他的立场,需要思考一下循"道"行事所涉及的内容——即根据我们的身体、心理、社会和历史条件,沿着适合我们这类能动者活动的路径前进。对郭象来说,能动性就是"修道",可以迅速反应贴合实际,亦可毫不在意及无能为力。循"道"就是要顺应独化的过程,其中万物的所有个体,包括我们自己,都在不断地发展和转化。由于能动者本身及其社会和物理环境都是不固定的和不断变化的,因此"道"是不确定的,也是开放的,需要不断地运用自身不断发展的性格和能力,在自身不断演变的条件下找到一条合适的道路。郭象坚持认为,要有效地修行这样的"道",我们必须从本性直接、无心地反应而为。

可以将"道"想象成像驾驶小船这样具体的活动。要想航行得好,必须不断

---

① 因此,我反对任博克将郭象描述为"对一般认知的争论"(Brook Ziporyn, *The Penumbra Unbound: The Neo-Taoist Philosophy of Guo Xiang*, p. 19)或否定"意识、评价和意志"(Brook Ziporyn, *The Penumbra Unbound: The Neo-Taoist Philosophy of Guo Xiang*, p. 149)。在我看来,任博克在谈到郭象拒绝"反思意识",同时允许可能存在"蓄意意志",仍然是自发的时,他的立场更加坚定。参见 Brook Ziporyn, *The Penumbra Unbound: The Neo-Taoist Philosophy of Guo Xiang*, pp. 38-40。由某人内在性格立即、自发产生的行为可以是有目的的、有意识的、蓄意的或有意的。在郭象看来,这不可能基于明确的、反思性的自我意识态度,或受其引导。
② 例如郭庆藩:《庄子集释》,第432、552页。

对风、浪和水流的方向和强度波动做出反应，同时避开岩石、小岛和其他船只等障碍物。水手根据对船平稳和航行效率隐约的感觉，不断调整主帆索和舵柄。可以就应对各种情况制定经验法则，但明确的指导远不足以应对一切——用郭象的话就是朝向实际活动的迹。他表示这项活动本身是模糊的，因为无法明确指定专业的水手在不同情况下的具体反应。学好驾船就是掌握一门在感觉指导下不断适应的艺术。这种适应是无心的，因为专业的水手将清空思想——任何愿望、计划、意图或其他指导行动的态度——即除了有效航行到目的地以外的其他事情，让所遇条件决定自己的路线。最优秀的水手往往对环境有着最敏锐的感觉和反应，对他们来说，所遇到的自然环境具有规范意义，给出更好或更坏的线路。当然，这些线路及其规范性价值只会在水手们潜在的、隐含的航行目标背景下出现。但对郭象而言，这种背景下隐含的目的总是存在的，源于我们的本性、能力和被赋予的角色。

水手的行为和他们所处的环境之间的相互作用说明，在郭象看来，在规范上适当地行使能动性是与生俱来的。诚然，正如第二节所述，郭象认为"道"在于每一事物的独化。它们不受任何外物抑或内在控制一切的自我所驱动或由其所生，其活动自发地按自生的本性和能力进行。但在他看来，我们每个人的自然行为将是我们自生的本性和能力对环境反应的产物。我们的直接目标和遵循的特定做法是通过我们的能力与环境（包括我们与之互动的其他人）的"冥合"而形成的。[1]在我们与周围万物互动之前，我们持续自生过程中的每一步都是不确定的，其自化也构成了"道"。因此，我们通过与其他能动者和事物的互动实现自然活动中的本性。在郭象看来，能动性的互动性是无心之所以关键的原因之一，因为在心中预定的行动路线会干扰对环境的开放式反应。

郭象所论之规范性"能动"概念的关联性和互动性，解释了为什么他不担心让本性指导行动可能会驱使我们纯粹为私利而行事，进而忽略他人的需求。正如他所理解的，适当的行动永远不会涉及硬缠着他人或忽视他人利益，因为这需要我们运用自身本性和能力来找到适合环境的反应，包括我们与他人的关系。事实上，他

---

[1] 任博克恰如其分地将"冥"描述为一种标志，代表了娴熟的能动者如何与事物互动，而不是在确定的、自觉的"知"的基础上与事物互动。参见 Brook Ziporyn, *The Penumbra Unbound: The Neo-Taoist Philosophy of Guo Xiang*, p. 65。

的"冥合"概念代表了一种为他人着想的深刻观念,因为它将能动性融入模糊自我与他人之间界限的态度,为我们自己和行为影响对象寻求自然,后者的自生活动与我们自己的一样是"道"的一部分。

郭象强调,基于我们本性的无心反应可能会让人担心,他的立场会导致盲目地依靠本能生活,就像低等动物只是遵循其固有本质一样。他的无为和顺应适"分"行事的学说似乎意味着被动接受命运,只是扮演自己预定的角色,同时放弃改变或改善处境的主动权。①但事实上,郭象对我们本性、"能"和"分"的观念明确允许改变和发展。②它既不将我们限制于本能的行为,也不限制在预定的生活方式。与人的本性是先天和固定的典型假设相反,他明确指出,只要某人有必要的手段来吸收所教的内容,就可以通过学习改变和塑造本性。③的确,正是因为我们的本性是可以改变的,他认为,我们需要通过隐含的、不确定的、模糊的"冥"来寻"道",而不是通过固定的、明确的"迹"——比如传统的仁义规范——因为过去适合别人的"迹"可能不符合今天我们的性。④本性也不限于我们本能或自动去做的事情。在本性基础上的能力可能需要反复练习才能显现,而后天的游泳、驾船等活动可以通过练习成为其中的一部分,从而成为"自然"的活动。⑤事物并不总是靠自己实现"自我规律",遵循这些规律可能需要"冶炼和提炼"或积累实践。⑥

郭象因此重视依本性而无心为之,同时也允许本性被塑造、发展或改变。对

---

① 郭象主张被动接受现状和人们在生活中的固定角色,对此的批评参见王中江:《郭象哲学的一些困境及其解体》,《中国文学与文化》2007年第2期,第160、168—169页。对于这种解读的详细反驳,参见陈志强:《对郭象哲学所受质疑提出辩解》,《清华学报》2014年第3期,第358—360、362—364页。另参见任博克在Brook Ziporyn, *The Penumbra Unbound: The Neo-Taoist Philosophy of Guo Xiang*, p. 145及Brook Ziporyn, *The Self-So and the Repudiation-cum-Reaffirmation of Deliberate Action and Knowledge*, p. 413中关于反对郭象之宿命论的讨论。
② 关于这一点,参见Brook Ziporyn, *The Penumbra Unbound: The Neo-Taoist Philosophy of Guo Xiang*, pp. 59, 143; Brook Ziporyn, *The Self-So and the Repudiation-cum-Reaffirmation of Deliberate Action and Knowledge*, pp. 410–411和陈志强:《对郭象哲学所受质疑提出辩解》,第363页。关于郭象是否假定事物具有固定性质的争论,参见Brook Ziporyn, *The Self-So and the Repudiation-cum-Reaffirmation of Deliberate Action and Knowledge*, p. 407。尽管有相反的文字证据,比如,汤表示对于郭象而言,"性"是不可变的。参见汤一介:《郭象与魏晋玄学》,第30页。
③ 郭庆藩:《庄子集释》,第518—519页。
④ 郭庆藩:《庄子集释》,第518—519页。
⑤ 郭庆藩:《庄子集释》,第642页。
⑥ 郭庆藩:《庄子集释》,第257、280页。

此批评者可能持反对意见,表示这种发展或改变需要心理资源,而这是郭象所否定的。反对意见可能会认定,充分发挥能动性的关键是能够自觉地退后一步,思考自己的行为和目的,并在需要时评估和修改。除非郭象设想的本性之变化纯粹是外部影响的产物——在这种情况下,他对能动性的理念确实是盲目和被动的,以及"待"于能动者之外因素——修改或改变我们态度和行为的能力似乎需要某种明确的自我检讨。但郭象的立场暗示,正当的改变只能通过本性隐含的、直接的反应做出,而非明确的想法。事实上,他坚持认为我们不应违背本性或试图通过模仿不属于它的东西来"强化"它。[1] 由此看来,我们本性的任何改变都必须由内而生。

对于这一关键点,我的建议是,郭象实际上可以对在能动性指导下的"性"的正当改变,给一个连贯的、合理的解释,尽管他否定了一个前提,即明确的、次序检讨对于我们改变性格和行为的能力至关重要。事实上,他的论据可以是:即使我们明确地评估了自己的行为、目的或性格,任何随之而来的合理变化实际上都基于我们本性的内隐反应。在他看来,任何真正适合我们能动性表达的行动理由——反映我们的实际性格、能力等,以及对所处环境规律的适当反应——都必须自生。这些理由源自"冥"(不确定的模糊性),因此不能成为明确想法的对象。因此,要真正响应我们自生的行动理由——进而响应"道"——我们必须依本性的内隐反应而为。郭象会允许这样的反应有时可能由明确的、反思性的自觉评估使然。例如,他可以承认明确的思想在澄清问题中的作用,我们的本性会予以反应,但反应本身是自生的,而不是明确的思考和决定的结果。

虽然郭象此处的立场似乎有些牵强,但我认为是有道理的,而且几乎是常识。他的立场等同于声称,"道"是指导行动的内隐态度——例如价值观、偏好、欲望、判断等——当我们沉浸在所处环境中时,这些态度"就会出现"。事实上,我们似乎经常通过本性的直接、自然反应来找到最基本、最可靠的行为理由。例如,很多人都有过这样的经历:明确地考虑一个决定,却发现我们已经内隐地做了决定;或列出了两个选项的优缺点,却发现已经预定了其中一个。我们的许多道德判断都建立在自己原始的基础价值观上,例如家人生命的价值或公平、平等的价值。

那么在郭象的理念中,什么会促使我们的本性及所循之"道"发生改变呢?他

---

[1] 郭庆藩:《庄子集释》,第496、523页。

对正确"循道"的标准是,我们的活动通顺并适于万物之能及分,使各自以自然方式进行。以这种方式好好生活的特点是安逸,以及无待于任何特定的外部条件。我们可以代表郭象合理地声明,这些标准或失去这些标准会导致我们的本性发生变化。例如,游泳或驾船等后天技能已成为第二天性的人,可能是通过非强制、自然的行为方式习得的技能。也许他们住在水边,被这些活动所吸引,并发现它们恰好符合其性格和能力。通过反复练习,游泳或驾船最终成为其本性的一部分。相反,如果某些行为方式导致障碍、痛苦或与我们的自生反应相冲突,那么我们的行动就不自由,带来困难而非轻松,并且不适合当前情况或我们的性格。为了解决这些问题,可能需要改变我们的行为方式或性格。反过来,我们可能通过本性的自生反应发现改变的正确途径,或许通过反复试验,旨在寻找更合适的方式。①

七、结 论

回到绪论中提出的问题,在郭象的观点中,循"道"并实现逍遥游确实能实现自我,但此种正被谈及的自我,是由我们本性及其能力在与环境的互动中持续独化或自生构成的。郭象认为,只有当这种自生和自我实现的过程"无心"或在没有明确的、反思性的自觉方向下发生时,方可顺利而恰当地进行。由对固定轨道的明确态度所引导的"有心"活动会加以干扰,因为这种态度起码比自生的"冥实"和"道"向后退了一步。任何通过明确的"有心"去做某事来引导我们行事的企图,都等同于有为并待于外物,而非遵从自生、无待之"道"。因此,郭象的无心说之基是:"道"是万物自生而无待之活动中所内涵的。

抛开技术术语,郭象的立场是,美好生活,作为一种内在的自我实现,从而在心理上自由和安逸的生活,就是要按照我们动态发展的性格、能力和现有资源与所遇之具体情况互动的方式生活。由于在每个人的持续发展过程之外无任何"道"——因此也无"伦理路径",行动唯一合理的规范性依据是那些使我们性格与处境以最佳方式相适的依据。郭象思想中有一个深层次的特点,非常有吸引力,即将规范性扎根于人类的自我实现,尽管这是一种独特的理念,通过巧妙地、无我地

---

① 郭庆藩:《庄子集释》,第281页。

根据环境形式调整自身行为,所达成的自我实现。[1]

　　本章阐释了郭象的能动观如何将其与他玄学之"道"观相契合。在试图清晰呈现郭象的思想时,我认为他思想中几个可能令人费解的特征,实际上是可以理解的,并且至少在表面上是合理的。但要证明郭象的整体立场都站得住脚,他思想的许多方面都需要进一步研究。归根结底,他关于能动性的规范性观点之成败,取决于他对"道"及对规范性来源的解释。所以,首先要透彻地解释他将"道"视为独化的学说。为巩固其规范性立场,他通过"适""宜"和"当"等术语表达的观念需要进一步阐明。他提出的"冥"这一复杂概念在形而上学和心理学层面的含义需要厘清。而且,与万物"冥合"的心理状态在多大程度上算是一种实用的规范,还是只是一种理论上模糊的理想,都有待证明。郭象对"有心"的全盘否定是否合理也是一个问题。即使我们承认"无心"活动的重要性,也许"有心"的思想或行动在促进适当的无心反应方面也具有合理作用。

(作者单位:多伦多大学)

---

[1] 任博克以道家的风格表达了这一点:"真正的价值……恰恰在于无意识:符合无痕忘我自然的舒适感。" Brook Ziporyn, *The Self-So and the Repudiation-cum-Reaffirmation of Deliberate Action and Knowledge*, p. 404.

青年儒学论坛

寓"志"于《诗》之意义结构

——"诗言志"的一种可能性诠释

黄子洵

《尚书·舜典》所言"诗言志"对我国的诗学传统产生了深远影响。后世论《诗》在相当程度上延续了此进路,如《庄子·天下》"《诗》以道志"和《法言·寡见》"说志者莫辩乎《诗》"。对于"诗言志"的内涵,《伪孔传》和孔颖达分别解作:

谓诗言志以导之。①
教之诗、乐,所以然者,诗言人之志意。②

二者的不同之处在于,《伪孔传》着眼于以《诗》言志所具有的独特作用——导志。言下之意是用别的方式言志可能达不到导志的效果。孔颖达则关注"志"这一概念本身,把"志"解作"志意",但对其具体内涵仍付之阙如。

"诗言志"文字过于简奥,留下了许多发问的空间。值得思考的是,是否因为《诗》是言志的唯一进路,《尚书》才以志来论《诗》?鉴于《论语·公冶长》"盍各言尔志"章也出现过"言志"的相关文本,可见《诗》并非言志的独一途径。既然如此,为何《尚书》只强调"诗言志"?可以想见的原因有二:第一,《诗》所言之志具有独特性,为其他经典所不具备;第二,以《诗》来言志的方式有其独特效应,为其他方式所不及。二者分别与下述追问相对应,其一,《诗》之志的具体内涵是什么?其二,《诗》言志的独特方式与效验何在?

---

① 孔安国传,孔颖达正义:《尚书正义》,上海:上海古籍出版社,2011年,第106页。
② 孔安国传,孔颖达正义:《尚书正义》,第106页。

学界对于"诗言志"的诠释多聚焦于前一问题,形成了作者志意说和多重志意说两种立场。

　　作者志意说以为,既然诗人处于特殊的历史情境中,那么所作之诗与诗人之志必然受限于个别而特殊的经验因素,纯属诗人个体性的产物。由此,志被解释为诗人个人的志向、心志。"诗言志"即为《诗》在表达言说主体的心志。[①]此立场论志时过于倚重主观意愿,把志等同为个人性的心之所向。[②]这使志完全受制于经验层面的主观欲求,未能看到志须以一定的规定性为其意义面向[③],即"存主"。"故志者,存主义。心有存主,即自力生。"[④]"存主"作为"志"的根本规定,应成为"志"是其所是的关键,所谓"志者,中有所存而不放逸之谓"[⑤]。不放逸的前提在于"中有所存"。应用"心有所存主名志"的"存主义"纠正"心之所谓之志"的"向往义"可能导致的偏颇。"存主"涵摄的规定性恰恰能摆正向往之趋向。存主之纯固构成向往之高明的条件。[⑥]

　　多重志意说认为,《诗》经历了漫长而复杂的经典化过程,有不计其数的作者、编者参与其中。作为集体智慧的结晶,《诗》之志必然具有多重维度。[⑦]但此立场

---

① 诗在言说言说者自身,在言说言说者的心象、感悟和志趣,所谓诗以言志。高秉江:《诗与象》,《杭州师范大学学报(社会科学版)》2008年第5期,第21—24页。
② 对于仅从个人之向往义来论志,熊十力先生提出过批评。"凡人闻说志字,便若其意义甚显,不待索解。欲求学问知识,高出乎人。或欲建立某种事业。若本自私自利之意作出,则不成事业矣。如是而自谓有志,实则此等意念,正是无志者迷妄之情,私欲之炽然窃发而不自觉耳。彼以为心之有所向往,便谓志。如是,则向于自私、狂惑、污下,无不可谓之志。"熊十力:《读经示要》,北京:中国人民大学出版社,2006年,第102页。
③ 子曰"志于道"(《论语·述而》),又曰"苟志于仁矣,无恶也"(《里仁》)及"吾十有五而志于学"(《为政》)。孔子志在道、仁与学,而非其他主观意愿或偏好。可见,孔子亦强调志所具有的意义规定性。《荀子·儒效》在"圣人也者,道之管也"这一语境中理解《诗》之志。杨倞将《诗》言是,其志也"解释为"是儒之志"。二者分别以圣人和儒来论说《诗》之志,同样说明"志"具备一定的意义规定性。并非但凡个人层面的主观意向或意愿都可称作志。
④ 熊十力:《读经示要》,第105页。
⑤ 熊十力:《论六经·中国历史讲话》,北京:中国人民大学出版社,2006年,第86页。
⑥ 以"存主"义来论志,一方面强调了诗之志具有不受限于经验因素的规定性,另一方面也说明"志"所具有的普遍规定性并不是抽象而空洞的,不是从细节中抽绎出来从而与细节相分离,而是渗透在诗人生存经验的每一环节,全方位影响着诗人对周遭世界的观察、感受与表达。这使得诗人对生存经验的抒写有别于纯粹的私人情绪的发泄,而是一种将普遍规定性纳入自身的创造性活动。志的规定性对诗人的存在状态与生命光景产生了一种持久的影响。
⑦ 朱自清、马银琴等学者均从此见。朱自清区分出献诗陈志、赋诗言志、教诗明志和作诗言志。朱自清:《诗言志辨·经典常谈》,北京:商务印书馆,2011年,第10—50页。诗言志之志,实质上是一个相当宽泛的概念,它既可指作诗人之志,亦可指用诗人之志,还可以指读诗人之志。马银琴:《周秦时代〈诗〉的传播史》,北京:社会科学文献出版社,2011年,第190页。

未关注多重志意彼此间的关系问题,即多重志意是互不关涉还是具有内在的统一性?倘若多重志意彼此独立,305首诗不过是在多人之志的主导下辗转而成的内在松散的总集。这意味着多重志意中的每一种志仍被理解为纯粹个体性的产物。诸多个体之志经由偶然的历史因素被归并到一起,缺乏内在的调和。因此,"多重志意说"带来的是纷然淆乱的割裂局面。

此外,学者还常以直接而抽象的方式来论志,从字词训释的角度把"志"解作"心志""情志""志向"。此种训释虽然符合语义学层面的事实。但我们对志的理解也就止步于此。志始终作为一个内涵空洞的概念而存在。实际上,志并非独立于《诗》而存在的语词或指称。对《诗》之志的理解应随着读《诗》过程的深入而逐渐得以澄明。脱离《诗》直接对志进行字词训释,相当于在志伴随着《诗》的内容得以展开之前,就强行以外在训释的方式使其停留于闭合状态。那么,追问《诗》之志的正当方式是怎样的?对此,《孔子诗论》论"志"的方式颇具启发意义。

一、《孔子诗论》论"志":追问《诗》之志的正当方式

据李学勤先生的分章与考释,《诗论》第十二章为"孔子曰:'诗亡隐志,乐亡隐情,文亡隐意'"[①]。《诗论》论"志",并不是对"《诗》无隐志"进行直接训释,而是逐步察究每首诗的特质,并从《诗三百》内容框架的展开过程中去探究《诗》如何实现"无隐志"。

《诗论》论及之诗多达44首,涵盖了《诗》近七分之一的篇幅,其中既有对诗提纲挈领的评点,如"《关雎》之改,《樛木》之时,《汉广》之知"(《诗论》第一章),又有对诗之意旨的详细阐释,如"吾以《甘棠》得宗庙之敬,民性固然,甚贵其人,必敬其位"(《诗论》第二章)。

《诗论》看到,志熔铸于每首诗的遣词造句、布局谋篇之中,而不是作为抽象空洞的概念独立于《诗》之外。《诗论》尊重每首诗的特殊性,以此为基点来探索《诗》之志,而不是脱离《诗》直接地去追问志是什么,但同时又并非把每首诗视为孤立的个体,而是重视《诗》各个部分的同一性。在评点各首诗的主旨之后,《诗论》第

---

① 李学勤:《〈诗论〉分章释文》,刘信芳:《孔子诗论述学》,合肥:安徽大学出版社,2007年,第280页。

八章开始对《颂》《大夏》《小夏》《邦风》进行总评:

> 颂,平德也,多言后,其乐安而迟,其歌绅而荡,其思深而远,至矣!大夏(雅),盛德也。多言……也。多言难而怨怼者也,衰矣!小矣!邦风,其内物也博,观人俗焉,大敛材焉。其言文,其声善。(《孔子诗论》第八章)

在《诗论》看来,每首诗固然是一个独立完整的世界,但同时也作为《邦风》《小夏》《大夏》《颂》的内在环节。如此一来,每首诗之志并不是呈现为某种孤立的"特殊性",而是在更广阔的意义整体中实现了新的规定。①

据《诗论》论"志"可知,一方面,不应把对"志"的探究还原为语义学层面的训释,而是应从每首诗的布局谋篇与表达方式去推敲诗人的感受与体验,探究此诗如何呈现出与此特殊情境相适应之志。另一方面,不应孤立地去看待每一首诗,而应顺着《诗》的整体性结构去体会每首诗之志如何不受限于特殊的经验因素,而是作为整体的内在环节保持其同一性,进而去体究纷繁特殊之志如何顺着此结构实现了志之统一。

《诗》之志既有其特殊性,又具有普遍的统一性。二者并非矛盾对立,而是实现了特殊与普遍的统一。普遍性的实现,并不是通过最大限度摒除特殊性,提纯出抽象的一般性而达到。同时,特殊性的保全也不是通过舍弃普遍统一性而实现。统一性实则寓于特殊性之内,凭借具体而特殊的环节得以彰显。

二、论《诗》之意义结构的统一性

承前所述,《诗》之志顺着《风》《雅》《颂》整体性结构逐渐展开。意欲探究《诗》之志的统一性,有赖于对《诗》基本结构的分析。

在通常情况下,《诗》的结构多被视为在经典化过程中人为建构而成,而非《诗》自身本具。"西周以来创作的众多诗篇,虽然最初并不具有统一的主旨,但是经由后

---

① 《诗论》第八章阐释了《颂》《大雅》《小雅》与《风》的差异。随着四部分依次展开与呈现,其差异也逐渐被扬弃,作为《诗经》有差异的内在环节而存在,营造出《诗经》精神世界内在的纵深感与层次感。

续的拣选与编辑,最终收入《诗》中的诗篇已经具有了整体性的意义。305首诗篇以不同方式凝聚、呈现着周礼的精神。"①《诗》之结构乃是自外铄之,其根据在于人为的偏好因素或意愿目的。这可能导致的理论困境首先在于,如果承认《诗》的结构纯属外铄,就相当于预设了众诗之间彼此独立、无甚关联才是诗的原初面貌。《诗经》所谓的整体性作为一种外在的"整体性",可以被人为地建构,也可以被人为地解构。这将使志之统一消解于无形。其次,从外在整体性论《诗》之结构的立场把《诗》的呈现样态完全归为编纂者主观层面的操作,将无法回应《诗》之结构的必然性的问题,即《诗》为何必然以此种结构样态来呈现自身,而非其他样态。

对此,区分出外在整体性与内在整体性很有必要。这有赖于研究视角的翻转,并不是以编诗者为本位去探究其如何开展整编工作,而是回到《诗》本身,探究《风》《雅》《颂》三部分是否能够内在生发出某种连贯性与统一性,呈现为一个环环相扣的意义系统。也就是说,《诗》的结构是否具有一种内在的整体性?这是"志"之统一得以成立的前提。

(一) 论《风》

风诗以《二南》开篇,终之于《豳风》,流动地展开了先民的生命进程,呈现出历史-文化维度中人类生存的各个可能性维度以及人在现实中的可能性遭遇。多数情况下,诗中人物作为无辜者,承受了种种不幸。此处"不幸"主要是就在世关系而言,其未尽人意成为大多数风诗面对的困境。这使得他们对世界怀有某些质朴而美好的愿景,如盼望亲人团聚、男有分、女有归、国泰民安等。

风诗凭借鲜活且有力度的生存经验提醒我们,在真实的生存境况中,孤立的自我并不存在。个体在我们所处的社会背景、所置身的历史-文化共同体中,在我们与他人、与世界的关系中不断实现其意义,也只有通过关系网络中的身份的彼此承认,我们才能不断加深对自我生命意义的认识。独特的是,风诗字面上并未出现"关系"这一概念,对关系的思考并不是以理论反思的方式来进行,而是通过诗人在各种特殊情境中的形象化表达得以展现。

1.《国风》之伦,始于夫妇

古人看到,人类生活以五伦为纲维延伸开来。其中夫妻关系被视作五伦之首、

---

① 孟庆楠:《哲学史视域下的先秦儒〈诗〉学研究》,北京:北京大学出版社,2009年,第43页。

"生民之始"。"始"并不是时间意义上的开始,而是根据层面的始基,即夫妻关系构成一切人伦关系的基础。同时,古人也意识到夫妻关系的特殊与复杂之处。首先,夫妻之伦的自然起点在于男女之情。男女之情不学而能,不令而行,很大程度上源于与生俱来的"好色"冲动,对于维持稳固的夫妻之伦而言存在诸多不利因素。其次,夫妻关系因其至亲至近,往往可以揭示出人性深处的种种隐秘面向,而后者在浅层次的社交活动中则难以揭示。夫妻间的相处对于个人的修为智慧是极大的考验。如果连最切近的夫妻关系都无法妥善处理,又如何可能在面对夹杂更多利害关系的君臣和君民关系时游刃有余?夫妻关系不正,其他人伦关系必然很难摆正。如何正夫妻之伦,是风诗的一大关切。

据统计,《国风》关涉男女、夫妻关系的诗多达70余篇[1],占据风诗近二分之一的篇幅,如崔述所言:"五伦始于夫妇,故十五国风之中,男女夫妇之言尤多。"[2]《国风》透过前人的生存经验动态展开了男女之情与夫妻之伦的各个可能性维度。

《关雎》前半部分(从一章"关关雎鸠"到三章"辗转反侧")展现出君子爱慕并追求淑女这一过程的内心世界。人成长到了一定年龄,无不对异性产生爱慕之情。求而不得,难免会催生道不尽的相思之苦。恋人既然已到适婚年龄,最期望的事情莫过于及时完成嫁娶之礼。《小序》所言"《摽有梅》,男女及时也",道出了先民长久以来的朴素心愿——男女以正,婚姻以时。《摽有梅》以不同时期梅花凋零的境况营造出大化匆匆的流逝感。日复一日,女子的婚事也迫在眉睫。此诗连用了三句"求我庶士",回环复沓,满载着"婚姻以时"的心愿。

从《关雎》到《摽有梅》,心上人经历了漫长的追求与盼望。由此,《桃夭》中新婚时期的美满和乐多了一番苦尽甜来的深意。《桃夭》以"桃之夭夭,灼灼其华"开篇,繁盛的花景与新婚的喜庆场面相得益彰,与《摽有梅》"婚姻以时"的愿景正相呼应。桃树开花先于生叶,最后才结出果实。花景虽美,就桃树生命的全过程而言只是一个开端,直至结出果实,其整体性生命阶段才画上了圆满的句号。女子出嫁亦是如此。新婚的喜庆氛围作为美好的开端,预示着婚后生活拉开了帷幕。《桃夭》

---

[1] 洪湛侯:《诗经学史》,北京:中华书局,2002年,第682页。
[2] 崔述:《读风偶识》,顾廷龙主编:《续修四库全书·经部·诗类(六十四)》,上海:上海古籍出版社,2002年,第240页。

随即把目光投向了婚后生活,对其寄托了美好期许。

然而,就在《桃夭》奏出幸福和乐的最强音之后,关于婚后夫妻关系的风诗却急转直下,呈现出了另一幅光景——多与生离死别、见异思迁有关,哀多于喜。

讲述夫妻阴阳两隔的风诗莫过于《鄘风·柏舟》。共姜追忆亡夫的音容笑貌,深情款款,自不待言。诗以"泛彼柏舟,在彼中河"开篇。"在彼中河,则为中流自在之舟,以喻人心之定也"①,意味着共姜已立定心志,绝不改嫁他人。若说"泛彼柏舟,在彼中河"是共姜委婉地寄寓心志,诗两章的末句则是共姜直陈心志,起誓绝不改嫁,至死不渝。

除了阴阳两隔的永别,风诗还关注到另一种分离——连年征伐使夫妻分隔两地。征夫思归、妻子怀夫在风诗中比比皆是,如《周南·卷耳》《汝坟》《召南·草虫》《王风·君子于役》等。在《汝坟》中,"遵彼汝坟,伐其条枚"与"遵彼汝坟,伐其条肄"仅易一字。朱子:"斩而复生曰肄",又曰"伐其枚而又伐其肄,则逾年矣"。②由"枚"到"肄"的变化营造出时间上的纵深感,意味着妇人再次砍伐时,植物已历经新一轮生长繁育。在妇人那里,由"枚"到"肄"不仅是自然意义上植物的生长时间,而是具有独特的意义——新的一年已到,丈夫却仍未归来。由"枚"到"肄"的变化预示着植物生命内在的环节在时间之流中展开、涌现。相比之下,自从丈夫离开后,妇人的生命一直停留于"未见君子"的状态。由此,妇人"惄如调饥"便具备了可理解性。

"生离"意指遭遇的某种不幸拆散了一对夫妇,使其在空间上被迫分开。此外,风诗还关注到了更为普遍的另一种分离——夫妻情感的疏离。综观风诗中的夫妻百态,即便夫妻双方没有经历生离死别,也多以关系不和收场。《桃夭》所期许的"之子于归,宜其室家"成了一种奢望。

《竹竿》道出了婚后女子的普遍境况——妻子不见答于夫。《竹竿》序:"卫女思归也。适异国而不见答,思而能以礼者也。"郑玄解作"我岂不思与君子为室家乎?君子疏远己,己无由致此道"③,又见"伤己今不得夫妇之礼"④。《日月》序同样对"庄姜不见答"予以关注,"卫庄姜伤己也。遭州吁之难,伤己不见答于先君,以

---

① 方玉润:《诗经原始》,北京:中华书局,2015年,第155页。
② 朱熹:《诗集传》,第10页。
③ 毛亨传,郑玄笺,孔颖达疏:《毛诗注疏》,上海:上海古籍出版社,2015年,第320页。
④ 毛亨传,郑玄笺,孔颖达疏:《毛诗注疏》,第321页。

至困穷之诗也"①。朱子注曰:"庄姜不见答于庄公,故呼日月而诉之。"②又曰:"不得于夫,而叹父母养我之不终。"③

"不见答于夫"的极致是丈夫见异思迁、抛弃原配。《氓》与《谷风》从弃妇的视角道尽婚变的痛苦。《氓》序所言"华落色衰,复相弃背"揭示出婚变的根本原因——色衰爱弛。此外,风诗还关注到夫妻关系的另一悲剧——丈夫宠爱小妾,正室虚有其位。"《绿衣》,卫庄姜伤己也。妾上僭,夫人失位而作是诗也。"④尊贵的黄色收敛在里,卑贱的绿色反而显露在外,暗示尊卑失序,国君夫人名存实亡。此外,风诗还揭示出男女关系不正的现象,如《墙有茨》《鹑之奔奔》和《南山》等。国君或君夫人未能以夫妻之礼相待,还与他人保持不正当的关系,尤为可耻。

综上所述,风诗反映出男女之情、夫妻关系的现实百态,揭示了婚姻关系的种种不稳定因素,其复杂与多变自不待言。即便没有天灾人祸酿成生离死别的悲剧,夫妻也常滋生内患,轻则貌合神离、彼此冷落,重则淫于新婚而弃其旧室,甚至行淫于外。

风诗并不是对这一切冷眼旁观,也不是以相对主义的立场收场,而是迂回委婉地将夫妻之道应有的规范性娓娓道来。此立场早已渗透于《关雎》的后半部分。君子求得佳偶之后,二人的相处活动是"琴瑟友之,钟鼓乐之"。

《荀子·乐论》:"君子以钟鼓道志向,以琴瑟乐心。"钟鼓琴瑟的演奏者是君子。演奏的目的在于"道志向"和"乐心"。这意味着"琴瑟友之"和"钟鼓乐之"不同于一般意义上以娱乐消遣为目的而进行的奏乐活动。在先秦时期,琴瑟和钟鼓多在庄重肃穆的典礼场合用于演奏雅乐。据《鹿鸣》"我有嘉宾,鼓瑟鼓琴",琴瑟与钟鼓出现在天子宴请群臣嘉宾的场合。天子奏琴瑟、钟鼓之乐,旨在表达对群臣嘉宾的体恤和敬重。

《关雎》用天子宴请嘉宾时演奏琴瑟、钟鼓来讲夫妻之间的相处,间接表达出对夫妻理想相处模式的期许——以礼相待、相敬如宾。《关雎》从"悠哉悠哉,辗转反侧"过渡到"琴瑟友之,钟鼓乐之",君子对淑女的相处方式有所转变,从生理本能

---

① 毛亨传,郑玄笺,孔颖达疏:《毛诗注疏》,第168页。
② 朱熹:《诗集传》,第26页。
③ 朱熹:《诗集传》,第27页。
④ 毛亨传,郑玄笺,孔颖达疏:《毛诗注疏》,第159页。

层面对异性的强烈渴慕升转变为相敬如宾、以礼相待。因此,《诗论》以"改"字来评点《关雎》。

> 《关雎》以色喻于礼……其四章则喻矣。以琴瑟之悦,拟好色之愿,以钟鼓之乐……反内于礼,不亦能改乎?……《关雎》之改,则其思益矣。(《孔子诗论》第一章)

刘信芳:"改者,更也。"[1]君子将好色的冲动纳入礼的规范之中,以合乎礼的方式来与妻子相处。对此,《诗论》予以了充分肯定。《关雎》与《诗论》都将君子视为婚配行动的发起者与责任的承担者。君子应以身作则,以礼来对待佳偶。风诗的叙述视角与此一脉相承,在讲述夫妻关系不正时,虽然也有讽刺妻子的诗篇,但多把矛头指向立身不正的丈夫。

综上所述,风诗展现出男女、夫妻之伦的诸多可能性维度,但并非停留于客观而中立的记录,也不是以相对主义的态度收场,而是把对夫妻之伦的思考寓于诗篇的遣词造句之中。独特之处在于,风诗对夫妻关系的思考不是通过理论的抽象演绎得出,而是通过人们真实的生存经验和生命样态来展现,以迂回曲折的方式展现何为夫妻之伦的应然样态。不仅是夫妻之伦,自我与他人关系的各种可能性维度,如父子、兄弟、朋友等切近处的人伦关系在风诗中都有所呈现。风诗以前人具体而鲜活的生存经验晓谕我们,人类的在世生命如何一步步展开,自我与他人的关系如何紧密交织为一。

2.《国风》之序:以国为别,见俗之异

风诗以国别为单位编撰而成,如孔颖达所说,"言《国风》者,国是风化之界,诗当以国为别,故谓之国风"[2]。综观风诗内在的层次与章法,每首诗是独立完整的世界,同时诗之间并非彼此孤立,而是互相融合成新的整体。同一国别的诗作为新的统一体,与别国之诗呈现出明显差别。

先秦时人除单独赏玩某首诗外,还以国为单位来欣赏一国之风的特色,如季札观乐。除了《曹风》,季札对其他风诗都做了评点,其间还引入了"民俗"的维度。

---

[1] 李学勤:《〈诗论〉分章释文》,第182—183页。
[2] 毛亨传,郑玄笺,孔颖达疏:《毛诗注疏》,第2页。

季札透过风诗的差异，观见到不同邦国民俗之独特。可见，他并不是单纯就《诗》在说《诗》，而是把风诗作为一国精神风貌的集中体现。

《汉书·地理志》："民有刚柔缓急，音声不同，系水土之风气，故谓之风。好恶、取舍、动静，随君上之情欲，故谓之俗。"此段文本将"风"解释作"水土之风气"。可见，"风"首先被视为一个自然地理性的概念。一地的自然地理状况必然会影响到此地百姓的生息繁育，使各地的民风呈现出刚柔缓急等差异。水土之风气作用于此地民众，形成饶有特色的民风民俗。这时"风"已超越纯粹的自然性而与人文性相结合，成为熔铸自然性与人文性于一身的复合概念。

刘咸炘区分出"土风"与"时风"两大面向。"风"分横、纵。横为土风，纵为时风。二者在风诗中都有体现。"土风"指各国风俗世态的差异，"时风"指各国历史进程中的更替变革。

> 一切事皆有风气，一事有一事之风，或为一朝之风，或为一代之风，大则古今之变，小则仪物之象。又言纵为时风，横为土风，一时风中或有数土风，土风或以时风而改，时风或因土风而成，彼此影响。①

土风与时风的形成和发展是互相影响的动态过程。在阐释风诗时，《诗大序》提出"变风"概念，朱子有"参之列国以尽其变"②的提法，都突出了"变"的因素。

风与俗在流变过程中难免出现偏差与流弊。"人心风俗，不能历久而无弊。因其弊而施补救……风气之弊，非偏重则偏轻也。重轻过不及之偏，非因其极而反之，不能得中正之宜。"③这就需要在位者因势利导，将风、俗复归于正。可见，"风""俗"与"政"关系密切。孔颖达在"风"与"俗"的基础上，引入了对"政"的思考，"风为本，俗为末，皆谓民情好恶也。缓急系水土之气，急则失于躁，缓则失于慢。王者为政，当移之使缓急调和，刚柔得中也"④。

因风而治、因俗施教是一国之事的重要面向。以《风》来给十五邦国之诗命

---

① 刘咸炘：《推十书》，成都：成都古籍书店，1996年，第2394页。
② 朱熹：《诗集传·序》，第2页。
③ 章学诚著，叶瑛校注：《文史通义校注》，北京：中华书局，2014年，第363页。
④ 毛亨传，郑玄笺，孔颖达疏：《毛诗注疏》，第12页。

名,表明编诗者认识到"俗"对于一国政事的重要性。倘若对一地的自然风土、百姓风俗缺乏了解,将难以承衰救弊,及时纠正民风之偏颇。

不同地域在水土之风气上各有差异,使得民性缓急亦有不同。一国之政教在此基础上得以开展,塑造了此邦国独特的个性与精神风貌,直接或间接地影响了诗人的生存经验与感受方式。十五国风是各国自然风气、民性缓急、一国政教长期杂糅交融、孕育而成的结晶。这成为风诗在表达上各有特色的重要原因。

每一邦国的历史都具有不可替代性。国风独特的行文风格与表达方式植根于每一邦国特殊的历史人文底蕴。借着国风的独特表达,诗人创造了属于这一国家的共同记忆。《风》重视地域性与国别性,并以邦国为基本单位进行组织和编次,对各国自然物候与人文历史的差异性与特殊性予以了充分尊重。透过十五国风的差异,我们可以探求一国独特的自然地理、历史进程与政教境况如何塑造了此邦国独特的风俗民情,一国的历史人文如何直接或间接地影响了诗人感受方式和言说方式,以至于缔造了亘古流传的诗作。

(二) 论《雅》

《诗经》现存篇目305首,其中风诗多达160篇,超过了《诗》二分之一的篇幅。承前所述,风诗持存了诸多生存经验,呈现出伦常日用的各种可能性关系样态,那么为何《诗》不止步于《风》,而是必须继之以《雅》? 对于《诗》完整的意义结构而言,《雅》为何是必要的?

1. 从《风》到《雅》: 由家国到天下

对于《风》《雅》之别,《诗大序》指出:"是以一国之事,系一人之本,谓之风;言天下之事,形四方之风,谓之雅。"《风》《雅》分别关注"一国之事"和"天下之事"。从《风》到《雅》是从一国之事过渡到天子之事,从"国"过渡到"天下"概念。

孔颖达用"狭""广"描述《风》《雅》之异。"所言者直是诸侯之政,行风化于一国,故谓之风,以其狭故也","道说天下之事,发见四方之风,所言乃是天子之政施齐正于天下,故谓之雅,以其广故也"。[①] "广"并非指疆域之广,而是指"天下"这

---

① 毛亨传,郑玄笺,孔颖达疏:《毛诗注疏》,第20—21页。

一意义共同体的深广博大。朱子所言"正之于《雅》以大其规"①,也是就天下这一意义共同体的格局而言。

从《风》到《雅》的过程犹如登山,在山脚时目力所及不过身旁草木,及至半山腰,山川旖旎尽收眼底。《小雅》的视角从人伦日用拓展到君臣、宗族、夷夏等政治领域,气象恢宏,辞劲雄浑,论征伐则风骨铿锵,义气凛然,记燕飨则仪文彬彬,格调雅致。《大雅》又拓展至共同体纵深性的历史进程。十五国风在横向的土风与纵向的时风上虽有差异,但都从属于天下这一深远博大的生存世界。此时,诗人是以天下之民这一更具普遍性的身份而出现。

雅诗反复出现"王事"的提法,如《四牡》"王事靡盬"、《出车》"王事多难"。王事与王政的兴衰并不是以抽象说理的方式来呈现,而是经由不同身份人群的生存经验得以彰显。由此,天下这一生存世界切实地与芸芸众生紧密相连。

《小雅》塑造了身份各异的人物,从无名兵卒、征夫使臣到职位显赫的西伯、将帅。雅诗透过人物的生存经验展现出王事如何渗透于周人生活世界的方方面面,对其产生了何种切实影响,呈现出王政渗透于大千世界中的丰富样态。既然雅诗着眼于天下这一意义共同体以及王事在每一个体身上的体现,那么君臣关系则成为雅诗的中心,用意在于"明君臣之相合"②。

《正雅》大致由两类诗构成,分别是宴饮诗③与臣子尽忠之诗,宴饮诗中,"我有嘉宾"之辞屡见不鲜。"夫嘉宾即群臣,以名分言曰臣,以礼意言曰宾。"④称臣为宾是"君使臣以礼"的体现。虽贵为天子,亦须礼贤下士。"先王因其饮食聚会而制为燕飨之礼,以通上下之情。而其乐歌又以《鹿鸣》起兴,而言其礼意之厚如此,庶乎人之好我而示我以大道也。"⑤君以礼相待,臣自然以忠心来回报,所谓"臣事君以忠"。《天保》作为《鹿鸣》之应,诠释出"君能下下以成其政,臣能归美以报其上焉"⑥,反映出君臣之间待之以礼与报之以忠的关系。《鹿鸣》《天保》的主旨分别是

---

① 朱熹:《诗集传·序》,第2页。
② 黄德海:《诗经消息》,北京:作家出版社,2018年,第208页。
③ 据洪湛侯统计,《小雅》的《鹿鸣》《常棣》《伐木》《鱼丽》《南有嘉鱼》《蓼萧》《湛露》《彤弓》《桑扈》《頍弁》《宾之初筵》《瓠叶》都为宴饮诗。洪湛侯:《诗经学史》,第665页。《小雅》共74首。其中宴饮诗多达12首,占据近六分之一的篇幅。
④ 方玉润:《诗经原始》,第328页。
⑤ 朱熹:《诗集传》,第156页。
⑥ 毛亨传,郑玄笺,孔颖达疏:《毛诗注疏》,第682页。

上以礼恤下和下报上①,二者形成酬答对应的主宾关系。②

雅诗看到,君臣尊卑之分不容僭越。但严守君臣之分也易导致"上下之情壅而不通"。雅诗通过酬答呼应的关系说明互通上下之情的重要性。君王以礼宴请群臣嘉宾,感念群臣尽忠职守。为了回报君王的知遇之恩,群臣对于王事更加尽职尽责。面对尽忠之臣,君王更是以礼相待。这构成了良性的循环。雅诗通过酬答对应的关系体现出君臣间双向性的伦理要求,尽管君和臣各有其应尽之责,但《小雅》明显把君视为表率者。君王不仅应在言行方面做好表率,立身行事中正不阿,还应主动体恤和慰劳臣下。③

2. 雅诗的内在张力:王政之实然与王政之应然的反差

雅诗虽关注君臣关系,但却不是对君臣之伦进行一番理论化阐释,而是用前人的生存经验迂回而曲折地晓喻君臣相处之道。雅诗深谙君臣关系的应然样态,同时也对现实生活中的君臣关系的诸多不正洞若观火。君臣关系不正,必然导致王政陷入颓势。现实世界王政的颓势与其应然样态的差距使得雅诗在营构布局上呈现出极大张力。

此种张力首先表现为盛世之诗与衰世之诗的对比。《小雅》前部分(如《鹿鸣》《天保》《鱼丽》《南有嘉鱼》等诗)写的是君臣宴乐,上下同心,呈现出一派欣欣向荣之景。从《节南山》起,画风突变。继之以《正月》,乱世之风大行,足见"《诗》明治乱之际"④。《正风》开篇点出了诗人之忧。"首章用三'忧'字,'我心忧伤''忧心京京''瘨忧以痒',后之诗人不敢如此用。"⑤随着诗的推进,诗人用不同的方式表达自己的忧愁。《正雅》中的《采薇》《出车》《杕杜》等诗虽也言及诗人之"忧",

---

① 除此之外,《小雅》中的《瞻彼洛矣》和《裳裳者华》、《桑扈》和《鸳鸯》、《鱼藻》和《采菽》之间也构成应对酬答关系。
② 传统诗论经常有某一首诗报、答某一首诗的说法。以一者为主,一者为客,一者为问,一者为答,其实就是从诗歌宾主关系及语气所做的判断,其有可取之处。李辉、林甸甸、马银琴:《仪式与文本之间》,《温州大学学报(社会科学版)》2020年第1期,第50—61页。
③ 《四牡》《采薇》和《杕杜》讲述了臣子为王事奔走劳苦,但实则蕴含天子体恤臣下的用心。据《小序》所言"《四牡》,劳使臣之来也""《采薇》,遣戍役也"和"《杕杜》,劳还役也",其中,"劳使臣之来也""遣戍役也"和"劳还役也"所缺省的主语不是臣下本人,而是天子。这意味着"劳使臣之来也""遣戍役也"和"劳还役也"的行动主体都是天子,可知三首诗并不是使臣自叙劳苦,而是天子代叙臣子劳苦。未等臣下自陈其苦,天子对此已经了然于心并代叙其苦处,更能体现天子对于臣下的体恤之情。
④ 王夫之:《诗广传》,长沙:岳麓书社,2011年,第458页。
⑤ 顾随:《顾随诗词讲记》,北京:中国人民大学出版社,2006年,第151页。

相比之下,《正月》以如此多样的方式反复论述"忧"。忧的强烈是《采薇》等诗所不及的。

小雅中还出现了衰世之诗与思古之诗的对比。在衰世之诗的中间出现了《楚茨》《信南山》《甫田》等风格迥异的诗,或言祭祀,或言丰收,或言嘉礼……诗境繁盛美好,恍若重回西周盛世,一扫衰世诗的萧条肃杀。诸诗之序的落脚点都在"思古"[①],意味着美好的情境并未在当下真实发生,而是出于诗人对西周盛世的追想。

诗人洞察到王政境况存在着巨大的古今差异。这不应仅仅归结为王政在不同历史时期显出的差异,而是王政之实然与其应然的差距,即"在人事领域中实然与应然之间存在着惊人的隔绝"[②]。文武周公缔造的盛世象征着王政的理想状况,为后世树立了效法的典范。民生凋敝,今不如昔。诗人对当今政治境况的失望与不满只能通过追忆往昔盛世来抒发。诗人思古,不仅是在表达对王政之应然状态的渴慕,同时也是以王政之应然状态来规范当今的王政。

除了上述两组对比,《诗》还以另一方式反思衰世的王政。十五国风之中,《王风》位居第六。照理说,周王室诗应该归于《雅》,但实则降为《风》。对于王室诗降而为风的原因,郑玄[③]与朱熹[④]都从王室与诸侯尊卑无别的角度进行阐释。孔颖达将尊卑无别进一步解释为周王室名义上虽然存在,但实际上王化仅限于很小的范围,未能化天下,所以不能称作《雅》。[⑤]

钱穆指出,"若王政能推及于诸侯,是王朝之诗能雅矣。若王政不下逮,仅与诸侯相似,则虽王朝之诗,亦谓之风,故曰不能雅也"[⑥]。钱穆将"雅"视作一个动态概念。王政被视为由天子推行于诸侯的规范性行动。王室之诗是否归入《雅》,取决于王政是否能化及天下。周王室名义虽存,但已无法像先公先王那般合上下"成一道德之团体",使周人"生活内容超越形限而为全体性",而非"拘碍于蕞尔之顽

---

① 《楚茨》,刺幽王也。政烦赋重,田莱多荒,饥馑降丧,民卒流亡,祭祀不飨,故君子思古焉。《信南山》,刺幽王也。不能修成王之业,疆理天下,以奉禹功,故君子思古焉。《甫田》,刺幽王也。君子伤今而思古焉。
② 史华兹:《古代中国的思想世界》,程钢译,南京:江苏人民出版社,2004年,第52页。
③ "于是王室之尊与诸侯无异,其诗不能复雅,故贬之谓之王国之变风。"毛亨传,郑玄笺,孔颖达疏:《毛诗注疏》,第342页。
④ "于是王室遂卑,与诸侯无异。故其诗不为《雅》而为《风》。"朱熹:《诗集传》,第65页。
⑤ 孔颖达:"王爵虽在,政教才行于畿内,化之所及,与诸侯相似。《风》《雅》系广狭,王爵虽尊,犹以政狭入风。"毛亨传,郑玄笺,孔颖达疏:《毛诗注疏》,第343页。
⑥ 钱穆:《中国学术思想史论丛》,北京:生活·读书·新知三联书店,2009年,第133页。

形"。①此为王者之迹熄。可见,王室诗从《雅》降而为《风》,并不只是名称上的变化,而是暗示出王政之实然与其应然之间的巨大差异。

3. 雅、正与政

承前所述,雅诗中的多重对比都导向对于现实王政的反思与批判。这意味着雅诗暗含着对现实王政的规范力与导向性。这也可以从"雅"字的含意中体现。诸家均以"正"释"雅"。②"正"可作形容词,也可以作动词用,即"使……变正"。让某物或某事从不正的状态归正是一种具有规范意义的行动。正如雅这一乐器能齐整迅疾之舞步,周王室也应纲纪天下、归正万邦。这意味着"政"与"正"在概念层面有着紧密关联。"正"被视为政治活动的内在规定与根本宗旨。

"以正纠不正"着眼的不仅是行为层面的不正,而是内在的恶念。后者难以通过制度与规范来完成,而是有赖于执政者以身作则,以正道立身行事。在位者的言行举止与品德偏好引领着风气民情,塑造着百姓的精神面貌与行为取向。

王政式微多源于周天子自身不正,因此雅诗多把矛头直指君王。国君不正多殃及一国。天子统领四海,若立身不正,轻则辱没尊威,失却民心,重则颠覆社稷。道德败坏、民风浇薄多源于在位者未能以正道来引导民众。考虑到天子言行的影响力如此之大,相比起主文而谲谏、美刺不溢于言表的风诗,《雅》大多直陈美刺,直斥天子的错谬。

(三) 论《颂》

王政是带有规范性的活动,旨在使不正归于正。那么,这一规范性的来源何在?以正纠不正的终极根据何在?王政之正义的根据是什么?社会秩序的正义性如何得以保证?这些问题推动《雅》过渡到《颂》。《风》《雅》多从人类社会内部看国事兴衰、室事离合,讲述人事之变。《颂》则把王政置于更深远的背景之中。其一是天地大化,其二是人类作为类存在的文明共同体。由《雅》及《颂》,恍若沿山腰跋涉至顶峰,"登东山而小鲁,登泰山而小天下"之感激荡于胸。

在颂诗中,人类社会并不是一个独立自主的系统,而是天地大化的内在环节,

---

① 熊十力:《读经示要》,第29页。
② 《诗大序》:"雅者,正也。"《玉篇》:"正也。"郑玄:"雅,正也。"毛亨传,郑玄笺,孔颖达疏:《毛诗注疏》,第1161页。

对人类群体之外的存在有深度的依赖。依存关系首先体现于物质供给方面。从最基本的方面来看，天乃人类衣食之源。人类社会的农业生产很大程度上仰仗于天时地利、风调雨顺。《颂》中收编了数首祈祷诗，如《噫嘻》《载芟》和《丰年》。据小序所言，以上三首诗都对天地化育万物表达了敬畏与感念。进一步说来，颂诗不仅把天视为自然之天，更是看作为人类社会一切活动提供取法根据的超越性根源。天是社会秩序的终极根据，冥冥中照察人间政教的真理法目，作为主宰祸福消长、善恶还报的必然性力量，公道人心之寄托。

王政的理念与运行规则并不是取决于统治者主观的意志偏好或社会某一时期的需求及发展目标，而是应该以天这一超越性存在为准的，取法于天，秉承天道，据此反省自身的德性与作为。王权的更替并非纯偶然的事件，而是被纳入天德与人德相贯通的秩序中。"皇天无亲，唯德是与"（《尚书·蔡仲之命》），决定天命所归的关键因素是德。"成王不敢康，夙夜基命宥密"（《周颂·昊天有成命》）旨在告诫后王敬畏天道，修德不辍。

除了天之外，对现世政治产生影响的另一重要力量则来自先祖。颂诗超越了时空之限，立足于上承祖宗遗训、下启万世法度的视角来反省现世，将历代受命君王视为一个德业传承的纵深性整体。当今王政的规模和业绩并非一蹴而就，而是先祖倾力操持的结晶。先公先王的流风善政泽被后世，颂诗对其无不推崇备至。《鲁颂》四篇皆从不同侧面陈僖公之功业，称颂其德，可谓"善述其事者也"。《思文》推后稷配天。"孝莫大于严父，严父莫大于配天。"（《孝经·圣治》）先祖之德成为超越时空、维系先祖与后人之间教化的纽带，是使"法先王"得以可能的参照点。《周颂·昊天有成命》："骏惠我文王，曾孙笃之。"现世君王不应坐享其成，而是应以先祖之德作为效法躬行的榜样。这并不是为了追求个人的尊荣与美名，而是继先祖之大业，承先祖之大志，正所谓"缵戎祖考，王躬是保"（《大雅·烝民》）。

上文论及的两种规范性力量分别是天与先祖。初看上去，二者处于并道而驰的关系，但实际上，两种规范性力量同出一源。先祖之所以值得称颂效法，归根结底在于先祖取法于天，尽其天命。效法先祖的行为，实际上效法的还是天。可见，天是人类社会价值与行动的终极根源。

《诗》看到，作为有限的存在，人必须对自身的有限性有着清醒的认识，否则人类很可能会僭越自己的职分，自视为绝对的主宰者。《雅》继之以《颂》，而《颂》的中心内容是天人关系，旨在说明伦常日用、王政兴替并非人类理解自身的所有维度。倘若缺乏天人关系的维度，人类的自我理解将有失片面。只有明确自己的有限性，对超越性存在保持敬畏，并以此为根据来规整自己的行为，才能在世上有更好的作为。

虽然人是有限的存在，但却并非与超越性存在判然两隔。人类独特而可贵之处在于，能够把自己开放给无限，并对超越性的存在进行追问。人类在世生命年数短暂，在天地大化间不过沧海一粟。然而，肉体生命有限，修德进程无尽。人类可以用超越性存在来规范自身，使生命的意义超拔于形气之私。

颂诗尝试从永恒来看待当下，从恒久不息之天道来理解人间政治的更迭兴替，其叙述模式采取了一种超越常识思维的视角。而常识思维往往局限于某个具体的时空之中，仅从人类社会内部去解读世事变迁和王政兴衰，看到的很可能只是流变与无常，"则其生活纯为流转，绝无可据之实。其行事恒随利害易向，而不以公正为权衡"①。

《颂》作为《风》《雅》的最终底幕，旨在"于万变之中见其常道"，昭示出世事无常并不能颠覆天道之常。天人关系是世事更迭、人事变迁的根本框架，天道之常构成人事之变的终极秩序，应成为安身立命的终极根据。由此，有限的人生才能超越于一己之利害得失，获得造次颠沛必于是的定力。

三、寓志于《诗》之意义结构

《诗》之结构并非自外铄之，不应仅仅视为编者出于主观需要外在地把诗收编为三个单元的技术性操作，而是《诗》承载的生存经验按其内在逻辑渐次展开与表现自身的结果。就此而论，《诗》在古代文明史的早期诗歌经典中可谓是极为独特的一部作品。305首诗并不是作为彼此孤立的个体杂乱而松散地收编成册②，也

---

① 熊十力：《读经示要》，第98页。
② 孟庆楠对于一般意义上的总集的特点有如下概括："其一，作品具有大致相同的文体属性，如诗歌特有的音韵或章句结构等；其二，这些作品是同类作品中具有代表性的精粹之作。对于拣选而出的素材，虽然会依循着某些条理进行分类、组织，但诗篇之间并不具有连贯、严谨的逻辑结构，编辑者也不会从整体上做出意义的塑造。因此，总集类著作在整体的意义联结上是比较松散的，其中的篇章较之一般著作中的组成部分，具有更为独立的意涵。""今人对《诗经》的定位较为接近于'总集'的性质。"孟庆楠：《哲学史视域下的先秦儒家〈诗〉学研究》，第35页。将《诗》界定为一般意义上的诗歌总集，并未真正观照到《诗》内在意义结构所起到的重要作用。

不是按作者生卒年代的前后顺序或作品的体裁与主题的不同而分门别类，而是历史-文化维度下文明共同体复杂多样的生存经验将自身流动而有序地呈现为一系列有差异的内在环节，使得《诗》必然以《风》《雅》《颂》为其结构样态而呈现。

据一般理解，经验是有待加工的最初级的质料。而《诗》的深刻之处在于，并不是把经验仅作为经验来处理（否则《诗》充其量只能算作日常经验意义上毫不相干的片段的随机拼凑与集合），而是从这些"杂多"探入人之为人生存结构的内核，借此彰显了人类整体性生存结构的各种可能性面向、呈现出人类存在于世的各种可能性境况。从广度上而言，《诗》尽人情物态之微，覆盖了各类在世关系。同时，《诗》并不是平面地罗列这些关系面向。由《风》到《颂》的意义结构以生存经验逻辑上的先后关系为支撑，如实呈现出存在关系的抽绎与推进。借此，《诗》得以从层层深入的纵深性视角对各类关系面向剖开切入并将其统贯为一，以一种超越理论的方式寄寓了对关系维度之间的逻辑关系与发展脉络的思考。

家庭是人降生于世所处的第一个环境，也是绝大多数人生存经验的起点。家庭的建立始于夫妻关系的确立。夫妇之伦正，进而有父子之恩、昆弟之情。由室家推及朝廷，故有君臣之义。以家庭关系为支点延展开来的社会关系支撑起芸芸众生生存经验的丰富面向。

《诗》始于《风》，关注的是日用伦常的生存经验，与人生存经验的自然起点相吻合。由《风》到《雅》，《诗》由夫妇、父子、兄弟、朋友之伦拓展到了君臣之伦，由室家拓展到了朝野。由《雅》发展到《颂》，《诗》从人伦日用、邦国朝野等显性层面的生存经验推进至处于隐性层面的天人关系。天人关系是《诗》理解室家关系、朝野秩序乃至思考一切人生问题的前提条件。人事更迭变迁无常，而天道亘古不变。人事之变无逃于天道。

《风》《雅》《颂》的展开过程由近及远、由人到天，与《中庸》所言"造端乎夫妇，及其至也，察乎天地"暗合，而后再从永恒的天道反观人事之变。《风》之日用平常和《颂》之高明精微并非悬隔二分，而是融贯为一。从逻辑脉络而言，我们很难做出断言，认定《诗》必然始于《风》，终于《颂》，或从天道反观人事的角度认为《诗》始于《颂》，终于《风》。毋宁说，从《风》到《颂》并不是单方向的线性过程，而是超越与此在处于持续而往复的积极互动之中。这既表现为从天道之恒常来看文明的演进、人事的变迁及吉凶祸福之无常，又表现为人应在生活世界中尽其本分，终极旨归在于尽其天命。

综上所述,《风》《雅》《颂》的结构并非纯粹而中立、脱离于《诗》之内容而独存的框架,而应被看作《诗》之内容的重要组成部分。三者构成互相支撑、环环相扣的解释系统,呈现出的生存经验广大悉备,囊括了人与自我、与他人、与家国天下、与历史文化,乃至与超越性存在关系的方方面面,展开为下学而上达的意义结构。意欲探究《诗》之志,势必离不开对《诗》整体性意义结构的把握。

开篇所述的"作者志意说"与"多重志意说"未能看到《诗》之意义结构对于"志"的重要意义。"作者志意说"将"志"作为诗人主观性的产物。"志"隶属于每一首个别而独立的诗,与其具体而独特的生存经验相对应,未能体察305首诗的生存经验处于紧密关联的整体之中,从属于人类普遍性的生存结构。每首诗的生存经验的确有其不可替代的独特性,但却并非受限于诗人主观而偶然的意识活动,而是"览一国之心以为己心""总天下之心以为己意",使得"一人之言"超越了日常意义上纯然特殊的个体言论,透过特殊的生存经验揭示人之为人普遍性生存经验中的必然面向。

"多重志意说"关注到了"志"的不同维度,但仍将其视作割裂孤立、杂而无统的状态,未能基于《诗》的意义结构来理解多重志意的统一性及彼此的内在关联。每首诗之志、每个部分之志都构成互为诠释的关系。缺失了《风》《雅》《颂》中的任一部分,都会影响《诗》之志的完整性与统一性。

《诗》之志渗透于《诗》整体性的意义结构之中,遍及此结构所关涉的各个关系维度。在切近处的人伦关系层面,《诗》之志导向的是室家宗族之和睦,意欲实现夫妇有别、父子有亲、长幼有序、朋友有信;在政治共同体层面,《诗》志在实现君臣之义、朝野之定、天下大同;在与超越性存在的关系层面,《诗》旨在敬天法祖。可见,《诗》之志的各个面向勾连为对完整的生活世界与在世关系的整体性愿景。

四、结　　论

305首诗并不是作为孤立的个体杂乱松散地收编成册,而是共同体的生存经验顺应由近及远、由人而天的逻辑脉络将自身流动而有序地呈现为一系列有差异的内在环节。生存经验每发展到一个环节,总会内在地迸发出动力推进到下一环节。下一个环节构成前一环节可理解性的前提与基础。这使得《诗》必然以《风》《雅》

《颂》为其结构样态而呈现。

《风》关注伦常日用之事，《小雅》则推扩至君臣、朝野、夷夏等政治领域，《大雅》进而将共同体置于历史纵深性的视域之中，从古今一贯的道统与政统来看待当下的文明境况与政治局势。《颂》则把关注点提升至超越性存在的高度，思及天人关系。三部分各有侧重又相互结合，流动地展开了人与自我、与他人、与政治共同体，乃至与超越性存在的关系，承载着共同体及其成员存在于世的关系总和，展开为下学而上达的意义结构。《诗》之志也相应地辐射到上述各个关系维度，近至人伦日用之和睦（夫妇有别、父子有亲、长幼有序、朋友有信），远及君臣有义、天下有定，上达天人合一，是对完整的生活世界与在世关系的整体性愿景，以实现修身、治国、平天下、通乎天人为其终极旨归。

（作者单位：南京师范大学）

内源性相似:《文心雕龙》"兴"概念的存在论向度及其内在理路*

李志春

汉代以来,对"兴"概念的理解在文学上有两条路径,一条是"比兴寄托",一条是"触物感兴"。"比兴寄托"尝试寻觅某一对象来描摹人心中已有的情感,赋予形象、传达价值,不过这与其说是对"兴"的理解,不如说是"以比注兴"的"比"思维,运思过程以逻辑理性为主。真正对"兴"有见底的阐释在"触物感兴"中,人们将它和"比"之理性区别开,描述感发时的直接性及其与物无距的意义关系,并因"去知"的直感特质和无距的意义关系,认其为把握形上之道的思维、存在方式。魏晋挚虞"兴者,有感之辞也"[①],钟嵘"文已尽而意有余,兴也"[②]是其中的代表,挚虞开门见山地把"兴"的直感特质表达了出来,钟嵘将它通达"得意忘言"的形上之道,"兴"的存在论向度披露了出来。

说起"兴"的存在论向度,刘勰的《文心雕龙》必须关注,不仅因为钟嵘《诗品》的创作受刘勰影响很大,而且它本身就是魏晋时期讨论"兴"概念的重要文献,再加上刘勰的个人经历涵融儒释道三家,这使他对形上之道及其存在论向度有深入的理解。

文章通过分析《文心雕龙》"兴"概念的相关内容,将"兴"在存在论向度上的意涵揭示出来,指出与传统"比显而兴隐"的对象化"比类"视角不同,起兴与所兴间的相似关系应是"内源性相似",它意味着事物的意义内生于事物生命活动的整体世界,这与刘勰的思想一以贯之。学界过去在阐释相关问题时遗漏了这一内容,

---

* 基金项目:国家社科基金重大项目"中国语言哲学史(多卷本)"(项目编号:18ZDA019)、浙江省哲学社会科学规划课题"中国语言哲学之'兴思维'研究"(项目编号:21NDJC184YB)。
① 詹锳:《文心雕龙义证》卷八,上海:上海古籍出版社,1989年,第1329页。
② 曹旭笺:《诗品笺注》,北京:人民文学出版社,2009年,第25页。

应适当补充以使对"兴"的理解更饱满。

一、"称名也小,取类也大"的两重内涵

对"兴"的理解刘勰有承汉的部分,但经他的解释,"兴"的意涵溢出了汉代对象化的思维逻辑,为揭示"兴"的存在论意涵起了关键的作用。

在继承汉儒思想上,刘勰说:

> 《诗》文宏奥,包韫六义;毛公述《传》,独标"兴体",岂不以"风"通而"赋"同,"比"显而"兴"隐哉?故比者,附也;兴者,起也。附理者切类以指事,起情者依微以拟议。起情故兴体以立,附理故比例以生。比则畜愤以斥言,兴则环譬以托讽。盖随时之义不一,故诗人之志有二也。
>
> 观夫兴之托谕,婉而成章,称名也小,取类也大。关雎有别,故后妃方德;尸鸠贞一,故夫人象义。义取其贞,无疑于夷禽;德贵其别,不嫌于鸷鸟;明而未融,故发注而后见也。(《文心雕龙·比兴》)

"兴"以委婉的方式"托事于物",通过关雎的贞一形象说明后妃贞德,刘勰用"环譬以托讽"解释"兴",承接了孔安国、郑玄等汉儒们的思想,这个解释如范文澜所说"题云比兴,实则注比"[①],"兴"的特质没有彰显。

可贵的是,刘勰在不否定旧说的基础上,注意到"兴"在意义生成方面的独特性。刘勰说"称名也小,取类也大",作为譬喻义得以可能的前提,譬喻中本体的内涵比喻体大很多,"明而未融,故法注而后见也"也有这层意思,"关关雎鸠"给人的感受,不是"后妃之德"能容纳的,本体的意义可能性大于所指的确定性。如此,刘勰在理解前代"兴"义的同时,注意到"兴"打破了概念的封闭性,其本体及其丰富的意义可能性有更深远的价值。刘勰说"起情者,依微以拟议",认为事物隐幽、微妙的地方是"起情"之"起"的根源,以"微"的隐幽、不可测来描述本体及其意义的生成,那隐微之处又是什么?刘勰说"起情,故兴体以立",隐微与"体"有本质性

---

① 詹锳:《文心雕龙义证》卷八,第1331页。

关联,这与钟嵘"文已尽而意有余,兴也"的说法相通,都对"兴"的纯意义生成给予了关注,看到它通达形上之道的一面。

如何能判断刘勰用"隐微""体"等词对"兴"的描述与形上之道及纯意生成有关呢?这就要回到"称名也小,取类也大"上看,这句话表面在说"兴"的托谕、环譬,是一种汉代的解经思维,但它的出处在《周易·系辞》:

> 子曰:"乾、坤,其《易》之门邪?"乾,阳物也;坤,阴物也。阴阳合德而刚柔有体,以体天地之撰,以通神明之德。其称名也,杂而不越。于稽其类,其衰世之意邪?
>
> 夫易,彰往而察来,而微显阐幽,开而当名。辨物,正言,断辞,则备矣。其称名也小,其取类也大。其旨远,其辞文,其言曲而中,其事肆而隐。因贰以济民行,以明失得之报。(《系辞》)

孔颖达说:"其称名也小者,言易辞所称物名多细小,若见豕负涂噬腊肉之属,是其辞碎小也。其取类也大者,言虽是小物,而比喻大事,是所取义类而广大也。"[①] 单看孔颖达的解释似乎在说"小物"与"大事"通过喻性取类的方式获得联系,这个解释贴近汉代经说,但联系上下文,《系辞》讨论的应该是"卦象"与"意义"的关系问题,即"立象以尽意"的问题,"称名也小,取类也大"中的"称名"对应的是"象",而"取类"对应的是"意义"。"象"如何指涉意义,"意义"又如何得到彰明?安乐哲说:"在'象'中建立起来的意义,就是建立'象'本身的行为。……创造的过程而非创造的对象构成意义的存贮,所成象者,就是过程本身。"[②] 这意味着,"意义"就在"象"中,"象"不是静止、单一的殊象,而是一个创造过程,人们对"象"之"意义"的把握,是在立象的过程中把握到经由过程而引出的意义,在生生活动中理解意义的是其所是及其如何是。

那么这个"立象过程"如何理解?叶维廉说"自我融入浑一的宇宙现象里,化作眼前无尽演化生成的事物整体的推动里",以"活泼地自生自发的万物万象"的

---

① 王弼注,孔颖达疏:《周易正义》,《十三经注疏》上册,北京:中华书局,1980年,第89页。
② 安乐哲:《自我的圆成:中西互镜下的古典儒学与道家》,彭国翔译,石家庄:河北人民出版社,2006年,第229页。

姿态"去'想',就是去应和万物素朴的自由兴现"。①宇宙生成往复,物象再小也是浑一宇宙中的物象,是生生活动之整体的有机组成部分,人的活动同样如此,在浑一的宇宙中与万物并作,"其取类也大""其旨远"意指着这种关联整体及在此整体中的事物活动与意义生成,去应和,即是与世界打交道,在与世界打成一片的过程中,万物自然而然地见出其所是,这就是万物的素朴兴现。此时,"象"与其意义生成的关系,是奠基于同一基础存在的内生关系,"取类"事物就在"称名"之象的建立过程中内生出来,对"微显阐幽"的把握,即是对此基础存在的领会,注意到人与万物的原初关联,以及在此整体境域中的意义生成。

如此说来,对"称名也小,取类也大"的理解存在两种视角,从对象化的视角看,"称名""取类"之间的相似,是一种基于抽象逻辑的观念化产物,以分析的方式关注事物特征间的"类"似,传统对譬喻、类感的理解,都和这种思维方式有关。但是,从存在论上看,这里的"相似"不是概念思维中可见物之间的相似,不是反思、归纳之类与类的抽象相似,不是事物与原型(理念)的本质性相似,而是"隐藏在世界深处的相似,它是一套保证事物秩序的运作机制和原则,是在事物之间建立联系的方式……相似性躲在世界深处发挥作用……事物通过相似性而形成一个总体符号系统,每个相似性又在这个系统中相互关联、相互感应,《周易》就是根据这个原则而建构起来的,易象之间的交错缠连都是依赖相似性得以可能"②。这里的相似是万物同体共根上的相似,可以称之为"内源性相似","内源性相似"意味着起兴与所兴的粘性关系(对物物的相似之感),即是存在者对其身处世界("微显阐幽")、对生生不息的形上之道的领会。

以《文心雕龙·物色》为例,刘勰说:

> 故灼灼状桃花之鲜,依依尽杨柳之貌,杲杲为出日之容,瀌瀌拟雨雪之状,喈喈逐黄鸟之声,喓喓学草虫之韵,皎日彗星,一言穷理,参差沃若,两字连形,并以少总多,情貌无遗也。(《文心雕龙·物色》)

"灼灼"何以能状桃花之鲜,"依依"如何能尽杨柳之貌?"灼灼""依依""杲

---

① 叶维廉:《无言独化:道家美学论要》,《叶维廉文集》第2册,合肥:安徽教育出版社,2002年,第133页。
② 夏开丰:《绘画境界论》,北京:文化艺术出版社,2021年,第65—66页。

呆""瀌瀌""嗜嗜""喓喓"作为双声叠韵的声韵大都伴随在《诗》的兴句中,"参差""沃若"一个双声一个叠韵,刘勰说的"两字连形"就指的它们,虽然数量上它们只有区区两字,但能"以少总多,情貌无遗"。如果两字作为能指指向所指,形成一一对应的确定性关系,那么两字无法"总多",反之两字要能"总多"且"无遗情貌",意味着两字"所见"的意义要大于两字"所指"的意义,且各类情貌要在两字之义的总括中经由两字所见之义内生出来,这样才能既"总多"又"无遗",这种意义生成活动如何可能?这和理解刘勰"称名也小,取类也大"一个道理,指向着"兴"的"内源性相似",意义生成的存在论向度。

对于诗人来说,桃花、杨柳、日出、雨雪、黄鸟、草虫不是他"推敲"分析的对象,不是因为它们的"累加"和"聚集",诗人的世界才被描绘了出来,相反,它们首先就在世界中,是与作者打成一片的生命世界的有机部分。这即是说它们参与到作者生命活动所引起的全局性过程中,同时这个全局过程也把它们包含在内,使它们成为不可分离的部分,桃花、杨柳、日出、雨雪、黄鸟、草虫首先在与作者交互活动引发的世界里,然后它们才以如此这般的姿态,从世界中呈亮出来,"自然灵妙"的生存"情貌"借此内生于世界中,才能"无遗"地表现。就此说来,桃花之鲜、杨柳之貌、出日之容、雨雪之状、黄鸟之声、草虫之韵与"灼灼""依依""呆呆""瀌瀌""嗜嗜""喓喓"间的关系,不是能指与所指般外在而任意的二元分立,而是"鲜""貌""容""状""声"的"意义"就从"灼灼""依依""呆呆""瀌瀌""嗜嗜""喓喓"所开出的前概念的意义世界中内生出来。"灼灼""依依"此时早已不是单一的、静态化的指称,而是一种打通形上之道的意义生成活动[①],即"立象以尽意"。

需要说明的是,这里提及的相似容易让人想到汉学界的"关联思维",近来李巍又在"关联思维"基础上讨论了早期中国人的四种"类感模式"[②],但这些研究与这里说的"相似"不是一回事,或者说,刘勰这里的"相似"是西方"关联思维"与李巍"感类模式"得以可能的前提。具体说来,他们的理论都是理性框架下的思维模

[①] 这里"立象"的方式是通过"双声叠韵"实现的,至于"双声叠韵"何以能实现前概念、前逻辑的"立象"活动,详见拙文《"由音见义"——声训中的意义生成机制及其形上之维》,《思想与文化》第31辑,2023年。
[②] 最早由法国汉学家葛兰言提出,后得李约瑟、格瑞汉等人关注,见李巍:《早期中国的感应思维——四种模式及其理性诉求》,《哲学研究》2017年第11期,第44—51页。

式,汉学界的关联思维是隐喻和对比层次上的关联(格瑞汉),它们的并置关系建立在一个"图样"(pattern)(李约瑟)的基础上,李巍则进一步分析了图样层上的交互关系在中国早期有哪四类(受感、施感、交感、类感),认为它们是中国人表达理性诉求的重要载体。李巍的类感四种用来说明汉代托谕、环譬式解经的理性言说及其方式是可以的,但若以为它同刘勰这里的深层相似有关却不行。和他们形成对照的是安乐哲,安乐哲认为关联还能是基于基础存在(境域式)的直观式关联,他说:"那些通过关联进行思维的人,研究的不是因果导向的科学,而是直接的感受、知觉和想象这些具体的东西,这些东西都是和审美和诗性智慧(mythopoetic)方面的术语有关联。关联性思维主要是'境域式的'(horizontal),在这个意义上,它与那些具体的、可体验的东西产生了联系。"[1]这与刘勰的意涵更为贴合。

综上所述,"称名也小,取类也大"有两个维度的含义,除了像汉儒那样,从对象化的视角认其观念化、逻辑化的比类相似外,还有存在论的维度。从存在论上看,"称名""取类"间的关系不是二元分立的外部指称,而是"取类"事物的意义生成就在"称名"之象的建立过程中内生,对其相似性的把握,即是在万象生成活动的世界中理解万象。由此说来,刘勰所说的"比显而兴隐"之"隐","起情者依微以拟议"之"微",是对"兴"的一种存在论解释。

二、《文心雕龙》"兴"之存在义的两重路径

对刘勰"兴"概念存在论向度的理解是否可取,除了对局部内容的讨论,还需从刘勰与《文心雕龙》的整体思想看。整体看来,"兴"概念的存在论向度是刘勰的应有之意,这既符合他的文化背景,也符合《文心雕龙》的内在理路,它们共同构成了"兴"之论解的合理性前提。具体来说,可以从自上而下与自下而上两方面看。

(一)自上而下,天道垂象

刘勰的文化背景不仅身具儒家传统,还常年编修佛经典籍,同时魏晋时期对佛

---

[1] David L. Hall and Roger T. Ames, *Anticipating China: Thinking through the Narratives of Chinese and Western Culture*, Albany: State University of New York Press, 1995, p. 124,转引自夏开丰:《绘画境界论》,第69页。

学的理解又多以老庄思想格义,说儒释道思想涵融于刘勰一身不为过,虽然它们讨论的内容不同,牟宗三认为有积极与消极、实体与境界的不同,但在存在论这点上是共通的。

从上而下,看事物的显现与意义的生成,《系辞》说:

圣人有以见天下之赜,而拟诸其形容,象其物宜,是故谓之象。(《系辞》)

"赜"是幽微初始之貌,圣人之所以能把来又未来、幽微不明的兆现拉出,给予可见的形象,是因为圣人意识到自己就嵌在天地中,对道体的周流活动有深切体会,这与其说是圣人拟之形容,不如说是天委任圣人于形象中照见自身。

慧远说:

故如来或晦先迹以崇基。或显生涂而定体。或独发于莫寻之境。或相待于既有之场。独发类乎形。相待类乎影。推夫冥寄为有待耶。为无待耶。自我而观则有间于无间矣。求之法身,原无二统,形影之分,孰际之哉?①

佛以法身的形式存在,"无色身相"人们无法看到,所以是"独发于莫寻之境",但是法身会冥寄于形物之中示现自身,即"相待于既有之场",显现是于幽隐而入可感域且无二分。

再从《文心雕龙》的内在理路上看此自上而下的显现,即文章的产生与意义的生成。上文提到,刘勰认为"兴"从存在论上看与形上之道有关,"象""义"间的关系不在主客分立的外部反思中任意指称,而是事物的意义就在其生成活动的世界中内生,因此要在万象生成活动的世界中理解万象。《文心雕龙》以《原道》开篇,从天道的视角理解文章的产生,说了类似的意思。

文之为德也,大矣;与天地并生者,何哉?夫玄黄色杂,方圆体分,日月叠璧,以垂丽天之象;山川焕绮,以铺理地之形。此盖道之文也。仰观吐曜,俯察含章;高卑定位,故两仪既生矣。惟人参之,性灵所钟,是谓三才。为

---

① 慧远:《万佛影铭》,道宣:《广弘明集》,上海:上海古籍出版社,1991年,第205页。

> 五行之秀，实天地之心。心生而言立，言立而文明，自然之道也。(《文心雕龙·原道》)

文之大德是能彰显天地的生生运行，天道直贯、垂显出种种象、形，即文，此文不是提供所指的工具，它是天之活动在象、形上的自身显现，是"道之文"。文作为天道的显象，只有通过人的"仰观""俯察"才能参之，"仰观""俯察"的意思不是去分析、认知天地及其活动，而是保有"性灵"与天地相通，这样的人是"五行之秀"人。文中"五行之秀"的说法源出《礼运》，《礼记·礼运》说"人者天地之心也，五行之端也"。孙希旦解：

> 徐氏师曾曰：上天之载，无声无臭，而实造化之枢纽，品类之根柢，此天地之实理，而为生人之本也。理一而已，动而为阳，阳变为阴，静而生阴，阴合交阳，此实理之流行，而为生人之机也。……形生而四肢、百骸无有偏塞，五行之质之秀也，神发而聪明睿知无有驳杂，五行之气之秀也，此实理之全具，而人之所以灵于物也。愚谓天地之德以理言，阴阳、五行以气言。人兼此而生……天地之生人物，皆予之理以成性，皆赋之气以成形。然以理而言，则其所得于天者，人与物未尝有异；以气而言，则惟人独得其秀，此其所以为万物之灵而能全其性也。[①]

人是天地造化的枢纽，当天理流行，阴阳变通融贯在人上，全其性而不麻痹堕聪明——"四肢、百骸无有偏塞""神发而聪明睿知无有驳杂"——成全理、气，也就成就了"五行之秀气"，这样的人通达天地，与万物发生关系，也只有这样的人才能"心生而言立，言立而文明"，在与万物打成一片中兴发，在贯通自在中道说，当道说以文，则道得隐微之示明，于不可见可见。

文因"原道"而成天道流行的肉身显现，纵使刘勰主张对对偶、声律、骈文等内容的拥护，主张用字时要考虑笔画多寡的搭配等等需要人为"知性"参与的"奇技淫巧"式活动，但最终的落脚点仍然在"酌奇而不失其贞，玩华而不坠其实"(《文心雕龙·辨骚》)，只有这样，文的显现才是最自然而然的"贞""实"。

[①] 孙希旦：《礼记集解》，北京：中华书局，1989年，第608页。

如果用语言来描述"文"的如上特质,那么在《文心雕龙》中只有"兴"可以担此重任。当刘勰以"隐幽""依微"来描述"兴"时,实际上就把"兴"指向了天道,此时挚虞所谓的"兴者,有感之辞"中的"感",就不是一般说来的心影响物,还是物影响了心的主客关系,而是心物一体,同体共根的存在论问题,所谓"应物斯感,感物吟志"因为与"神理共契",才能"莫非自然"(《文心雕龙·明诗》)。

(二)自下而上,入兴务本

除了自上而下看文章的产生、意义的生成,刘勰又在自下而上上讨论了对象化思维的人如何能超越有限,与万物发生关系,获得感兴的存在状态。

为此,刘勰在修身上提出了"贵乎反本"(《文心雕龙·情采》)、"入兴归闲"(《文心雕龙·物色》)的方式。刘勰说"《贲》象穷白,贵乎反本",贲有文饰的意思,《周易·贲》下离上艮,其"上九"爻辞:"白贲无咎","穷"即终了,"白"是质素之意,整句话连起来,意思是说事物发展到最后、最高的状态时,最可贵的是回归素朴本始。《情采》中的这句话在讨论"采滥辞诡"之际的反向归正,但"反向"哪里,又如何得正?不正是复见"原道"才有可能得正吗?只有将自我融入浑一宇宙生成的整体推动中,在与万物的关系中自由而直接的展开,才能平和中正地做到不执滞在辞采上。

那么如何才能指归原道呢?刘勰说"是以四序纷回,而入兴贵闲"(《文心雕龙·物色》)。四时不是指纯自然的春夏秋冬,而是与万物(包括人)活动打成一片的生命世界,人沉入其中"凄然似秋,暖然似春,喜怒通四时"(《庄子·大宗师》),在这之中,虽然有形的世界纷扰着人的耳目,但若"安时处顺"不陷溺,便能"应物无累",刘勰名之曰"闲"。"闲"体现着作者在洒落无碍中体味物色,超越有限得与万物浑一,在贯通天道中安然适从,在安然适从中获得心灵大愉悦的状态,正如程颢说:"闲来无事不从容,睡觉东窗日已红。万物静观皆自得,四时佳兴与人同。道通天地有形外,思入风云变态中。"(《秋日偶成》)

"入兴"需要做"闲"法,而要做成"闲"法需要别样的思维方式,它与知性逻辑不同。《文心雕龙·隐秀》说:

> 夫心术之动远矣,文情之变深矣,源奥而派生,根盛而颖峻,是以文之英蕤,有秀有隐。隐也者,文外之重旨者也;秀也者,篇中之独拔者也。隐以复意

为工,秀以卓绝为巧。斯乃旧章之懿绩,才情之嘉会也。夫隐之为体,义主文外,秘响傍通,伏采潜发,譬爻象之变互体,川渎之韫珠玉也。故互体变爻,而化成四象;珠玉潜水,而澜表方圆。始正而末奇,内明而外润,使玩之者无穷,味之者不厌矣。彼波起辞间,是谓之秀。纤手丽音,宛乎逸态,若远山之浮烟霭,姣女之靓容华。然烟霭天成,不劳于妆点;容华格定,无待于裁熔;深浅而各奇,秾纤而俱妙,若挥之则有余,而揽之则不足矣。

……

凡文集胜篇,不盈十一,篇章秀句,裁可百二。并思合而自逢,非研虑之所课也。或有晦塞为深,虽奥非隐,雕削取巧,虽美非秀矣。故自然会妙,譬卉木之耀英华;润色取美,譬缯帛之染朱绿。朱绿染缯,深而繁鲜;英华曜树,浅而炜烨。隐篇所以照文苑,秀句所以侈翰林,盖以此也。(《文心雕龙·隐秀》)

有一种运思("心术")使文情深远,深入本根,根深才能叶茂,绵绵无绝的内容显出"隐秀"的特质。"隐秀"之"隐",意在言外("文外之重旨"),与魏晋"得意忘言"的旨趣相似,这又回到了上文所说,本体自身见出的意义比所指内容丰富得多("隐以复意为工")。由于意义丰富无所指,鲜活的意蕴凸显出来,令人回味无穷,这种回甘似文辞间涌起的波澜就是"秀"。"隐"好像潜藏的道体,暗中蛰伏,似爻象的互体,触类旁通,它的涨现是"秀","秀"超越了一般的工巧,是"天地有大美",如果一定要描述这样的"秀"美,只能说是远山漂浮的云霭,不用人工装点;是自然生成的容貌,不经人为修饰,放浪形骸其中妙味十足,若想占为己有则失去得更多。

"秀"建立在"隐"中,它们的关系和上文"称名之象"与"取类之大"一致,甚至可以说"称名之象"是"隐","取类之大"是"秀",两者在基底上同构,"秀"就在"隐"的建立过程中内生,彼此一体两面,是道体自身显隐活动在文上的肉身化存在。

要实现这样的"隐秀"之文,需要怎样的运思方式?"神思"。"神思"不是逻辑理性,正如"隐秀"不通过知性思维,篇章秀句不是苦心经营的结果,而是自然生发的。"晦塞为深"不是"隐","雕削取巧"不是"秀",真正的"隐秀"源于"自然会妙",就像闪烁着光华的草木,而知性的修饰如同大红大绿的丝绸,失了美的分寸,

草木的光华之所以闪耀是因为内合于自然的尺度,因而明丽广大。"隐秀"之文在"自然会妙","自然会妙"在"神思":

> 古人云:"形在江海之上,心存魏阙之下。"神思之谓也。文之思也,其神远矣。故寂然凝虑,思接千载;悄然动容,视通万里;吟咏之间,吐纳珠玉之声;眉睫之前,卷舒风云之色;其思理之致乎!故思理为妙,神与物游。(《文心雕龙·神思》)

知性思维的视听言动是对具体对象的时空感知与逻辑推断,神思不同,虽然人在当下,但"思接千载""视通万里",是"隐"能意在言外,"文"能见出更为丰富的意蕴的原因。老子说:"不出户,知天下;不窥牖,见天道……是以圣人不行而知,不见而明,不为而成。"圣人不可能真的什么都不见、不为,只是他的所见、所为不执滞在眼前的对象上,他们"近取诸身,远取诸物""以通神明之德,以类万物之情",在对象中又超越对象的有限性,"思入""风云变态",合于"道通天地",也就是《神思》中说的"其思理之致乎"。具体事物各不相同,但它们在得以呈现的共根上是同体共构的,当透过现象领会了具象背后的道体,在领会道体中体味自然内在的意义生成,就能明白在视听言动间,珠玉吐纳的声音,风云卷舒的景象,都已是道体在载具适性上的自身显现了。

用语言来描述如上特质,那么在《文心雕龙》中又只有"兴"可以担此重任。正如上文所说,"兴"不是通过知性分析可见物的属性、抽象物的特征类型与原型本质,"思理为妙,神与物游"与"称名""取类"间的内源性相似异曲同工,因而可以说"兴"在思维上是一种"神思",它们都将自我融入浑一宇宙,化作事物整体的推动里,应和万物而自由兴现,当兴现的结果落实在"文"上,"譬卉木之耀英华""若远山之浮烟霭"(《文心雕龙·隐秀》),是"垂丽天之象"(《文心雕龙·原道》),尽显"贞""实"(《文心雕龙·辨骚》)。

最后,在此下学上达的过程中,刘勰还注意到"入兴"之"闲"法受到"心气"的影响,《神思》说:

> 神居胸臆,而志气统其关键;物沿耳目,而辞令管其枢机。枢机方通,则物无隐貌;关键将塞,则神有遁心。(《文心雕龙·神思》)

志，心之所至，人不是被动的禀赋天性，它有自身的主动性，主动性在古代通过"心"来表述。"心"的活动在天之禀赋和应物的中间，天性的显现需要通过"心"与外物的对接才能实现，如果"心"塞住了，那么天性就无法周流贯通于物。同时，心在与外物的对接活动中又有其主动性，耳目接触物象，经心发用于文（"辞令"）来见示天物，因此说文作为天物的枢机，也就是在说心是天、物的枢机。如果心放失了，那么天道无法直贯于文，文不能指归原道，物的意义无法保全。因此，生活中需要对"志气"，也就是对"心"有所养，刘勰的方法是"贵在虚静，疏瀹五藏，澡雪精神"，以达到"从容率情，优柔适会""意得则舒怀以命笔"（《文心雕龙·养气》）。

"虚静"不是空无一物，而是用做减法的思维方式"涤除玄鉴"，不执滞在一物上而与万物相逢，相逢即在合于自然的内生尺度间"随物以宛转""与心而徘徊"（《文心雕龙·物色》），情感的生发与对天义的领会共流在了一起。

三、结　　语

综上所述，刘勰在继承汉代解经传统的同时，关注到"兴"义背后的"隐幽""微妙"，看到"称名之象"与"取类之大"的"内源性相似"，"取类"事物就在"称名"之象的建立过程中内生，两者基底同构，因此"兴"不是一种工具语言，它能打破概念的封闭性，在前概念、前反思的存在论维度上，照见万物的原初关联与意义的内在生成。之所以刘勰能超越汉代对象化的解经思维，与他涵融了儒释道的背景分不开，而在《文心雕龙》中刘勰又从自上而下与自下而上两个方面给予了理路上的阐发。自上而下看，文是天道流行的肉身显现；自下而上来看，刘勰提出了"贵乎反本""入兴归闲"的功夫，它们构成了《文心雕龙》"兴"概念存在论向度的合理性前提。

此外，对"兴"的这种认识除了刘勰的个人因素外，与魏晋大时代也有关系。这一时期社会动荡，朝代更替频繁、纷争不断，人们放浪形骸于自然，试图在精神超越中寻求寄托、自适。由此，人在原初的意义生成活动中感发，与形上之道直面，是当时很多人的精神追求。如王子猷居山阴"乘兴而来，尽兴而返"；陆机《文赋》："若夫应感之会，通塞之际，来不可遏，去不可止。藏若景灭，行犹响起，方天机之骏利,夫何纷而不理。"[1]这就有了所谓的"兴会",沈约《宋书·谢灵运传论》有:"爱逮宋代,颜、谢腾声,灵运之兴会标举。"(《宋书·列传卷六十七》)颜之推:"文章之体,标举兴会,发引性灵。"(《严氏家训·文章第九》)"兴会"来临之际的体验不可捉摸,因为它的发生不是逻辑理性的刻意安排,而在"神与物游"中玄冥于宇宙,应和万物而自由兴现,这是极高的精神境界,因此当沈约用"兴会"来评价诗歌、文章,颜之推将"兴会"与人的"性灵"(精神境界)结合,便都已在形上之道的存在论向度中,在"内源性相似"的同体共流中看人之存在了,正如上文所说"惟人参之,性灵所钟……为五行之秀,实天地之心"。

而当这样的存在状态趋于稳定,就成为了一种人生境界、道德人格,冯友兰将魏晋的这类"人格"称为"风流",并分析出四重特质,冯友兰说:"这样的人必有玄心,玄心就是超越之心,超越自我……这样的人必有洞见,他不借逻辑理性而通过直觉把握真知(情理)……这样的人必有妙赏,他能带着审美的态度对待世界从而使得宇宙人生艺术化……最后这样的人必有深情,这种深情是人超越自我之后对宇宙人生的深切同情,其中有着超越日常生活的更深切的哀乐,推其极致来说,超越的情感是忘情。"[2]换个角度看,这亦是"兴"的品质。

(作者单位:同济大学浙江学院)

---

[1] 吴建民:《中国古代诗学原理》,北京:人民文学出版社,2001年,第69页。
[2] 冯友兰:《三松堂学术文集》,北京:北京大学出版社,1984年,第348—355页。

"吾与点也"与孔子理想

——《论语·公冶长》四子侍坐章探析

苏子川

在"子路、曾皙、冉有、公西华侍坐"一章中,夫子让众弟子各抒己志,而留下了一段引人深思的师生对话:

子曰:"以吾一日长乎尔,毋吾以也。居则曰:'不吾知也!'如或知尔,则何以哉?"子路率尔而对曰:"千乘之国,摄乎大国之间,加之以师旅,因之以饥馑;由也为之,比及三年,可使有勇,且知方也。"夫子哂之。"求!尔何如?"对曰:"方六七十,如五六十,求也为之,比及三年,可使足民。如其礼乐,以俟君子。""赤!尔何如?"对曰:"非曰能之,愿学焉。宗庙之事,如会同,端章甫,愿为小相焉。""点!尔何如?"鼓瑟希,铿尔,舍瑟而作。对曰:"异乎三子者之撰。"子曰:"何伤乎?亦各言其志也。"曰:"莫春者,春服既成。冠者五六人,童子六七人,浴乎沂,风乎舞雩,咏而归。"夫子喟然叹曰:"吾与点也!"(《论语·先进》)

孔子让几位弟子分别谈谈,若他们能在某个诸侯国受到重用,则会去做什么。子路想要执政一个大国,使其国富兵强、百姓勇敢而守规矩。冉有则希望使一个小国富足,但认为教化之事要等到君子来完成。公西华之志,似乎只是止于宗庙之事。曾点则描绘了一幅众人身着春服、沐浴、吹风、歌咏的场景。孔子对于曾点之志向最为赞赏,感叹说"吾与点也"。之后孔子对于前三子的说法都有所点评,但唯独没有对为何他赞同曾点加以解说。

对于众人之志,孔子唯对曾点表示赞许,而并未说明原因。因而,"吾与点也"

句颇为难解,钱穆先生认为这是"孔子之叹,所感深矣,诚学者所当细玩"①。因而,夫子为何赞同曾点,这背后是否能找寻到一种一以贯之的夫子之道,着实值得玩味。本文拟从"吾与点也"为切入口,结合诠释史和《论语》等儒家经典中的其他语句,试图提出一种解释。

一、两 种 诠 释

夫子之所与者何,虽未在本段中直接点出,但从前三子与曾点之言的对比中,似可管窥。而在《公冶长》章中记载了这样一段对话:

> 孟武伯问:"子路仁乎?"子曰:"不知也。"又问。子曰:"由也,千乘之国,可使治其赋也,不知其仁也。""求也何如?"子曰:"求也,千室之邑,百乘之家,可使为之宰也,不知其仁也。""赤也何如?"子曰:"赤也,束带立于朝,可使与宾客言也,不知其仁也。"

此处孔子对于三子的描述,与《先进》章中三子的事功志向有一定相近之处;而孔子并不以仁许之。孔子赞赏曾点,可能是因为曾点的言行不同于三子之事功,而能契入、揭示仁德的意涵。因此,一种常见的注解着眼于心性道德,认为曾点之志揭示了一种道德修为与境界。

朱子是这种解释的代表人物:"曾点之学,盖有以见夫人欲尽处,天理流行,随处充满,无少欠缺……而其胸次悠然,直与天地万物上下同流,各得其所之妙,隐然自见于言外。"②朱子认为,曾点所描绘的境地之中全无人欲所在,完全是天理流行,天道贯通于个体性命,万物物各付物、各得其所。蔡节则指出:"至若曾晳则异是矣,其鼓瑟、舍瑟之间,门人记之如其详者,盖已可见其气象之雍容暇豫矣……详味其言,则见其心怡气和,无所系累,期与同志相从以乐圣人之道……夫以才自见者,三子之志也;以道自乐者,曾晳之志也。"③蔡节关于曾点与前三子的对比可以被看

---
① 钱穆:《论语新解》,北京:九州出版社,2011年,第278页。
② 朱熹:《四书章句集注》,北京:中华书局,1983年,第130页。
③ 参见高尚榘:《论语歧解辑录》,北京:中华书局,2011年,第649页。

作对于朱子解释的补充。前三子以具体的政务论,只是"以才自见",是形而下之器的层面;而曾点从鼓瑟、舍瑟,到谈论浴、舞、咏,则近于宋儒所津津乐道的"孔颜乐处"的境界,是"以道自乐"。宋儒以修养、以境界论"吾与点也"有着十分深刻的洞见。前三子具体地就政治谈政治,某种意义上只是一种事功之学;但曾点则在言行举止中透露出了不滞于物、坦荡气和、陶然而乐的道德修养和圣人境界,故在层次上对于前三子有所超越,并为孔子所赞许。尽管有学者并不认为曾点之志所展现出的悠然和乐与儒家道德具有强联系,但大部分学者都认同曾点之志中超越性的境界和胸次。[①]

但应当注意的是,孔子以"如或知尔,则何以哉"发问,曾点的回答应当除了能显示出其道德修养外,还存在着可以圆融地落回现实政治的面向。而若单纯把曾点的回答视作一种狭义的心性道德境界的展现,恐怕对于孔子的发问有所滑转。在此意义上,一些学者则着力发掘曾点志向中的政治意涵。明道认为曾点切中了"为国以礼"的道理,因而具有"尧舜气象"。[②]焦循指出:"三子所言者,为政之具。具犹器也,圣人以道论器,则时行焉,故与点也。"[③]三子只是就政事言政事,但曾点似乎揭示了作为为政原则的"道"。具体而言,则是以礼乐治国的原则。刘宝楠指出:"点之志,由鼓瑟以至风舞咏馈,乐和民声也。乐由中出,礼自外作,故孔子独与点相契。"[④]曾点之语描述了理想的礼乐社会的建立,昭示了符合儒家理想的良善政治,故为孔子所与。

以上,似乎对于曾点之志的理解分为两类:一类关注影响他人、建立礼乐社会,较为偏向"外";一类关注曾点个人德性或精神境界(包括道德境界、艺术境界),则较为偏向"内"。后文将详细论述,这两种理解应当互相结合、不可偏废。而这种结合是何以可能的、在什么意义上的,本文会结合孔子言志进行阐释。

---

① 冯达文将曾点之志诠释为"超越时间、超越事用,直透本心本体的一种气象或快乐",且这种乐类似于陶渊明《归去来兮辞》中所描写的境地,与天理、道德、圣人境界等并无很大关系。不过亦有学者坚持,这里的乐与德之间不能分开,如常新认为曾点之志的精神实质与"孔颜乐处"是相同的。参见冯达文:《"曾点气象"异说》,《中国哲学史》2005年第4期,第32页;常新:《"孔颜之乐"与"曾点之志"——李二曲道德人格的境界问题》,《船山学刊》2011年第4期,第77—81页。
② 程颢、程颐:《二程集》,北京:中华书局,1981年,第136页。
③ 焦循:《论语补疏》,南京:凤凰出版社,2015年,第658页。
④ 刘宝楠:《论语正义》,北京:中华书局,1990年,第477页。

二、孔子言"志"

伊川指出，孔子之所以赞同曾点，是因为曾点之志与《公冶长》篇中孔子说的"老者安之，朋友信之，少者怀之"相契合。[①]因而，对于《论语》中孔子言己志的段落进行分析研究，点出其一以贯之的精神所在，或许是理解曾点之志的一个较好的切入口：

> 颜渊、季路侍。子曰："盍各言尔志？"子路曰："愿车马、衣轻裘，与朋友共。敝之而无憾。"颜渊曰："愿无伐善，无施劳。"子路曰："愿闻子之志。"子曰："老者安之，朋友信之，少者怀之。"（《论语·公冶长》）

子路之志在于与朋友分享车马、裘衣而不遗憾，表现出"无私"的品质；颜回之志在于不夸耀自己的优点和功劳[②]，或近于"谦逊"的品质；夫子希望老人能够安乐、朋友之间相互信任、年轻人受到关怀[③]，可见其仁爱之心。对于该段的语义解读便能看出，子路、颜回和孔子之志均能指向德行：使自己修得一种德性并践行之。

对于三子德行的内涵，有一种较有代表性的阐释，是以"万物一体之仁"解释。（朱熹引用）程子曰："夫子安仁，颜渊不违仁，子路求仁"[④]；并且他指出，"子路、颜渊、孔子之志，皆与物共者也"[⑤]。"与物共"的说法，很容易让人联想到明道"仁者浑然与物同体"[⑥]的思想，以及龟山、阳明等人对此的继承与发挥。陆陇其正是在此意义上，进一步将一体之仁的意涵点出，认为三人兼具"万物一体之怀"[⑦]。就《论语》在这里的本义而言，子路之无私与孔子指向他者的仁爱，与一体之仁的关系尚比较好理解。而关于颜回之志何以能够以仁诠释，陆陇其指出："颜子则直是不见其有，

[①] 程颢、程颐：《二程集》，第369页。
[②] 皇侃等将"无施劳"解释为"不将劳事施于别人"，亦通，即为"己所不欲，勿施于人"之义，也能够表现一种道德的意涵。参见程树德：《论语集释》，北京：中华书局，2013年，第411页。
[③] 这句话还有一种解释为"老者让自己安逸、朋友信任自己、年轻人怀念自己"，朱子认为此解亦通。不过，若以"万物一体之怀"观之，则此解稍曲。而且，孔子也说"不患人之不己知，患不知人也"（《学而》），说明孔子应当并不会很关注他人对于自己的评价。故本文不采此解。
[④] 程树德：《论语集释》，第412页。
[⑤] 程树德：《论语集释》，第412页。
[⑥] 程颢、程颐：《二程集》，第15页。
[⑦] 程树德：《论语集释》，第412页。

见善是性分固有,劳是职分当为,伐施自无从生,是亦万物一体之怀也。"①人之所以会夸耀自己的功劳,往往是建立在内外人我之分别上,认为自己(为他人)做的事情是自己的功劳;而颜回之"不施劳"则是将功劳之事当作自己的本分,并无纤毫刻意,而这背后需要一种打通人我、万物一体的胸怀支撑。

　　三人的道德境界均具有一体之仁的意涵,而就三者的表现而言,又能看出高下之分。一方面,依照程子之解,子路、颜回、孔子三者分别对应求仁、不违仁、安仁的不同境界。程子未对这种区分做出解释说明,而这有可能是依照三人在《论语》中表现出的道德境界所给出的判断。而另一方面,三者虽都对于一体之仁有所体认,但是有着不同的深刻度。子路之去除私蔽,是在与朋友交往之中,而能否进一步外推到与陌生人的交往之中,尚且存疑。颜回之去除私蔽较之子路,是真正扩大到了日常庸言庸行之中;不过他与子路的关注点,还是放在"我"这一行为主体之上。与二人相比,孔子直接将目光投向老者、朋友、少者,在对他者的深刻关切之中显露出自己的志向,将他者看作与己身紧密联系的存在,或许较子路、颜回二人更加深刻、通透。

　　以"万物一体"解仁,并将它视作仁的本质精神来阐释孔子之志,有其深刻的洞见所在。如陈来先生在他的仁学本体论建构中,将万物一体作为仁学的本体支撑与最高境界。②但是,从思想史上看,"一体之仁"这样的表述,始于程明道,是明道、龟山、阳明等宋明理学家所使用的思想范畴,而并非是先秦儒家的言说方式。因而,程子(或许此处为大程子明道)和陆陇其对于三子之志的阐释,应当是宋明理学的思想范式下的一种理解。宋明理学之于先秦儒学,更多的是发挥还是发明、我注六经还是六经注我,是一个极其复杂与严肃的思想史话题。一些现代新儒家,如牟宗三先生,认为宋明儒所开出的道路是继承发扬了孔子生命智慧的基本方向。③换句话说,这些学者认为,宋明儒只是用另一套概念系统,说出了孔孟言而未尽之意。但是,不同的言说方式,很可能就是由不同的思维方式所支撑,在有所发扬的同时,也有可能有所遮蔽。若只是从心性论的角度,以境界、体用等说一体之仁,再以此理解孔子之志,或存在一种窄化的风险。

---

① 程树德:《论语集释》,第412页。
② 陈来:《仁学本体论》,北京:生活·读书·新知三联书店,2014年,第30—36页。
③ 牟宗三:《心体与性体》(上),《牟宗三先生全集》第5卷,台北:联经出版事业公司,2003年,第14—21页。

回到孔子之志的分析。钱穆先生一针见血地指出,孔子之志既有尽己工夫,也有外在效验,两者不可偏废,且孔门之学是言行合一,"未尝以空言为学"①。若言孔子对于万物一体之本体有所体贴,达到了与物同体的极高境界,美则美矣,但似乎还是不够。依照钱穆的看法,应当是孔子在与老者、朋友、少者三类人的交往中施与圣人教化之影响,让这三类人能与自己"同此仁道,同此化境"②。若进一步推开来说,孔子此志或可囊括更广。杨朝明先生将此处的老者、朋友、少者视作整个社会的成员,而孔子之志标志着理想社会秩序的建成,标志着其大同社会的理想。③孔子言志,指向老者、朋友、少者三类人,更是希望他们能够被安、信、怀。对于老者而言,若能安,则需要晚辈践行孝道才能够实现,若为鳏寡之老,则需要邻里乃至社会的关怀。对于朋友而言,朋友之道是五伦之一,是每个人都会具备的一种伦理角色,朋友互信,至少能说明人们能够明达朋友之伦。对于少者而言,若能受到关怀,则需要良好的家庭氛围和教育;对于孤儿则需要邻里乃至社会的帮扶。不仅是孔子自己敬己修德有成,社会中的每个个体都能以合乎道的方式生活,方为夫子之志。《孔子家语》中记载了夫子称赞的颜回之志,或可作为旁证:"回愿明王圣主辅相之,敷其五教,导之以礼乐;使民城郭不修,沟池不越,铸剑戟以为农器,放牛马于原薮,室家无离旷之思,千岁无战斗之患,则由无所施其勇,而赐无所用其辩矣。"(《孔子家语·致思》)教民、养民下的理想社会,方为儒者的终极理想。

　　回到曾点之志。如果说孔子的志向是出于一体之仁,曾点之志与此相契,则也应当有能揭示一体之仁的地方。从心性道德的角度出发,朱子所说的人欲尽而天理流行、与天地万物同流的气象,可以和宋代理欲公私的讨论相互印证。这种合于天理之公、摒弃小我之私的境界,能够体现为一种万物一体的胸怀。焦循等人阐发的礼乐社会意涵,则是揭示了一种个体的良好生存状态,是万物一体的关怀下个体各得其所、乐得其所的切实实现。在天理论的视域下展开,为天理流行、物各付物。在政治哲学的视域下展开,则是个体在良善的社会政治秩序下的充分实现。因此,第一节所列举的两种论证思路不可偏废,代表了一体之仁的不同面向。陈慧认为,从诠释史的角度来看,这标志着儒家政教理想的转向:"将原本作为外在规范的伦

---

① 钱穆:《论语新解》,第125页。
② 钱穆:《论语新解》,第125页。
③ 杨朝明:《论语诠解》,扬州:广陵书社,2008年,第45页。

理道德内化于个体生命,实现心灵秩序与生活秩序的一贯,达致内外无别、体用一如的境界。"①

三、"有为":理想人格的最终落实

曾点之志和孔子之志,似都可就两面说。于个体修养,则为万物一体的关怀;与社会化的道德,则为理想道德社会的建成。当然,曾点之志与孔子相契,并不代表他的道德境地已臻孔颜。徐复观先生认为,孔子之所叹,是"曾点由鼓瑟所呈现出的'大乐与天地同和'的艺术境界";此境界与道德境界有所不同但可以相融,朱子是就道德境界解释,与孔子本义有细微的差距。②何益鑫承接此说,认为曾点本于乐的体验能够契合道德的理想境界。③曾点未能达到孔子的道德境界,只是从艺术的角度切入而有所触类旁通而言。因而,第二节所言的万物一体之怀,以及心性道德与理想政治的相合,盖曾点并未自觉地从道德的角度体悟到,这些解释所言,应为孔子所悟。

而对于孔子所认可但曾点未自觉者,伊川和朱子暗示了另一种可能性。伊川说曾点"未必能为圣人之事"④,朱子则屡言其虽有见地,但"不去下功夫"⑤。朱子所言的工夫按其本义,应当是格物致知等心性工夫。但是若从一种践行的缺乏来看,曾点本人所缺乏的不仅是格物致知这样的工夫,更有伊川所说的,将所言的道德境界切实泽被他人的"圣人之事"。然而在孔子看来,当曾点所言契合己志时,孔子的认同之中应当具有这种圣人事业之实现。否则,万物一体之怀难以在实践上真正打通内外;孔子以仕进为基调的发问,也终究难以落在实处。

孔子谓"夫仁者,己欲立而立人,己欲达而达人"(《论语·雍也》),便确立了这样的一个原则:若不能立人、达人,立己与达己便是不充分的。《中庸》对此如此表述:"诚者非自成己而已也,所以成物也。""诚"的德性包含了成己与成物两个面

---

① 陈慧:《"曾点之志"与儒家政教理想》,《中国哲学史》2020年第4期,第107页。
② 徐复观:《中国艺术精神》,北京:九州出版社,2020年,第38页。
③ 何益鑫:《成之不已:孔子的成德之学》,上海:复旦大学出版社,2020年,第315—316页。
④ 程颢、程颐:《二程集》,第369页。
⑤ 朱熹:《朱子语类》,北京:中华书局,2020年,第1262页。

向,或者说,真正的成己应当涵摄成物。因而,爱人、体贴他人只是德性修为的一个中间环节,修己的完成应当落实到立人、达人、成人之上。前文所述钱穆先生对于孔子之志的解释,亦蕴含了这层意涵。而在曾点之志的诠释中,蔡节所说的"心怡气和,无所系累,期与同志相从以乐圣人之道"①,也具有一点立人、达人的意味。

儒家关于五伦之道的论述也能够说明,有为地影响、改变他人是修德中不可缺少的一环。五伦具有"父子有亲,君臣有义,夫妇有别,长幼有序,朋友有信"(《孟子·滕文公上》)的规范含义。并且,这一规范并不只是单向的自我约束,而是对于关系中的他人也有所要求。如父子之亲,光有父慈或是子孝均难以达成,而是需要双方均尽到各自的义务。在这个意义上,一个真正的慈父或是孝子,应当将匡正对方作为自己的义务之一。"事父母几谏"(《论语·里仁》)便表达了这层意涵。荀子则更为条理化地对此阐述:

> 从道不从君,从义不从父,人之大行也……孝子所不从命有三:从命则亲危,不从命则亲安,孝子不从命乃衷;从命则亲辱,不从命则亲荣,孝子不从命乃义;从命则禽兽,不从命则修饰,孝子不从命乃敬。故可以从而不从,是不子也;未可以从而从,是不衷也;明于从不从之义,而能致恭敬、忠信、端悫、以慎行之,则可谓大孝矣。(《荀子·子道》)

真正的忠孝并不是一味地顺从,而是要在道义的指导之下,对于父、君不符合道义的命令进行抵抗,以进行劝谏。而这种"违抗"的行为,能够起到对另一方匡正的效果,正所谓"父有争子,不陷无礼;士有争友,不陷无义"(《孔子家语·三恕》),可见在伦理关系中对于另一方的"有为"影响,在儒家伦理学的视域内不可被忽视,它是具有成效的,且在某种意义上是必要的。

《大学》中提到修身、齐家、治国、明明德于天下四个环节,表明修身成德中对于他人的影响,是一个以己为圆心而向外推扩,以达到愈发广大的实践领域的过程。若以物我、内外对待的视角观之,这是从"向内"的德性培养转向"向外"的实践。而在另一方面,这里面也蕴含了自我认同的改变。郝大维、安乐哲先生如此概括:"最高层次的'仁'是从反身意义而谓的,即把自己和他人关心的整个领域并入自

---

① 参见高尚榘:《论语歧解辑录》,第649页。

我的人格中。"①杜维明先生也有一个类似的说法,认为儒家将自我视作一种作为各种关系之核心的"创造性转化的自我"②。某种意义上说,宋明儒关于公私之辨及万物一体的思想资源,正是从本体论与价值应然两方面,刻画了这种超越了私我的自我认同。但是,若仅仅关注于心性道德的方面,则可能对儒家改变现实社会的巨大诉求有所遮蔽。余英时先生颇有见地地论证出,在朱熹等宋儒处,人间秩序的重建而非心性修为是他们的终极目的,但这一诉求却被后人以"二度抽离"的研究方式遮蔽。③即使余英时先生的结论可能拔高了"外王"在朱熹等理学家心中的重视程度,他们对于秩序建设的关注也还是不容忽视的,这一点余英时先生在《朱熹的历史世界》中做了大量的考证。宋儒如是,对于面对更剧烈的政治动荡的孔子等先秦儒家,更是如此。

孔子对于现实社会的关注,以及改变现实社会的愿望,贯穿了他的学思生命。孔子赞叹私德有亏但帮助齐桓公九合诸侯、匡正秩序的管仲以"如其仁!如其仁!"(《论语·宪问》),也不遗余力地参与政事、周游列国乃至教学著书。面对周文疲敝、礼崩乐坏的社会局面,重新恢复一种理想中的社会秩序一直是孔子思想与生命活动的核心。曾点之志的画面中,充满了礼乐社会的痕迹。如王闿运指出:"浴者,将见君之礼也……'风乎舞雩',讽诵乐章于雩宫……"④盖冠者童子之所为,皆合乎古礼。而孔子正是将恢复礼乐社会视作为上天赋予他的使命:"天之将丧斯文也,后死者不得与于斯文也;天之未丧斯文也,匡人其如予何?"(《论语·子罕》)闻曾点之志,或许孔子很难不会与当时的社会状况联系起来,并生发出匡正世道的想法。这一想法,也正与孔子以知遇仕进发问相合。在《孔子家语》中,孔子肯定颜回辅佐圣王行礼乐教化的理想,也可以与此相互印证。

从孔子思想的核心——仁的角度看,萧公权先生指出:"仁之成就,始于主观之情感,终于客观之行动……就修养言,仁为私人道德。就实践言,仁又为社会伦理与政治原则。"⑤陈乔见先生则更细致地梳理出,仁具有私德、社会性公德和政治性

---

① 郝大维、安乐哲:《孔子哲学思微》,蒋弋为译,南京:江苏人民出版社,2018年,第89页。
② 参见杜维明:《儒家思想新论——创造性转化的自我》,曹幼华、单丁译,南京:江苏人民出版社,1991年。
③ "两度抽离"指的是"先把道学从儒学中抽离出来,再把'道体'从道学中抽离出来"。参见余英时:《朱熹的历史世界:宋代士大夫政治文化的研究》(上),北京:生活·读书·新知三联书店,2004年,第118页。
④ 王闿运:《论语训》,长沙:岳麓书社,2009年,第84页。
⑤ 萧公权:《中国政治思想史》(上),台北:联经出版事业公司,1982年,第62页。

公德等多层含义。①就"公德"而言,仁并不是"自了汉"一般的内在修养,而是要自觉地对社会的良善与秩序有所促进与维护。在孔子处,终极的志向或仁道的指向,当为有为地推广仁道、教育他人、建立理想社会。内在修为需要落在外在实践之实处,或者说,外在实践是内在修行的最后一环。这也是"修己以安百姓"(《论语·宪问》)这一极其高明的圣人境界。

综上,在儒家成德之路的视角下,修德成善并不仅是"自了汉"式的自我行为,更需要与他人乃至社会的交互关系中的相互形塑。若以内外观之,"外"在这个意义上也被纳入一种自我关怀的领域之中,而"内"亦在此过程中逐步扩大而外推至家族、外人、国家乃至天下。因此,修己自然涵摄着道德实践的要求——立人、建立和谐的社会之道。回到关于曾点之志的问题,第一节所述的两类解释分别呈现出了偏向道德修养与礼乐社会建设着两个面向。第二节已经阐述,这两方面在一体之仁的统摄下可以融贯,同为孔子之志的呈现。本节则从践行的角度进一步阐述了这种融贯:向外的实践当为内在修为的落实之处,两者对于真正的成德而言彼此相即、缺一不可。孔子之与点应当最终落在此处:既有对曾点描绘场景之中"一体之仁"意涵的肯定,也有通过修己践仁使得一体之怀能够落实,从而泽被周围的人,乃至全天下的志向。

四、小结与反思

综上,"吾与点也"并非是单纯的心性道德境界或政治理想,而是透露着对于内外贯通的深刻洞见。曾点或无此深切的领悟,但是从孔子之与点中,结合他发问里仕进的基调,以及自己所言的志向,能够得出一种融贯的解释。简言之,曾点之志与孔子万物一体的胸怀相契,从中可窥见人与他人、与社会,乃至与万物打通为一,去私欲而存大公之心。此即是宋明儒津津乐道的一体之怀、一体之仁。同时,这种关怀又是在日用人伦中体现,表现为一种理想的道德社会之建立。这些是曾点所描绘的场景与孔子之志契合之处。并且,由于孔子的发问是基于知遇的假设,曾点

---

① 陈乔见:《公私辨——历史衍化与现代诠释》,北京:生活·读书·新知三联书店,2013年,第320—336页。

所描绘的场景又应当是仁者修己行道的目标。尽管曾点可能没有这种领悟，但它又与孔子匡扶天下之志相契。孔子与点之真意，当作如是说。

在第一节里，我们讨论了诠释史中对于"吾与点也"的两种解释，或分别对应"内圣"和"外王"。而在二三节的详细讨论里可以看到，内圣与外王本当为一，能够为一体之仁所融摄。内圣是外王的道德基础和道德动力，外王是内圣的最终落实。一体之仁不仅仅是道德境界或是本体论的基础，更是要体现在改变现实社会的实践当中，将仁道落实于现实秩序的改造。否则容易落入空谈心性的窠臼，且对于儒学丰富的意涵与可能性有所遮蔽。

然而，在现实社会中往往会出现德不配位的情况，像孔子这样的仁人并不能够得其位，从而也无法施展其政治抱负，内圣与外王便会分开。因此，孔子与点，不仅在于其志向所展现出的高明境界，更在于这一境地在某种程度上，是理想的。上古的圣王均是有德有位，而在孔子所居的礼崩乐坏的时代，德与位之间出现了严重的不匹配，贤如孔子哪怕能够参悟到道德与政治、内与外相融无碍的境地，却仍难以在现实社会中施展抱负。或许，"吾与点也"之"叹"，并不仅是赞叹，多少也有一些感慨、叹息的语调。

（作者单位：复旦大学）

书评与书讯

评何益鑫《〈周易〉卦爻辞历史叙事研究》

郝苏彤

中国传统易学解释《周易》的一项根本原则是清儒王夫之所总结的"象辞相应之理"。根据这一观念,历代易学家都必须思考同一个问题:上古时期"观象系辞"的圣人究竟是如何从六十四卦的卦爻象推导出相应的卦爻辞?为此,传统易学中诞生了很多解经体例。中国学者何益鑫在新著中指出,这些体例的运用在很多情况下不得不迁就卦爻辞的解释。当既有体例的解释效果不佳的时候,还要继续去发明新的体例。如此一来,解释作为"五经"之一的《周易》文本,其标准与意义何在呢?然而从文本阐释的角度来看,解释原则不具有一贯的解释效力,这事实上很难被学界接受:研究方法论的纰漏将反过来导致对经典文本系统性的否定。反之,一种完备的解释原则将必须有能力系统地对所有卦爻辞做出类似的解说。何益鑫的新著《〈周易〉卦爻辞历史叙事研究》,就致力于探索一种全新解释的可能性。他为此提出了一个《考》《注》《论》三部计划:《考》是为了确保其研究的具体性和可靠性,《注》是为了确保其研究具备普遍的解释效力,《论》则是为了将其研究与传统易学史加以衔接。[1]

"上部《周易》本事考"共由十三个部分组成。"绪论"首先梳理了历史上的《周易》性质之争。何益鑫在"附录一"中又专门以古史辨派的研究为中心,指出以历史主义为依据的解构主义研究方法,使中国的现代《易经》研究面临着缺乏确定性标准的困境。[2]进而他提出《周易》卦爻辞原是一部系统性的历史叙事。就叙事形式而言,一卦之内是前后一贯的历史叙事,从初爻到上爻以时间顺序展开。各卦的叙事又可以组成一个更为庞大的叙事整体,相互之间既呼应又补充。

---

[1] 何益鑫:《〈周易〉卦爻辞历史叙事研究》,上海:上海人民出版社,2021年,第623—625页。
[2] 何益鑫:《〈周易〉卦爻辞历史叙事研究》,第351页。

就时间跨度而言，《周易》的历史叙事始于文王即位之初，经过武王的时代，直到周公还政于成王结束。它涵盖了商周之变的主体过程，尤以文王一生的经历为多。[1]就创作过程而言，《周易》卦爻辞的创作应始于文王囚羑里时期，直到他去世之前还有补充，然后把未完成的遗稿留给了周公。等到周公把政权还给了成王，他才有时间对文王的遗稿做出整理，并增补叙述了文王后期及文王之后的历史事件。[2]

第一章至第十章共构成了"九考一表"。前九章详细勾勒出了"文王初年事""帝乙归妹事""太姒事""伐鬼方事""文王受命称王事""文王征伐事""文王迁丰事""武王克商事"及"周公事"。第十章专门拟定了文王年表，涉及公元前1100年至前1043年的历史事件。纵观这些研究，作者首先在既有的出土、传世文献的史事记录中寻找到缺失的历史记忆，再根据《周易》卦爻辞中的历史叙事相应地修补出历史场景，最后与先秦《诗经》等文献重新相互印证。这样的历史"新发现"是现存的一般史料无法做到的，而何益鑫恰在《周易》卦爻辞中深掘之并加以重建。比如，作者甚至推断"帝乙归妹"之"妹"乃王母之女、帝乙之妹，而非帝乙之女。她因为贪恋财富而导致了婚姻破裂。[3]对西方学者马歇尔（S. J. Marshall）的研究感兴趣的读者，会在这本书的学术外衣之下发现其中隐藏的趣味性和故事性，并获得对殷周之际的历史世界更为深入的认识。[4]

"下部《周易》本事注"共由三个部分组成。"周易略论"重申了与《周易》有关的一些基本问题。关于中国古代典籍《周易》的文献记载，最早可见于先秦典籍《左传》《周礼》。如《庄公二十二年》载："周史有以《周易》见陈侯者，陈侯使筮之。"[5]对于"周"字的训释，从上述《左传》引文即可窥见该书与周王室关系密切，孔颖达便从《易纬》训为朝代之名，另有郑玄之说训作"周普"。对于"易"字的训释，《周礼》记"三易"作筮书之名，郑玄从《易纬》训为"易简、变易、不易"，孔颖达

---

[1] 何益鑫：《〈周易〉卦爻辞历史叙事研究》，第17页。
[2] 何益鑫：《〈周易〉卦爻辞历史叙事研究》，第64页。
[3] 何益鑫：《〈周易〉卦爻辞历史叙事研究》，第121、123页。
[4] 参见 S. J. Marshall, *The Mandate of Heaven: Hidden History in the I Ching*, New York: Columbia University Press, 2001.
[5] 左丘明传，杜预注，孔颖达疏，杨向奎审定：《春秋左传正义（十三经注疏）》，北京：北京大学出版社，2000年，第308页。

谓其"变化之总名,改换之殊称"。①此外,郭沫若认为甲金文之"易"是"益"的简化字,又"益"象皿中水溢之状。②或从水量(位)变化之貌引申之,故有"变易""变化"之义。综上,《周易》之本义当指周代王官所掌握的筮占专书,又可引申为包罗宇宙天地间的一切变化。值得注意的是,基于在本书中呈现的主题性研究,何益鑫将《周易》之"易"进一步解释为"朝代易替"③。"易注凡例"确立了十条注释规则。作者既参酌历代训释,又兼顾史事考订。为此,他标注了各卦爻辞中表达相同史事的相似辞句,征引诸经籍对史事加以佐证,还考订了所叙之事不明的文辞。此外,他还标注了有争议的句读、注文、异文及旧注。最后,在每一卦末尾,他又通叙六爻及卦辞之事,并发挥一卦之旨。④后文是从历史叙事角度对六十四卦的卦爻辞逐一做出的全面且详尽的注释和解说。作者在此所做的文献考据、训诂注释的工作,值得感兴趣的读者将其单独作为一个注本进行参考。此外需要指出的是,何益鑫采用的历史视角会拓展其对《周易》卦爻辞的阐释。比如,大壮卦之卦爻辞包含"利贞"之语,何益鑫首先依照传统注疏将其解释为"有利于贞卜"⑤。然而,因他认为"利贞"表示大壮卦辞是文王一生征伐的真实记录,故又将其解释为"有利于征伐"⑥。读者应格外留意此类注释。

  这本新著在出版前的数年中已经得到过许多中国专家、学者的批评意见。由于其解释思路新奇、大胆,不免对作为哲学经典的《周易》文本具有一定的破坏性。其对卦爻辞的解读与传统易学一般的认识差异明显,也会导致这本著作和传统易学观点之间存在着某种张力。遵循传统易学路径的学者必然会发问,比如:如何确定某句卦爻辞必然指向某一历史事件?如何安置传统易学中的"义理"?这种"卦爻辞则原本是某种历史叙事"的论证如何理解"象"与"辞"之间的关联?关于最后一个问题,读者可以参看两周之际的鼎卦戈,此即为目前最早的记录有卦爻画与卦爻辞相结合的出土实物。⑦学界普遍认可六十四卦的符号系统早

---

① 王弼、韩康伯注,孔颖达疏,于天宝点校:《宋本周易注疏》,北京:中华书局,2018年,第13、7—9页。郑玄注,贾公彦疏,王文锦审定:《周礼注疏(十三经注疏)》,北京:北京大学出版社,2000年,第748—749页。
② 于省吾:《甲骨文字诂林》,北京:中华书局,1996年,第2639、3384页。
③ 何益鑫:《〈周易〉卦爻辞历史叙事研究》,第389页。
④ 何益鑫:《〈周易〉卦爻辞历史叙事研究》,第395—396页。
⑤ 何益鑫:《〈周易〉卦爻辞历史叙事研究》,第509页。
⑥ 何益鑫:《〈周易〉卦爻辞历史叙事研究》,第22、511页。
⑦ 贾连翔:《出土数字卦文献辑释》,上海:中西书局,2020年,第202—203页。

于其文字系统产生，那么《周易》卦爻辞中隐藏的历史叙事如何与卦爻画相对应，又于西周时期形成完整的文本呢？其实，在何益鑫看来，所谓的对传统易学的"破坏性"工作在古史辨派那里就基本上完成了，此后无视他们提出的挑战而直接退回传统易学不应是最佳的选择。何益鑫的新著延续了历史的眼光，抛弃了解构的观念，向读者呈现了一种基于确定解释原则的系统性阐释，这无疑重塑了《周易》卦爻辞文本本身具有的内部系统性。此外，何益鑫设立的《考》《注》《论》三部计划，尚有第三部《论》有待完成，其中将涉及易传系统的生成、易学传统的演进、先秦易学史等问题。①

除却中国学者的批评意见之外，仍有必要在西方文本语文学，尤其是历史批评方法的背景下进一步分析何益鑫的新著。"上部《周易》本事考"可与高等批评相联系，后者现包含来源批评、形式批评、校订批评、修辞批评等多种形式。其中，来源批评又涉及作者的背景：何时、何地、何人、以何为基础、又为何创作了这篇文本。形式批评则考察书面文本中的口语传统，包含历史叙事、轶事及神话故事等内容。此外，形式批评者尤其感兴趣于考察某种形式在逐渐变化的历史背景中所经历的漫长而微妙的衍变。②他们的学术意趣也涉及诗句般的历史叙事如何最终被融入《周易》的卦爻辞中去，而这恰是何益鑫的研究所解决的问题。此外，"下部《周易》本事注"也与低等批评有一定的联系，后者现又被称为文本批评。何益鑫在新著下部中细致的文献和训诂工作可媲美于一部精校本的制作过程。中西研究方法的对比有助于发掘更多重要的相似之处。可以预见的是，各种相关的研究方法都可能适用于这个研究领域，从而更有效地阐释前现代经典文本的意义。何益鑫的这本新著为后世易学传统之发生与演进的反思提供了一个基础。在其《考》《注》《论》三部计划的第三部分，他可以更多地采用西方的相关研究方法使这些耐人寻味的假设取信于广大读者。

（作者单位：慕尼黑大学）

---

① 何益鑫：《〈周易〉卦爻辞历史叙事研究》，第625页。
② Clare K. Rothschild, "Historical Criticism," In Joel B. Green ed., *Methods for Luke*, Cambridge: Cambridge University Press, 2010, pp. 10, 15, 21.

书　　讯

《江南儒学研究论集》第一辑《江南儒学的兴起》,何俊主编,上海古籍出版社,2021年11月出版。

江南研究是国内外学界重要的研究领域,江南文化研究是其中的重要组成部分。近年来,为了推进江南文化研究的深入,江南儒学的论域被提出并获得学界的关注。《江南儒学研究论集》(初拟三辑,2021—2023年,每年刊行一辑)将聚焦于江南儒学的内涵、性质,以及构成与衍化,汇集深入细致而富新见的研究成果,以期反映此一论域的前沿研究情况,并带领与拓展此一论域的研究。

本书为"复旦哲学·中国哲学丛书"系列成果之一种。

《莱茵哲影》,张汝伦著,广西师范大学出版社,2021年12月出版。

康德的问题还是我们今天的问题吗？黑格尔是专制主义的辩护士吗？海德格尔和纳粹究竟是什么关系？阿伦特为何难以被理解？海德格尔和阿伦特的爱情意味着什么？哈贝马斯对霸权主义到底持什么态度？要回答这些问题,须深入哲学家的历史世界和生命经历,从他们与时代和世界的互动关系中来观察他们的思想。张汝伦教授这部经典文集,标识出莱茵河畔的哲学之旅。通过打破德国哲学艰深晦涩、玄妙高深的刻板印象,还原了哲学家的最初关怀,从人和历史的视角打开哲学之门,以丰满的、极有人格魅力的德国哲学家形象,串起一部知人论世的德国哲学史。作者指出:"德国哲学之所以取得举世公认的伟大成就,不是由于它的晦涩,也不是由于它的形而上学,而是由于它的人间关怀。"

《哲学与人生——张汝伦演讲录》,张汝伦著,上海书店出版社,2022年1月出版。

如何把握人生？何为好的教育？哲学、思想有何用？这些每个人都要面对的问题,却又是最难以回答的问题。书中收录的内容,大部分是针对当代大学教育及学生普遍感受的困惑,借由一篇篇专题演讲录,从哲学思考的角度进行反思与解答。"学之为言觉也,以觉悟所未知也。"古人对学的理解,首先不是掌握未知的知识或技能,而是求得内心对道的觉悟。读书明理,不是读书为饭碗。

本书第一部分"人生篇"中演讲的主题是读书求学与人生的关系,第二部分基本上是作者对当代教育问题的反思,第三部分为"哲学篇",第四部分为"思想篇"。通过这几个部分的内容,作者反复强调人文精神的重要,大力批判商业主义、消费主义和实用主义对于年轻一代的影响。

《王蘧常文集》(全12册),吴晓明、王兴孙主编,复旦大学出版社,2022年1月出版。

王蘧常(1900—1989),字瑗仲,浙江嘉兴人氏,以经学、史学、诸子学著称,又以诗人、书法家名世,为当世君子之楷模。《王蘧常文集》收录了编者所见先生所撰写、注释及编纂之著作,共十二册,《秦史》一册、《诸子学派要诠》一册、《中国历代思想家传记汇诠》四册、《明两翁编著年谱五种》一册、《顾亭林诗集汇注》两册、《梁启超诗文选注》一册、《明两卢诗》《新蒲集》《抗兵集》《国耻诗话》合为一册,《国学丛录》一册。先生著作特色丰富,如《秦史》是一部断代史力作,全书仿传统正史体例,结合新史学精神,记录了秦国从建立到灭亡数百年的历史。

《复旦哲学讲堂:为学与成人》,孙向晨、林晖总主编,徐波本册主编,泰山出版社,2022年2月出版。

本文为"复旦哲学讲堂"系列之一种,是复旦大学第三届中学生暑期哲学课堂讲稿的汇编本。本期哲学课堂以"为学与成人"为主题,带领中学生对作为中国传统文化之核心的儒家哲学进行系统的探究。本书共九讲,内容围绕"为学与成人"的主题,以中国哲学的主题讲座和通识讲座为核心,逐次展开哲学教育的丰富性和层次感,在人生发展的重要阶段,帮助中学生以哲学思维去认识这个世界,认识我们与这个世界的勾连,认识到生活的多样、多元和多维。

《美德伦理学:从宋明儒的观点看》,黄勇著,商务印书馆,2022年2月出版。

美德伦理学在当代西方获得了长足的发展,对义务论和后果论伦理学形成了挑战。但它也因自身存在的一些问题和缺陷受到了来自义务论与后果论的批评,其中一些重大的缺陷和批评很难光凭西方哲学的内部资源加以克服和回应。本书的目的既不是要介绍当代美德伦理学的主要流派、人物和观点,也不是要论证宋明儒学也是一种美德伦理学,而是以二程、朱熹和王阳明的哲学为中心,从宋明儒的角度,对美德伦理学所存在的缺陷和所面临的批评提出恰当的解决方案和回应,并在此过程中扩展美德伦理学的论域,从而促进美德伦理学的发展。

本书为"复旦哲学·中国哲学丛书"系列成果之一种。

《中西哲学十五章》,张汝伦著,上海书店出版社,2022年3月出版。

张汝伦教授以德国哲学研究闻名学界,而后又转头回到中国传统文化,力图从中国古典中寻绎中国哲学新生的力量。本书即是他中西比较哲学研究的力作,是他以学术切入现实的重要体现。在书中他对诸多现代哲学研究中的热点问题,比如重写中国哲学史、现代中国的理性主义、海德格尔哲学的起源问题、黑格尔和他的《历史哲学》、我国的人文精神等。从中国哲学的自主和自觉到西方哲学对现代中国哲学研究的影响,从孔子的《论语》到朱熹的释义学,他以其作为一个哲人特有的敏锐和深厚的学养,不仅为我们细致梳理了哲学与政治、文化、教育、艺术等领域的关系,也为我们呈现出了一个丰富多彩的精神世界。

《视域交汇中的经学与家礼学》(全2册),吴震、郭晓东主编,上海古籍出版社,2022年3月出版。

本书为2017年度上海市教育委员会科研创新计划重大项目"东亚地域《朱子家礼》文献整理及其思想研究"的阶段性成果。全书共上下两册,收录论文四十二篇,由中、日、韩、越四国学者共同撰成。

全书分两编:一、礼学与经学;二、东亚家礼学。本书是2019年6月复旦大学哲学学院、上海儒学院、上海市儒学研究会主办"东亚礼学与经学国际研讨会暨上海儒学院第三届年会"参会论文的结集。该研讨会的召开和论文集的出版,推动了中国哲学领域内的经学研究,使得不同门类的人文研究视域得以互相交汇,并推进了跨文化的"家礼学"研究,为中文学界奉献了一份东亚地域经学与家礼学的学术新成果。

本书为"复旦哲学·中国哲学丛书"系列成果之一种。

《朱子学与阳明学：宋明理学纲要》，吴震著，北京大学出版社，2022年5月出版。

　　本书脱胎于复旦大学的课程"朱子学与阳明学"，又借鉴了岛田虔次《朱子学与阳明学》、小岛毅《朱子学与阳明学》等"文库本"的写法，结合思想史与哲学史，用"十讲"的容量，介绍了以朱子学和阳明学为代表的宋明理学的产生背景、问题源流、义理脉络及发展过程。

　　本书有如下特点：一、注重思想发展的前后关联，从"近世中国"的思想脉络来审视宋明理学的发展历程，将宋明理学的衰落与明清学术嬗变勾连起来；二、以问题空间取代个案人物的线性结构方式，打破了一般哲学史以人头或学派来安排叙述的写作方式，凸显宋明新儒学的哲学性；三、突出对问题本身的脉络梳理及事实叙述，剔除与核心问题无关的细节讨论。

《中国文化之根：先秦七子对中国文化的奠基》，杨泽波著，生活·读书·新知三联书店，2022年6月出版。

　　受独特文化土壤的影响，中国文化有着鲜明的特殊性。先秦诸子就是在这片土壤上生长绽放的艳丽花朵，其思想的展开奠定了中国文化的基本走向。要了解中国文化，必先了解先秦诸子。本书根据复旦大学深受欢迎的"先秦诸子"课程的录音整理而成，深入浅出地介绍了孔子、墨子、老子、孟子、庄子、荀子、韩非子的思想。本书所述内容与学界通行理解多有不同，有很强的个人特色。作者善于将古人哲思与当下具体事例结合，文字活泼，引人入胜，是一部学术性与普及性兼具的著作。阅读本书对于深入了解中国文化的性质，大有裨益。

《儒家功夫哲学论》，倪培民著，商务印书馆，2022年10月出版。

　　集三十余年研究思考成果而成，《儒家功夫哲学论》是作者系统阐释其功夫儒学和功夫哲学的著作。全书共十五章，分三篇：上篇格物致知，中篇诚意正心修身，下篇齐家治国平天下。广义言之，"功夫"可以理解为"生活的艺术"。本书从"儒家""功夫"和"哲学"这三个论域的交集入手，意在既"从功夫的视角诠释儒家哲学"，还原儒学作为一个功夫修炼和实践体系的本质特征，也"从儒学的角度发掘功夫哲学"，勾勒功夫哲学的基本视角和框架，并"从哲学的角度反思儒家功夫"，考察当代儒学的哲学意义。

　　本书为"复旦哲学·中国哲学丛书"系列成果之一种。

《**成性存存：孔门成德之学的演进**》，何益鑫著，上海古籍出版社，2022年11月出版。

本书为作者重写先秦儒学思想史的尝试。其特点一是深入挖掘思想演进的内在线索，从孔子思想的内部引申出七十子后学的问题意识和思想线索，凸显思想史演进中一以贯之的统绪；二是抓住关键人物（颜回、曾子、子游、子思、孟子）的核心文本（《大学》《性自命出》《中庸》《五行》《孟子》）做深入的专题研究，通过对文本做如其所是的解读，刻画相关人物的独特的思想性格。本书在既有研究的基础上，在经典解释方面提出了不少新的见解，对孔孟之间的思想史演进历程给出了系统而清晰的描述，为先秦儒学的进一步研究以及儒学思想史、经典解释史的重新反思奠定了比较稳靠的基础。

本书为"复旦哲学·中国哲学丛书"系列成果之一种。

勘 误 启 事

《现代儒学》2022年第十辑第170页《子奚不为政：从刘逢禄对〈论语·为政〉的诠释看孔子制作》一文的作者单位有误，更正为"同济大学"。特此说明。

稿约与稿例

《现代儒学》由上海儒学院主办,以发表现代儒学研究领域的重大问题及前沿话题为主,兼及传统儒学领域的研究,以及中外学术与思想的比较研究,旨在为国内外儒学研究者提供高水平的学术思想交流平台。

本刊编辑委员会由国内外知名学者组成,严格执行双向匿名评审制度。每年出版一到两辑,每辑30万字左右。欢迎学术界专家、学者踊跃投稿。来稿一经采用,稿酬从优。具体要求详见如下事项:

一、篇名

论文篇名要求简洁、精练、准确,一般不超过20字。

二、作者简介

来稿请注明作者单位、出生年月、职称职务以及联系方式。

三、摘要和关键词

来稿须于正文前附有中文摘要和关键词。

四、正文

1. 正文篇幅以10 000字至30 000字为宜。

2. 正文采用宋体小四字体,行距为1.5倍,请勿使用繁体字。

3. 正文中的独立引文需另起一段,首行空两格,字体为仿宋体小四号字。引用出处以脚注形式标出。

示例:

关于媒介对于个人和社会的影响,有另一种观点:

> 任何媒介(即人的任何延伸)对个人和社会的任何影响,都是由于新的尺度产生的;我们的任何一种延伸,都要在我们的事务中引进一种新的尺度。[①]

五、注释格式

本刊采用脚注形式。

注释放置于当页下（脚注）。注释序号用①，②，③……标识，每页单独排序。适用于在正文中征引近现代学人研究成果、古籍、说明性注释等。

1. 著作示例：

赵景深：《文坛忆旧》，上海：北新书局，1948年，第43页。

任继愈主编：《中国哲学发展史（先秦卷）》，北京：人民出版社，1983年，第25页。

唐振常：《师承与变法》，《识史集》，上海：上海古籍出版社，1997年，第65页。

2. 期刊文章示例：

何龄修：《读顾诚〈南明史〉》，《中国史研究》1998年第3期，第56页。

3. 古籍示例：

毛祥麟：《墨余录》，上海：上海古籍出版社，1985年，第35页。

4. 再次引证时的项目简化。同一文献再次引证时只需标注责任者、题名、页码，出版信息可以省略。

示例：

鲁迅：《中国小说的历史的变迁》，《鲁迅全集》第9册，第416页。

六、来稿请寄电子稿件，格式为WORD及PDF各一版，邮件地址为xiandairuxue2015@126.com。

七、本刊编辑将对采用的稿件进行必要的技术处理，一般不删改内容，如有需要将与作者联系。

八、本刊所有文章经出版社和作者的同意，授权给《中国学术期刊（光盘版）》电子杂志社有限公司使用。本刊支付的稿酬已包含中国知网著作权使用费。

上海儒学院
《现代儒学》编辑部